Kun En Spillemand

Hans Christian Andersen

Kun en Spillemand.

Kun en Spillemand.

Original Roman

i tre Dele

af

H. C. Andersen.

Første Deel.

Kjøbenhavn.

Paa Universitets-Boghandler C. A. Reitzels Forlag.

Trykt hos Bianco Luno & Schneider.

1837.

Mine sande, deeltagende Venner,

Digterne

B. S. Ingemann og J. C. Hauch

tilegnet.

I.

— Unter den, an zwei Stunden im Umfang haltenden Ruinen zeichnet sich vor allen der große Tempel aus, dessen Porticus fast vollständg erhalten ist. — — Es macht eine fast rührende Wirkung, auf der Spitze der Giebelfeldes, grade über dem Kopf des steinernen Adlers, jetzt ein Storchnest zu sehen. Schade nur, daß seine Bewohner in dieser Zeit eben ihre Sommervillagiatura in Europa bezogen hätten, so daß vielleicht einer meiner freundlichen Leser dort die Besitzer gravitätisch um hersteigen sah, während mir nur das leere Nest zu betrachten blieb.

Semilasso in Africa.

Naar Sneen smelter, naar Skovene blive grønne, da komme Storkene tilbage fra deres lange Reise. I det fjerne Africa have de været, drukket af Nilens Vande, hvilet paa Pyramiderne. Beboerne af Siciliens Kyster og af Italiens Cap Mysenum sige, at aarligt paa en bestemt Tid komme Storkene i store Flokke over Havet og udhvile sig der paa Bjergskraaningerne, der ganske bedækkes; med eet flyve de op, bort mod Norden, over Alpernes Snee og Skyer, hvor Hoben fordeles i Flokke. Den mindste Flok, som den største, veed at styre mod Landet, den har hjemme i. Det er just ei den mindste Skare, som flyver til det lille Danmark. Hver enkelt kjender den Havbugt, han maa søge, kjender Skovens Boining og den hvide Skorsteen paa Herregaardens takkede Gavl, hvor Reden venter. Forunderlige mystiske Fugle! paa Eders Ryg rider Vaarguden ind i Landet, og Skovene blive mere grønne, Græsset frodigere, Luften varmere!

Et saadant Par var vendt tilbage, deres Rede stod høit paa et Pakhuus i en Udkant af Byen Svendborg. De vare i fuld Virksomhed; et Halmbaand, næsten tre Alen langt, fundet paa Marken, førte de op til Reden, som skulde repareres. Denne Travlhed blev seet og var Gjenstand for en Samtale i det lille Gaardsrum tæt ved. Det eneste nogenlunde Særegne hos Manden der, var et Par store mørke Moustacher og en blaa, halv nedknappet Kasket. Han lænede sig til Karmen i det aabne Vindue. Indenfor dette sad paa Bordet en ligesaa kraftig Skikkelse; en Soldaterchacot vilde have seet bedre ud paa det mørke Haar end den hvide Hue, der nu havde Plads der, en Sabel i Haanden havde klædt smukkere, end den Synaal, som nu spillede mellem Fingrene. Manden udenfor Vinduet var Commandeersergeant, Manden inde paa Bordet Skræddermester.

En lille Dreng laae med Næsen fladtrykt mod Ruden, for at see paa Storkene, de talte om!

„Curiøse Dyr!“ sagde Commandeersergeanten, idet han strøg sine Moustacher, „jeg vilde ikke for en Maaneds Gage skyde een af dem! De bringe Lykke, hvor de bygge, derfor har ogsaa Jøden faaet den!“

„De sidde rigtignok paa Jødens Huus!“ svarede Skrædderen, „men vi have dog Afgiften! Hvert Aar give de deres Tiende, det ene Aar et Æg, det andet Aar en Unge. De jage deres Næb bag ind i Nakken paa den, det seer ud som et Sylestik, og saa ud af Reden med den. Det er ellers en heel Comedie at see, naar de made Ungerne eller lære dem at flyve. De Gamle gjøre sære Kunster ved Madningen. Ligeop i Reden staae de, lægge den lange Hals tilbage over Ryggen og Næbbet henad Halen, ligesom naar en Gjøgler bøier sig bagover, for at tage en Sølvskilling op af Gulvet. Først trække de Halsen til sig, saa skyde de den tilbage og gulpe pæne smaa Frøer og Snogeunger op, som de Smaa da blive trakterede med. Men det lystigste er dog at see dem lære Ungerne at flyve. Maneuvren skeer henad Tagryggen. Der gaae de Smaa, som en Liniedandser paa en Snor, balancere med Vingerne og begynde med smaa Hop, da de ere tunge i Livet. Hvert Aar jeg seer Storkene komme hjem fra deres lange Reiser er det mig, ligesom om jeg selv var nylig kommen hjem fra min store Vandring, saa faaer jeg mange gamle Erindringer, tænker paa de høie Bjerge, jeg har kravlet over, de prægtige Byer, hvor Husene saae ud som Slotte, og Kirkerne havde en Rigdom som Keisernes Skatkamre. Ja, der er deiligt i fremmed Land!" sukkede han, „der er Sommer den meste Tid af Aaret. Vor Herre har rigtignok ladet os være Stedbørn! — men hvad det var jeg vilde sige! det var om Storkene, vi talte. Man kan dog aldrig ret udgrunde de Besynderligheder, man seer hos disse Dyr. Før de flyve bort, samles de altid paa forskjellige Steder i Landet. Jeg har seet dem, flere Hundrede i Tallet, ved Qværndrup, det var en heel Maneuvre, de holdt. Alle paa eengang knebbrede de med Næbet, man kunde ikke høre Ørelyd. De talte nok om Reisen. De holdt Raad, og med eet styrtede den største Flok over nogle enkelte og dræbte dem; der blev en halv Snees liggende paa Stedet. Man siger, at det er de syge og svagelige, som ikke have Kræfter til den lange Reise, de Andre da dræbe. Hele Flokken gaaer i Veiret og gjør Dreininger som et Bridboer. Gud Fader bevar' os! hvor de gaae høit op! de see ud som en Myggesværm og forsvinde. Blommen i deres Æg er rød som Ild og Blod. Man kan see, det er en Solfugl, som har lagt det. En Unge fra de varme Lande ligger der indeni."

„Har Storken ogsaa hentet mig fra de varme Lande?" spurgte pludseligt den lille Dreng, som bestandigt havde trykket Ansigtet mod Ruden, men dog hørt hvert Ord.

„Henne i Mølledammen har han fisket Dig!" svarede Faderen; „Du veed jo nok, at de smaa Børn hentes fra Mølledammen!"

„Men de have jo ingen Klæder paa!" sagde Drengen, „hvor kan saa Storken see, hvilke der ere Drenge, og hvilke der ere Piger!"

„Ja, derfor tager han ofte feil," sagde Commandeersergeanten, „han bringer os en Pige, naar vi vente en Dreng!"

„Skulle vi ikke fra Storken gaae til Lærken!" udbrød Skrædderen og tog en blaae Flaske ned af Dragkisten, som var pyntet med Kande og Kopper, midt imellem hvilke sad en udpyntet Dukke, saaledes som man i katholske Lande finder Gudsmoder fremstillet.

„Mutter Maria sidder godt!" sagde Commandeersergeanten og pegede paa Dukken. „I har nok selv gjort hende?"

„Hovedet er fra Østerrig," svarede Skrædderen og skjænkede, „Tøiet har jeg selv syet. Det husker mig paa mine Ungdomsreiser. Saadant et Billede havde

Børnene paa et Bord udenfor Døren, smaa Lys brændte foran og saa tiggede de af dem, som gik forbi: „Det er Madonnas Geburtsdag!" sagde de. — Men her skal I see mit Forvandlings=Billede. Det har jeg selv gjort." Han pegede paa et daarligt tegnet, coloreret Billede i en stor Ramme. „Det er Doctor Faust midt i sin Stue, hvor han studerer. Paa den ene Side staaer hans Stueuhr, Klokken er tolv, paa den anden Side ligger Bibelen. Træk nu i dette Baand tilvenstre! See, Uhret forvandler sig til Satan, som vil friste ham. Nu trække vi i dette Baand, og Bibelen aabner sig, Engelen kommer ud af Bladene og taler Fredens Ord." Som han sagde, skete det, og ved hver Figur blev tillige et Vers synligt, hvori læstes Djævelens Fristelse og Engelens Advarsel. Skrædderen trak igjen i Baandet tilhøire og Engelen, steg ind i Bibelen, der lukkedes, Djævelen blev tilbage hos Faust.

„Potstausend!" udbrød Commandeersergeanten. „Det har I selv fundet paa? I skulde ikke være Skrædder, I har Hoved!"

„Billedet har jeg selv sat sammen efter et lignende jeg saae engang i Tydskland. Jeg udgrundede Mechaniken. Historien selv med Faust, Troldkunstneren, er heller ikke min; jeg saae den paa mine Reiser. Det var en Dukkecomedie. Engelen steg op af Bibelen og varede Doctor Faust, men Uhret blev til Satan, der fik Magt med Doctoren, da Engelen gik, og Bogen lukkedes. Samme Faust havde en Famulus, som de kaldte ham, han vidste den hele Pagt og var selv paa den gale Vei med, men trak sig bort itide; fattig og elendig saae man ham i sidste Act, hvor han gik og var Vægter i den By, hvor den rige Faust boede; han vidste, at naar han raabte tolv, saa kom Satan og tog hans Herre. Man hørte Klokken slaae, Famulussen foldede Hænderne over Brystet: „den Glock" — raabte han, drog et dybt Suk og hverken kunde eller vilde sige „tolv", men hvidskede kun — „geschlagen!" det hjalp ikke, Faust foer ud gjennem Vinduet, ridende paa den røde Lue!"

„I er ikke skabt til at sidde paa Bordet!" sagde Commandeersergeanten. „I lever jo dog kun i at reise og marchere. Feldten var just et Liv for Eder! Fremad! Marche! Ærestegn paa Brystet! Før Aaret er omme, er I Commandeersergeant!"

„Og Konen og Drengen?" sagde Skrædderen; Han skulde vel gaae med som Piber, hun som Markentenderske! Det vilde intet Liv være for dem! Nei, ledig og løs maa man være, saa er Verden vor! Det var en Levetid, de fem Aar jeg var min egen Herre! Seer I, Commandeersergeant, jeg var kun nitten Aar, havde hverken Fader eller Moder, ingen

Kjæreste! Faaborg er en net By, der er jeg født, der gik jeg i Lære! Naboens Maria var en voxen Pige, da jeg endnu blev kaldt Dreng, derfor gjorde det mig stolt, at den smukke, voxne Pige, som saa Mange gjerne vilde være „gode Venner“ med, rakte mig Haanden og loe saa skjælmsk til mig, men at hun kunde blive min Kjæreste, saa høit turde jeg ikke see! jeg vilde reise, naar jeg blev Svend; Verden, som jeg havde læst om i Beskrivelserne, vilde jeg see. Da derfor Svendestykket var antaget, og mine Spareskillinger talt sammen, blev strax Randselen snørt, og jeg sagde gode Venner farvel! Nu er det saaledes i Faaborg, at Kirken ligger i den ene Ende af Byen og Taarnet i den anden. Jeg gik om Aftenen forbi Taarnet, der mødte jeg Maria. Hun lagde sine Hænder om mit Hoved, kyssede mig midt paa Munden. Det var, som Ild, aldrig har siden et Kys saaledes gaaet mig ind til Marven; jeg vilde have ønsket, at hele Byen havde seet derpaa. Men vi vare ene To! Jeg saae op paa Taarnet. Der er ingen Vægtergang, ingen, uden een, de have malet af paa Muren; der ere tegnede to Vægtere, i naturlig Størrelse og med Couleurer; de sees endnu, thi de blive altid friskede op igjen. Hvor jeg ønskede, at de havde været levende! jeg kunde dog ikke lade være at sige i mit Hjerte: I have seet den kjønneste Pige i Byen kysse mig!“

„Saa blev I forlovet?" spurgte Commandeersergeanten.

„Jo, paa det Lag! jeg blev som et Blod, men lystig i Sindet var jeg, og Reisen gik med mere Fornøielse! I fem Aar reiste jeg fra Land til Land. Skikkelige Folk, brave Mestere har jeg stødt paa, men Bisselæderet var mig i Skoene!"

„Og Kysset, I fik af Maria, det var Eder Blod paa Tanden, saa fik I Smag paa Pigerne?"

„Nu, jeg vil ikke gjøre mig bedre, end jeg er, men det er Sandhed, da jeg i fremmed Land første Gang slog min Arm om en Piges Liv og fik et Kys igjen, kom jeg til at tænke paa Maria og det paa en ganske egen Maade! det var ligesom om hun saae paa det, og Blodet gik mig op i Ansigtet! Aldrig følte jeg mig fremmed ude. Tidt, naar jeg havde været nogle Uger i en By, var det mig, som havde jeg altid levet der, som havde jeg altid kjendt Kammeraterne og fløitet med dem deres tydske Viser. Kun naar jeg saae noget, der ret forbausede mig, som den gamle Stephans Kirke i Wien, eller de høie Bjerge, med Skyer paa Siden og nede ved Foden en Frugtbarhed, som i den rigeste Kjøkkenhauge, saa stod Faaborg for mig, med alle gamle Bekjendter, og mens jeg var nær ved at faae Vand i Øinene over den Verdens Pragt, tænkte jeg ufrivilligt paa Taarnet i Faaborg med den afmalede Vægtergang og de afskildrede Vægtere, som havde seet Maria kysse mig, og saa syntes jeg, her kunde endnu være kjønnere for mig, stod kun det gamle Taarn her, og Maria der nedenunder med den Stoffes Bul og det grønne Skjørt. Jeg fløitede da en Vise, og Lystigheden var der igjen! Heisa! saa vandrede jeg med Kammeraterne længer ud i Verden!"

„Men her hjemme er dog kjønt!" udbrød Commandeersergeanten.

„Ja, her er smukt, naar Frugttræerne staae i Blomster, naar Kløvermarken lugter som en Potpourikrukke! men, der skulde I see, naar man først er over de høie, blaae Bjerge: Alperne, som de kaldes, det er som en stor Hauge; den stikker den ud paa Glorup, den overgaaer hvert kongeligt Anlæg i de nordlige Lande! Marmor, hvidt, som Sukker, hugge de ud af Bjergene, og Druerne hænge der, store og faste i Kjødet, som Blommer hos os. Jeg var der i tre Aar; saa kom der engang Brev fra mit Sødskendebarn i Horne, og nede i Kanten stod: „Maria hilser og beder ikke at blive glemt!" Det var skrevet med hendes egen Haand. Jeg blev blød om Hjertet derved, jeg kunde da mærke, at det var Kjærlighed hos mig, da havde jeg ingen Ro; jeg fik en Længsel, jeg maatte hjem, og jeg vilde hjem! mangen Nat gik jeg paa den eensomme Vei, forbi store Klostre, gjennem snevre Byer, over Bjerge og gjennem Dale; saa hørte jeg igjen det danske Sprog, saae Spiret paa Hornekirke, Lyngbakkerne ved Faaborg — og da jeg friede til Maria, fik jeg ja. Nu reiser jeg ikke mere! nu seer jeg paa Storkene, hvor de reise ud og komme hjem. Imellem er jeg heller ikke i godt Humeur, men saa har Maria sin egen Maade at sætte det paa; engang om Sommeren seile vi ogsaa over til Thorseng og gaae lidt omkring derovre. Det er jo ogsaa at reise! De lange Toure, ja dem kan Drengen gjøre, naar han voxer til. Der er Liv i ham, Commandeersergeant!"

„Og derfor skal han ogsaa have af det Klare!" svarede denne og rakte ham det halvfyldte Glas. Drengen greb derom med begge Hænder og drak, saa Vandet løb ham ud af Øinene.

„Der have vi vor Madam!" udbrød Commandeersergeanten, idet Drengens Moder traadte ind. Den yppige Figur, de store brune Øine kunde nok kalde et Hjerte tilbage fra Syden. Et temmeligt strængt Blik mødte Manden, en kort, men dog venlig Hilsen tilfaldt Commandeersergeanten, der klappede hende paa Skulderen. „Hele Kjærlighedshistorien har jeg hørt!" sagde han, „været i Øster og Vester med Mester."

„Ja, man har ikke andet at bestille!“ svarede hun kort, og lagde sit Halstørklæde ned i Dragkistestuffen. „Der skulde han have blevet, siden der var saa rart! vor Herre veed, hvad han vilde her! Snart er her for koldt, snart regner det for meget! jeg siger ogsaa: reis! der er Ingen, som holder paa Dig! jeg kan tage ud at tjene, og Drengen faaer jeg vel Brød til!“

„Maria,“ sagde Manden, „det mener Du ikke! var jeg ikke kommet tilbage, saa havde Du maaskee ikke været gift endnu!“

„Ti for Een kunde jeg have faaet! Gaardmandens Søn i Ørebæk friede før Du, men da var jeg en Tosse, som vi Fruentimmer ere det!“

„Du har ikke fortrudt det, Maria!“ sagde Manden kjærligt og lagde sin Kind til hendes. Hun kyssede ham, lo og gik til Kjøkkenet, hvor snart Fisken brasede til det lille Familiemaaltid.

II.

Saa gik de mellem Blomster, —
Og favnede hinanden,
Og bævede høit af Fryd.

Oehlenschlæger.

I Kjøbstæderne har sædvanligviis hvert Huus en lille Have, dog dette Huus havde ingen, men een maatte man dog have, om ikke større, end til en Haandfuld Purløg og lidt Portulak. Den var ogsaa bragt tilveie og var, om man saa tør kalde den, een af Nordens hængende Haver, som Armod eier dem. En stor Trækasse, fyldt med Jord, udgjorde deres Have; den var stillet høit op paa Renden mellem Nabohusene, hvor Ænderne ikke kunde komme op og gjøre den Skade.

Skulde der nu plukkes lidt, da maatte Stigen frem, den stilledes op i Kjøkkenet mellem Tinrækken og Skorstenen, Een holdt paa den vaklende Stige, mens den Anden steg op ad den til Loftet, hvor da Lugen blev aabnet, og man med Overkroppen kom ud til Kassen.

Det var en Fest for den lille Dreng at komme derop; eengang havde han endogsaa faaet Lov til, svævende mellem Moderens Hænder ud af Laagen, at sætte Fødderne paa Kanten af Kassen.

„Vi have maaskee ligesaa megen Glæde af vor

Smule Grønt," sagde Maria," som Jøden har af sin prægtige Have!"

„Men vi gad dog nok have den!" svarede Manden. „Deiligt med Blomster skal der være! sjeldne Værter, som i ingen anden Have i Svendborg. Om Sommeraftenerne, naar Vinden bærer herind, kan man lugte Jasminerne. Tidt har jeg havt Lyst til at sætte Stigen til Taget, klattre op ved Storkereden og see ned i Haven. Maria, det deilige Poppeltræ, som rager høit over Taget, kan sætte mig i ganske forunderlige Tanker. Om Sommernatten, naar Fuldmaanen skinner, stikker det saa mørkt af imod den blaae Luft, det er, ligesom jeg saae i Italien de store Cypresser. Tidt naar Du har sovet, er jeg staaet op og har aabnet Vinduet; kom da en mild Luft med Jasminduft over til mig, da kunde jeg bilde mig ind, jeg var der langt ude i det deilige Italien."

„Skal jeg nu høre den Snak igjen!" sagde Maria og trak sig bort; men den lille Dreng lyttede med store Øine til Faderens Tale. Hvor gjerne vilde han ikke ogsaa flyve med Storken til fremmede Lande, ja hvor lykkelig vilde han være ved blot at kunne sidde i Reden og see ned i Jødens Have. En mystisk Verden rørte sig derinde. Engang havde han med sin Moder været der i Huset og seet Løvsalernes Fest, aldrig kunde han glemme den grønne Hvælving af

Gran og Aspargestoppe, det prægtige Granatæble under Loftet og det fine, usyrede Brød. I de lange Vinteraftener læste Faderen høit i „Tusind og een Nat,“ hans egne Reiser klang for Drengen ligesaa eventyrlige; Storken var ham et Underdyr, som Fuglen Roc, og Jødens Have, som han aldrig havde seet, var ham Hesperien og Scheherezades Hjem med det gyldne Springvand og dèn talende Fugl.

Det var hen i Julimaaned. Den Lille legede i det tomme Tørvehuus, som udgjorde Grændsen mellem Hjemmet og hans Feeverden. I Hjørnet vare nogle Stene sjunkne løse; den Lille lagde sig ned og tittede gjennem Sprækkerne, men Alt, hvad han saae, var kun de grønne Blade, som Solen gjorde transparente. Med skjælvende Haand, som var det et Mysterie, han vilde hæve, vovede han at trække en Muursteen ud: den overliggende gled skjævt ned; Drengens Hjerte bankede, han vovede ikke at røre sig. Efter faa Minuter tog han Mod til sig. Aabningen var større, dog kunde han ikke oversee mere, end saa stor en Plet, som en enkelt Jordbærbusk indtog; men for Barnephantasien laae heri en Rigdom, et Skue, som for den Voxne Synet af det yppigste Frugttræ, hvis Grene de modne Frugter tynge til Jorden. Jordbærbladene vare saa store og saftige, gjennem enkelte skinnede Solstraalerne, andre derimod traadte mørkt i

Skygge, og midt imellem denne Yppighed hang to store, røde Bær, saa friske og fulde. Canaans Drueklase indgjød ikke rigere Tanker om Frugtbarhed end disse to Bær. I Beskuelsen laae ogsaa Fristelsen til at plukke dem, men det var ikke voveligt! At tage den ene Steen ud af Muren var Synd nok for den første Dag.

Næste Eftermiddag laae endnu Stenene urørte. De grønne Blade viftede ved Lufttrækket gjennem Aabningen. Bærrene sadde der jo; da udstrakte den lille Haand sig ængstelig, berørte Bærret, uden at plukke det; men da Haanden atter kom ind, snoede Fingrene sig om den grønne Stilk, dog, i samme Dieblik mødte en lille Barnehaand hans, han trak sin tilbage med en saadan Hurtighed, at een af Stenene gled ud, selv sprang han tilside; først efter nogle forventningsfulde Dieblikke vovede han sig igien nærmere og tittede igjennem denne forstørrede Aabning.

Et Par store brune Barneøine mødte hans. De forsvandt ligesaa hurtigt, men kom snart igjen tilsyne. En deilig lille Pige var det; nysgjerrigt tittede hun i forsigtig Afstand fra Aabningen.

Det var Naomi, Jødens Datterdatter, omtrent eet Aar yngre end Drengen. Han havde før seet hende staaende oppe i hendes Bedstefaders Vindue, da havde hun gule Saffians Støvler paa; disse havde gjort et uudsletteligt Indtryk paa Drengen.

Børnene stirrede en Stund paa hinanden.

„Lille Dreng!" sagde Naomi, „Du maa nok komme ind til mig! Gjør Hullet større!"

Og som om en mægtig Fee befalede, gled endnu to Stene ud.

„Hvad hedder Du?" spurgte hun.

„Christian!" svarede Drengen og stak Hovedet ind i den solbelyste, duftende Have. Naomi skjød Viinrankernes Grene tilside, som rigt skyggede hen over Muren. I Drømmenes Land stod han, tabende sig i Beskuelse.

Den Ældre vilde her kun see en smuk, lille Have i rig Flor, med mange sjeldne Blomster, Viinranker opad Væggene, et Poppeltræ og længer henne to Akasier; men vi maae see den, som den Indtrædende saae den, vi maae med ham aande den stærke Blomsterduft, føle de varme Solstraaler, beskue den rige Pragt.

Yppige, bredbladede Viinranker, duftende Caprifolier og de blaae og røde Convolvoli slyngede sig opad Væggen og dannede et Tapet. Et Bouket af Mosroser sluttede sig i en Halvmaane om de prægtigste Levkoier af en sjelden Størrelse og Farveforskjellighed, lige fra den sortblaae til den sneefarvede; Duften syntes at fortrænge enhver anden. Ved

Poplen, om hvilken den mørkegrønne Ephen slyngede sine faste Blade, stod den lille Naomi med de kloge Gazel-Dine og den brune Teint, som antyder den asiatiske Slægt; men Blodet skinnede friskt og deiligt gjennem de runde Kinder, som ombølgedes af det sorte Haar. En mørk Kjole med et Læderbælte sluttede sig om den smukke Barneskikkelse.

Hun drog ham hen til Bænken under Akasietræet, hvor de blegrøde Blomster hang i tætte Klaser. De deiligste Jordbær med saftfuldt Kjød bleve spiste. Drengen skuede rundt om sig, henflyttet i en hesperisk Verden, der syntes saa langt borte fra det sædvanlige Hjem; da knebbrede Storken høit oppe, og han kjendte Reden og Ungerne, der stode i den og syntes at fæste deres kloge Dine paa ham. Da tænkte han paa sine Forældres lille Gaard, Kassen med Purløg og Portulak deroppe i Renden, og han undrede sig over at være Alt dette saa nær. Storken kunde oversee hans Norden og Syden.

Nu tog Naomi ham ved Haanden, og de gik ind i det lille Lysthuus, der blot kunde rumme en fire Personer, men for Børnene syntes det en stor Sal; Barnephantasien behøver jo kun at lade ridse med en Pind i Jorden, for at skabe sig et Slot med Sale og Gange.

Et eneste Vindue med mørkerødt Glas kastede

en underlig Belysning paa det brogede Betræk, hvor Dyr, Fugle og Blomster slyngede sig i hverandre; et Strudsæg, der ved det røde Lysskjær fik en sælsom Ildfarve, hang under Kuppelen. Naomi pegede paa Ruden, Christian stirrede derigjennem, og Alt udenfor laae i den mest sælsomme Belysning; han maatte tænke paa det brændende Bjerg, som hans Fader havde talt om. Alt stod i Ildglands! hver Busk og Blomst glødede; Skyerne syntes Ild i en Ildluft. Storken selv, Reden og Ungerne luede.

„Det brænder!" raabte Christian, men Naomi lo og klappede i de smaa Hænder. Saasnart Børnene saae gjennem den aabne Dør, havde alt igjen sin friske, grønne Farve, ja, den syntes endogsaa stærkere, end da de stode ude i det Grønne. Blomsternes Farveforskjellighed var der, og Storken stod hvid og med røde Been som altid.

„Skal vi lege at sælge Penge!" sagde den lille Naomi, idet hun trak et Græsstraa gjennem to Blade. Det forestillede en Vægtskaal. Gule, røde og blaae Blade vare Penge.

„De røde ere de kostbareste!" sagde hun. „Du skal kjøbe, men Du maa give mig noget! det skal være et Pant. Du kan give mig din Mund! Vi lege det kun, jeg tager den ikke rigtigt! Du skal give mig dine Øine!"

Med Haanden gjorde hun en Bevægelse, som om hun tog dem, og Christian fik baade af de røde og blaae Blade. Aldrig havde han leget saa deiligt før.

„Du Fredens Gud! Christian, er Du derinde!" raabte Maria og stak Hovedet halv ind igjennem Aabningen, som de Smaa havde nærmet sig.

Forskrækket slap han Naomis Haand, tabte de brogede Blomsterblade og krøb tilbage gjennem Aabningen, hvor Modtagelsen var et Par følelige Slag over Ryggen. Stenene bleve stillede op saa godt det lod sig gjøre, og slige Kunster, som Maria kaldte det, blev paa det strængeste forbudt; dog under Arbeidet dvælede hun lidt og betragtede Haven; desuden plukkede hun det nærmeste Jordbær af og spiste det.

Næste Dag var, fra Havens Side, tætte Brædeplanker slaaet for; vistnok havde Naomi fortalt om Besøget. Forgjæves trykkede Christian Stenene mod Bræderne, ja vovede endogsaa at banke paa. — — Indgangen til det smukke Blomsterland var lukket.

Rig og levende stod for ham den hele Pragt, Træer og Blomster, det røde Vinduesglas og den smukke Naomi. Det tænkte han paa om Aftenen, lige til han faldt i Søvn.

III.

Wirbelnd steigt des Rauches Seule durch der Mauern Riß empor,
Und der Schreckensruf um Hülfe gellt in das entsetzte Ohr.

Baudy's „Kaiserlieder."

Det var Nat, da Christian igjen vaagnede; et forunderligt rødt Skjær, som det i Lysthuset gjennem det farvede Glas, oplyste Stuen. Han stak Hovedet ud af Sengen. Ja, Vinduesruderne havde samme Ildfarve, Himlen denne brændende Glands, den mørke Poppel syntes at gløde. Det var en heel Fornøielse at gjensee denne Ildpragt.

Da hørtes udenfor pludseligt Skrig, Forældrene sprang op, Brandraabet lød. Jødens hele Huus stod i Lue; en Regn af Ildfunker styrtede ned i Nabogaarden; Himlen skinnede rød, Luen slog i sælsomme Tunger høit iveiret. Maria overgav Drengen til Gjenboens og samlede i Hast de bedste Stykker af Bohavet, som hun vilde have sikkret, thi Ilden havde allerede tændt an i Sidehuset, paa hvis Tag Storkereden stod.

Den gamle Jøde havde sit Soveværelse paa Qvisten ud til Haven, men han sov endnu, medens Flammen omspændte ham i det røde Dødsnæt. Med

Øren i Haanden brød Skrædderen Hul i Muren ind til Haven og gik med nogle Naboer derigjennem. Her var varmt som i en Ovn, dog Luftningen førte Gnisterne hen over deres Hoveder.

Endnu lød ingen Brandklokke fra Taarnet, Vægterne skrege, men deres Pibe hørte man ikke; den Ene havde ladet sin ligge hjemme, da den jo aldrig blev brugt, den Anden havde nok sin med, men da han blæste i den, havde den, som han sagde, „tabt Veiret."

Døren blev brudt op. Ingen Sjæl viste sig endnu, da klingrede pludselig en Vinduesrude, en Kat, vild og skrigende, banede sig Vei ud, foer op af et Træ og forsvandt paa Sidehuset.

Tre Mennesker vare derinde, vidste man, den gamle Jøde, med sin lille Datterdatter Naomi, — de To udgjorde Herskabet; den gamle Joel, Schakkerjøden, som de kaldte ham, var hele Tyendet; vel havde de ogsaa et qvindeligt, Simonia, som gik Joel tilhaande, men hun sov i sit eget Hjem om Natten, og var altsaa ikke her.

„Slaa Qvistvinduet ind!" raabte enkelte Stemmer, og Stigen blev sat til. Røgen svulmede sort og tyk hen over Vinduet; Tagstenene sprang af Hede; Luen brød kjækkere igjennem fra de brændende Bjelker og Sparrer.

„Joel!" raabte de Alle, idet denne, med en

gammel Slaabrok om de gule, magre Lemmer, styrtede ud af Døren; de lange Fingre klemte sig om en Sølv-Pokal; under Armen havde han et lille Skrin af Papir, som de haves til qvindeligt Arbeide. Det var Alt hvad han, som af Instinkt, havde grebet i Flugten. „Bedstefader og Barnet —!“ stammede han og hældede sig, overvældet af Skræk og Hede, op til Muren og pegede op mod Qvistværelset. Der aabnede Vinduet sig, og den gamle Jøde, halv nøgen, med den lille Naomi paa Armen, steg ud. Barnet klyngede sig fast til ham, et Par af Tilskuerne sprang til og holdt fast paa Stigen.

Den Gamle havde alt begge Fødder fast paa den, Overkroppen hævede sig frem med Barnet, da han med eet standsede, udstødte et forunderligt Suk og vendte pludseligt om med den Lille, steg ind af Vinduet igjen og forsvandt. Den sorte Røg og Ildgnisterne skjulte et Øieblik Aabningen.

„Herre Jesus!“ raabte de nedenfor, „Hvor vil han hen? Han brænder inde med Barnet! — Det er hans Penge, han har glemt!“

„Gjør Plads!“ raabte en kraftfuld Stemme, og en Mand med et mørkt, udtryksfuldt Ansigt trængte frem og sprang op af Stigen, greb fast i Vinduesposten, hvis øverste Deel Luen allerede havde slikket sort. Ilden lyste derinde, Skinnet bævede hen under det bugnende Loft. Manden steg derind.

„Var det ikke Nordmanden fra Hulgaden?“ spurgte Enkelte.

„Jo ham! det er en dristig Karl!“

Ilden oplyste hver Krog i Værelset, hvor han stod. Naomi laae paa Gulvet. Den gamle Bedstefader var ikke at see, men en tyk, qvælende Røg trængte ind fra Sideværelset, gjennem en nylig aabnet Dør. Manden greb Barnet og sprang ud paa den vaklende Stige. Naomi var frelst, men Bedstefaderen laae allerede bedøvet af Røgen i Værelset, hvor han var trængt ind til den jernbeslagne Kiste.

Taget styrtede knagende sammen. En Søile af Gnister, utallige, som Melkeveiens Funker, steg høit op i Luften.

„Jesus, forbarm dig!“ var det korte Miserere over en Sjæl, der i dette Dieblik, gjennem Flammer, gik til Dødens Liv.

Det var umuligt at redde noget, Alt stod omspændt af Flammer. Det gamle Huustyende, Simonia strakte med Fortvivlelsens Hulken, Hænderne mod det Baal, hvor hendes Herre brændte, og som endnu igaar var hende et Hjem. Joel havde Maria taget ind til sig, derhen kom ogsaa Naomi.

„Storken, den stakkels Stork!" raabte de Alle. Reden var bestraalet af de omspændende Flammer; Storkemoderen stod deroppe, udbredte sine store Vinger over Ungerne og søgte at dække dem mod den brændende Hede. Hannen derimod var ikke at see, han maatte tidligere været fløiet bort. Ungerne dukkede sig dybt ned, ængstelige for at flagre ud, Moderen viftede med Vingerne og strakte Hals og Hoved langt frem. „Min Stork! min kjære Fugl!" raabte Skrædderen. Det arme Dyr maa ikke brænde!"

Han satte Stigen til Væggen, medens de andre ved Huien og ved at kaste smaa Stene op i Reden søgte at jage den bort, men den blev. En tyk, kulsort Røg slog hen ad Muren, Skrædderen maatte bøie Hovedet dybt nedad, medens Gnister og Ildkager fygede som et Sneefog. Luen tændte de tørre Grene, som dannede Reden, den blussede op og midt i Ilden stod Storkemoderen og brændte med sine Unger.

Opad Dagen var Ilden slukket. Jødens Huus var nu en dampende Kul- og Askehob, hvori man fandt hans uformelige Legeme.

Henimod Aften stod Skrædderen med sin lille Dreng ved Brandstedet; den hist og her opstigende Røg viste, at det endnu brændte nede i Grunden. Hele den smukke Have var nu et nedtraadt Øde. Rundtom laae sorte, forbrændte Bjælker; Viinrankerne og de deilige Convolvoli vare revne løse fra Væggen og hang og laae nu henslængte og nedtraadte. Gangene syntes forvandlede til en Eng-Grund. De smukke Levkoier vare borte, og Rosenhækkerne knækkede og besudlede med Jord, den ene Side af Akasietræet afsviet, og istedenfor den qvægende, deilige Blomsterduft, aandede man nu kun Røgen og det Sviede. Lysthuset var hugget ned. Et fiirkantet Stykke af det røde Rudeglas var Alt, hvad Christian fandt af gamle Erindringer; han saae igjennem det, og Luften gløbede, som da han og Naomi tittede gjennem Ruden. Men ovre paa Forældrenes Tag stod en Stork, det var Hannen, den var kommet tilbage, havde hverken fundet Rede eller Huset, hvorpaa denne stod. Underligt dreiede den Hals og Hoved, som søgte den noget.

„Det arme Dyr!“ sagde Skrædderen, „den har uafladeligt i Dag, fra det Øieblik den kom, fløiet over Brandstedet. Nu hviler den lidt! Jeg vil faae et Tvertræ derop, maaskee bygger den en ny Rede; hvor den dog seer efter Ungerne og Moderen! de flyve aldrig mere til de varme Lande!“

I det næsten tomme Baghuus, hvor Hullet var brudt i Muren ind til den ødelagde Have, stod den gamle Joel; hans magre Haand holdt fast i den rustne Jernkrampe i Væggen, medens hans sorte, alvorlige Øine vare fæstede paa en Gjenstand, som et gammelt, tærnet Forklæde skjulte i det store, tomme Sengested derinde; hans smalle, blege Læber bevægede sig, og neppe hørligt talte han frem for sig:

„En Spaanæske blev altsaa din Kiste, Du rige Søn af Salomons Rod! den fattige Kones Forklæde blev Dit kostelige Liigklæde! Ak! ingen Israels Datter skal vadske Dit Legeme, de røde Luer have gjort det! Ilden var tørere end Urterne, rødere end Roserne, vi komme i vore Dødes Bad. Men ved „Bet achaim*) skal dog Din Gravsteen reises! den fattige Joel bliver Dit hele Følge! men Du skal komme i Din indviede Grav, hvor den sorte Strøm under Jorden eengang fører dig til Jerusalem!"

Han løftede Forklædet tilside, tog Laaget af Spaanæsken, hvor de til Kul brændte Levninger af Joden laae. Joels Læber bævede endnu hurtigere, som i Krampetrækning, Taarerne flød ham ned over Kinderne, men Ordene bleve dumpe og uforstaaelige.

„Vor Herre Jesus være ham naadig!" udbrød Maria idet hun traadte ind, men en Rødme foer idet samme over hendes Ansigt; hun syntes, ved at nævne det hellige Navn, som Joel ikke erkjendte, at hun

*) ɔ: De Levendes Huus, saaledes kalde Jøderne deres Kirkegaard.

krænkede den Sørgende. „Vor Herre," gjentog hun derfor hurtigt og med Eftertryk, „Vor Herre, vil være ham naadig!"

„Hans Gravsteen skal blive reist ved Siden af Datterens!" svarede Joel, idet han tildækkede de forbrændte Rester.

„Hun ligger jo begravet i Fredericia" sagde Maria. „Det er langt bort I maa føres, for at finde en Grav. Jeg husker nok den Nat, hun blev kjørt bort. Kisten sattes ned mellem Straa og Halm; hendes Fader, som nu ligger der i Kul og Aske, og han, Joel, kjørte afsted. Regnen skyllede ned! Det stakkels Barn der er tilbage! Bedstefaderen var den eneste, hun havde!"

„Hendes Moder var af vort Folk," sagde Joel og tilføiede i en noget stolt Tone: „Vor Menighed lader ingen af Sine lide Nød. Jeg Gamle faaer ogsaa mit Brød og jeg vil dele det med hende, faaer hun ikke Plads ved en Rigeres Bord. I den Christnes Huus bør sig jo den Christnes Barn!" tilføiede han saa sagte, at det var umuligt at høre det.

„Barnet er hos os!" sagde Maria, "lad det i Guds Navn blive der, til det kan faae det bedre! Koger Gryden til tre Munde, saa koger den ogsaa til den fjerde med!"

Næste Aften, sildigt, da det var mørkt og stille

i Gaderne, vandrede igjennem Byen ned mod Skibsbroen en lille Skare; forrest i den var Skrædderen med sin Lanterne, ham fulgte Joel, med Byldten spændt paa Nakken og med Spaanæsken under Armen. Maria gik bagefter med Christian og Naomi. Den lille Pige græd, Joel kyssede hende paa Haand og Pande og steg derpaa ombord paa Jagten. Kun lidt blev der talt, tause stode de nu ved Bolværket, hvor Tougene løsnedes.

Og Christian saae ved den aftagende, stigende Maane, at de hvide Seil udfoldede sig, at Skibet gled hen ad Strømmen, og Joel stod der ude med Spaanæsken under Armen; alle Omrids viste sig saa bestemte i det usikkre Maanelys.

Digteren fortæller om Zigeunerne, der løste deres døde Høvding ned af Galgen, gav ham Krone og Purpurkappe paa, lagde hans Liig i den dybe Strøm, der vilde bære det til Ægypten, hvor det skulde sidde i den store Pyramide; en lignende Tanke fyldte Drengens Sjæl, han syntes at Joel med den Døde drog til et fjernt, fjernt Phantasieland, maaskee laae det ikke langt fra Jerusalem, Jødernes kongelige Stad.

„Hvor det ligner Rhinen nede ved Maintz!" udbrød Skrædderen og pegede hen over Fjorden til den nærliggende Ø Thorseng.

„Herre Gud!" sagde Maria, „hvor kan Du

nu tænke paa saadant noget! vi skulde dog være lidt anderledes stemte, om det ogsaa er en Jøde, vi begrave! De stakkels Folk, heller ikke i Døden have de Ro! De maae reise for at komme i Jorden!" Tungsindig saae hun efter Skibet paa Fjorden.

IV.

Jetzt noch, mein Püpchen, ist goldene Zeit,
Später, ach später ist nimmer wie heut'.

Wiegenlied.

Hvor let og snart glemmer ikke her Barnet sine Sorger, maaskee saa let og snart, som vi glemme vort Jordlivs, naar vi aande i hiin nye Verden.

Naomi havde strax grædt saameget for Bedstefaderen, nu sad Smilet, hvor Taaren havde siddet; den store, blomstrende Jord havde jo alt dreiet sig eengang om sin Axe, og det er for Barnets Sorg hvad Uger og Maaneder er for den Ældre. I Skræddederens lille Stue, hos den venlige Legebroder var hun blevet hjemme. En Sørgekjole var bleven hende sendt, den var smuk, næsten ny og voldte hende megen Glæde.

„Tør jeg hver Dag gaae med den?" spurgte hun „Skal der ikke spares paa den? Ellers er den ikke ny, naar jeg skal sørge igjen!" Sit smukke Legetøi, Dukkehuset med Kjøkken og Stue, spurgte hun anderledes om, end om Bedstefaderen. Noget særegent hos hende var dette ikke, hun talte, som Barnet næsten altid taler. Nok saa fornøiet sad hun paa det høie Dørtrin og holdt i Haanden et stort Skræppeblad, det var Vifte, Løvhytte og Have; ja hele den deilige Blomsterhave med Farver og Duft erstattedes ved det store, grønne Blad.

Uformelige Kampesteen, mere henkastede paa hverandre end ordnede, dannede den høie Trappe til Gadedøren, paa hvis Trin Naomi sad. Aabningerne mellem Stenene kaldte hun sin Mølle, og Sandet, Christian heldte derned, var Korn, som blev malet. De maatte lege, som de bedst kunde, thi alt hans egentlige Legetøi, indskrænkede sig til en Top, den maatte snurre rundt for hende, men den var ogsaa deilig; et Messing Søm skinnede midt i den, og uden om dette var malet med røde og blaae Farver.

„Det er en Blomst, som dandser!" sagde Naomi.

„Nei!" sagde Christian, „skal det ikke være vor Trold; han tjener i Møllen og vil ikke gjøre godt uden han faaer Pidsk! hør hvor han brummer! see, hvor han springer!"

„Nu skal han døe!" sagde Naomi." Saa begrave vi ham, ligesom min Bedstefader, og saa lege vi at sørge og holde Begravelse, det kan være saa morsomt!" Og Christian agerede baade Chordreng og Degn. Toppen lagde Børnene ned i et Hul i Trappen, strøede Græs over den og saa legede de Ildebrand, hvor Klokkerne gik, og Folk vilde redde. Et Par Naboborn kom til, og Legen tog en ny Skikkelse; man forstod saa godt hinanden, var strax gamle Venner og Bekjendter, skjøndt Naomi aldrig før havde leget med dem, men det gaaer Barnet, hos sine Jævnaldrende, som os Ældre naar vi see Blomster af en bekjendt Art, vi hilse dem som en gammel Bekjendt, skjøndt selve Blomsten, vi da see, kommer os første Gang for Die.

Den Leeg, Børnene nu fandt paa, skulde ingen af os Ældre saa let have gjættet. Deres Skoe toge de af, stillede disse langs med Muren og gik derpaa op og ned. Det var Illumination, de vare ude at see paa.

Den Gang var det Skik ved Bryllupper i Svendborg at Gjesterne, fulgte med Fakler og Lygter Parret fra Brudens til Brudgommens Huus, derfor grebe nu ogsaa Børnene hver sin Skoe, den var en Lygte, og de ledsagede Christian og Naomi, Brudefolkene, som de kaldtes. Aldrig havde hun leget bedre, hvad var vel Dukkeskab, Billeder og Blomster imod de levende Legebrødre. Kjærligt klyngede hun sig til Christian, der slog sine Arme om hendes Hals og kyssede hende paa Munden; hun gav ham Medaillonen, hun bar paa sit Bryst, den skulde han pyntes med, saa var han Greve, sagde hun, og de kyssedes igjen medens alle de Andre stode og lyste med Skoene.

Det var et eiendommeligt Genre-Maleri; den lille Svale over dem puslede nok saa symbolisk med sit Brudekammer under Tagskjægget, og i den blaae Luft syntes Skyerne at mødes og smelte sammen; men de fjernedes netop, de lavere gik mod Øst, de høiere mod Vest, som Luftstrømmene førte dem, efter Verdensordenens physiske Love.

Børnenes Leg blev pludselig afbrudt. En Art Caleschevogn, som man for nogle og tyve Aar tilbage brugte dem, en klodset Maskine af Træ, blaamalet og indvendig beklædt med graat Muldum, rullede skrumlende hen over den ujævne Steenbro. Endnu, dog kun i Smaastæderne og paa Landet, hos velhavende Præstefolk, seer man et saadant Kjøretøi, der med Kudsken selv og med Hestenes Seletøi tyder paa en anden Slægt og synes at have overlevet sig. Hestene selv vare i god Stand og bare Topper, Kudsken i sit gammeldags Liberi førte ogsaa en Mine, der tydede paa, at han nok vidste, det var et adeligt Herskab, han kjørte for. Vognen gjorde Holdt udenfor

Apotheket, hvorfra en heel Deel Smaaæsker, Krukker og Medicinflasker bleve afleverede, og nye modtagne, Alt i største Hast; nu kjørte Vognen til, men holdt atter udenfor Døren, hvor Børnene legede. Foruden Kudsk og Tjener var der to Damer, en yngre, underordnet, maaskee et Slags Kammerjomfru, og en ældre, høi, fornem Dame, med et magert, sygeligt Udseende; hun sad vel indpakket i Schawler og Kaabe og lugtede bestandigt til et Sølv-Hovedvandsæg.

Det var kun et Øieblikś Sag, at Maria stod der og neiede; ydmygt kyssede hun den gamle, adelige Dame paa Haanden og forsikkrede, at hendes Forlangende skulde blive opfyldt i Minutet.

Rundt om i Nabolaget kom Vinduerne strax paa Klem; i Dørene selv tittede et Par Kjøbmands-Madammer frem, ikke pyntede, som nu, i Silke og Krepflor, nei, som den Tid førte det med sig, i røde, uldne Trøier og med Hovedtøi. Børnene, som havde holdt op med at lege, stode bestuende, med Armene om hinandens Hals, opstillede langs Væggen. Af det Hele forstod Christian kun det, at Naomi i største Hast fik et Forklæde om Halsen, kom op i Vognen til de fremmede Damer, og det var, som om slet intet Uventet skete; Maria neiede, og Skrædderen stod i Døren med Huen i Haanden.

„Jeg vil ikke kjøre!" sagde Naomi. Men hun

maatte, enten hun vilde eller ei, og derfor græd hun og rakte Armene ud, medens Vognen rullede afsted. Da brast Drengen ogsaa i Graad; Adskillelsen havde været saa pludselig, saa uventet.

„Nu tier Du!" sagde Maria, „eller jeg skal give Dig Noget at græde for!"

„Hvor skal min Kone hen?" spurgte han.

„Ud at prøve Verden! Tak Du vor Herre, at Du har Fader og Moder! ja, eengang vil Du nok skjønne paa det! — Skulde Du saadan kjøre bort med Fremmede!" Hun saae forunderlig tankefuld paa Drengen og trykkede ham i det samme hæftigt til sit Bryst. „Naa, Du skal faae Lov til at besøge Din Gudfader i Hulgaden! Tag nu Benene med Dig!" Hun drog ham med ind i Stuen.

V.

L'archet allait toujours, comme le balai du sorciers, qui apporte de l'eau dans notre ballade allemande. Le violon et l'archet allaient toujours, toujours de nouveaux sons, de chants inconnus.

Contes fantastiques par Jules Janin.

Svendborg eier endnu Præget af Smaabyerne i det forrige Aarhundrede; disse uregelmæssige Bygninger, hvor tidt den øverste Etage rager ud over den underste, hvilende paa en fritstaaende Bjelke; Karnapper, som spærre Udsigten for Naboen, brede Forstutrapper med Steen- eller Træbænke til at sidde ude paa. Over flere Porte læses, udskaarne i Træet, Indskrifter deels paa Dansk, deels paa Latin. De ujævne Gader synes brolagte Høie, idet man i brækkede Linier vandrer snart op, snart ned.

Paa enkelte Steder i denne By troer man sig i en Bjergstad, især er det Tilfældet ved den saakaldte „Hulgade," der i vor Tid skal være bekjendt som forum for Smugleri og Stævnemøder. Idet man fra den høitliggende Hovedgade seer her ned, er Skuet høist malerisk. Vældige Kampesteen, reiste over hinanden, danne paa de nærmeste Huse Fodstykket, og dette er, ved Gadens bratte Nedstigen, af samme Høide, som de dybereliggende Nabohuses Vægge. Saaledes seer man da fra Hovedgaden ud over Skorstene og Tage i den smalle Sidegade og øiner et stort Partie af Fjorden, hele den skovgroede Kyst med de høitstammede Træer og Dele af Øerne Langeland og Thurø.

I denne Gade boede Christians Gudfader, Drengen stod alt ved Hjørnet og saae ud over dennes Huus, der laae saa lavt, at Vandspeilet viste sig for Øiet et godt Stykke høiere; Tremasten derude syntes at seile lige hen over Skorstenen.

Efter Sædvane var Gadedøren lukket, men indenfor klang en Violin. Ethvert for Tonerne aabnet Øre vilde have studset ved at høre derpaa. Det var denne melodiske Jamren, der fra Paganinis Violin skabte Sagnet, at han havde dræbt sin Moder, og at hendes Sjæl nu bævede gjennem Strængene.

Snart gik Tonen over i en bløb Veemod, Nordens Amphion: Ole Bull kaldte det samme Thema paa sin Violin: „En Moders Smerte ved Barnets Død"*). Vel var det ikke denne Fuldendthed, som disse to, vor Tids Mestere i Jubals Kunst besidde, men den antydede begge, som den grønne Green i alle Enkeltheder antyder det hele Træ, den tilhører.

Som Ole Bull var ogsaa denne en Normand, vi hørte ham saaledes nævne ved Ildebranden hvor han reddede Naomi. Mellem Fjeldene med Fosser og Jisbræer havde hans Vugge slidt paa sine Gænger. Tidt fortalte han Christian om dette Hjem, om Nøkken, der boede i Elvene og tidt ved Maanskin sad med sit lange, hvide Skjæg i Fossen og spillede saa deiligt, at man følte Lyst til at styrte sig derud. Den stakkels Nøkke, naar han spillede allerdeiligst spottede Drengene ham. „Du kan jo dog ikke blive

*) Saaledes benævnes een af Ole Bulls Phantasier.

salig!" sagde de, og da græd Nøkken store Taarer og forsvandt i Elven.

„Nøkken har nok lært Din Gudfader at spille!" sagde engang een af Naboerne til Christian, og fra den Tid maatte Drengen altid, naar han hørte Gudfaderens Violin, tænke paa Nøkken i den brusende Fos, og han blev taus og drømmende.

Derfor satte han sig i Dag ved den lukkede Dør, lagde Hovedet op til den og lyttede til de sælsomme Toner; først da Violinen taug, bankede han paa med sin Fod.

Manden, som vi alt eengang have seet, og som ei var stort over sine bedste Aar, lukkede op; den guulbrune Ansigtsfarve, det kulsorte, glindsende Haar antydede en Sydbo, eller den jødiske Slægt, noget som dog de forunderlige blegblaae Øine modsagde; de vare saa aldeles Nordboens; deres klare, lyse Farve gjorde en forunderlig Contrast til de sortbuskede Øienbryn. Øieblikkelig maatte man troe, at Ansigt og Haar kun vare en malet Maske, og at kun den aldeles Blonde kunde have saa lyse Øine.

„Er det Dig, Christian!" sagde Manden med et forunderligt skelende Blik.

Drengen saae med en Blanding af Frygt og Hengivenhed paa ham, thi hans Nærhed havde just noget af det, man tillægger Nøkkens Spil og Slangernes Blik. Naar Christian var hjemme, da gjaldt hans Længsel, da var hans høieste Ønske, at komme til Gudfaderen; og dog følte han hos Ingen, som hos ham, denne uhyggelige Følelse, vi kjende, ved at være ene i det snevre Gravkapel eller i en stor Skov, hvor vi have forfeilet Vei og Sti. Ved hvert Besøg fik Christian sine to Skillinger, „Sildeskjæl", kaldte Almuen dem, en lille tynd Kobbermynt af hvilke der gik sex paa en Skilling; men det var ikke disse, som trak; nei, det var de sælsomme Historier om de sorte Granskove, om Iisbræer, Nøkker og Hrimtusser, og især Musiken. Violinen fortalte paa sin Maade ligesaa forunderlige Ting, som Gudfaderens Tunge.

Døren blev igjen lukket af, saasnart de vare indenfor. Her hang paa Væggen et Par Skilderier, som havde en egen Interesse for Christian; det var fem Stykker af Dødningedandsen, illuminerede Billeder efter Malerierne i Mariakirken i Lübeck.

Alle maae de med i Dandsen, Pave og Keiser, Alle, lige ned til Barnet i Buggen, der undrende sig synger:

„O Død, hvor skal jeg det forstaae?
Jeg skal dandse og kan ikke gaae!" *)

Christian saae op paa Skilderierne, de vendte Rygsiden ud. Han spurgte: hvorfor?

---

*) „O Dot, wo schal ik dat vorstan?
Ik schal danssen: vu kan nicht ghan!"

„De have vendt sig i Dandsen!“ sagde Gudfaderen og bragte dem igjen i Orden. „Har Du siddet længe der udenfor?“

„Nei, ikke længe! Du spillede, og det hørte jeg paa! havde jeg været herinde, da kunde jeg have seet, hvorledes Døden dandsede rundt, saa Skilderierne vendte sig. For det er dog sandt, hvad Du fortæller mig?“

„De skal være Dine!“ sagde Gudfaderen og tog dem ned. „Siig din Fader, at Du har faaet dem! Glas og Ramme beholder jeg selv! Det er smukke Billeder! Holder Du nu af mig? Er jeg ikke god? Siig mig det!“

Den Lille gjentog det, i det han dog følte sig ængstelig ved Gudfaderens Blik.

„Hvorfor er ikke Din lille Legekammerat med? Naomi hedder hun? Ikke sandt! I kunde jo gjerne have kommet Begge!“

„Hun er borte!“ sagde Christian, „hun kjørte med den fornemme Kudsk!“ og han forklarede, saa godt han kunde, hendes pludselige Bortreise. Gudfaderen hørte med et Slags Interesse paa hans Fortælling og smaalo! Violinbuen dandsede hen over Strængene, dersom disse sang hvad Gudfaderen tænkte ved sit Smiil, saa var det vist feberagtige, onde Tanker.

„Du skal ogsaa lære at spille paa den!“ udbrød

han. „Det kan blive Dig en Rigdom! Du kan spille Dig Penge til og spille Dig Sorgerne bort, naar Du engang faaer nogle! Her er min gamle Violin, min bedste faaer Du ikke endnu! Fingrene saaledes!" han stillede disse paa Strængene og styrede nu selv Buen i Drengens Haand.

Tonerne gjennembævede den Lille; han havde jo skabt dem! hans Øre opfattede enhver af dem, og de smaa Fingre bøiede sig smidigt hen over Strængene.

Næsten en Time varede denne første Underviisning, da greb Gudfaderen selv Violinen og spillede; det var en Leg med Toner, saaledes leger Jongleuren med Guldæbler og skarpe Knive.

„O spil, hvorledes Døden dandser!" bad den Lille, og Gudfaderen tog nogle kraftige Strøg, og medens den dybeste Stræng endnu zittrede, hvislede Qvinten med dirrende, fine Toner. „Hører Du Keiseren? Han kommer med Trompetklang, men nu kommer Døden, han kommer som den pibende Vind! hører Du Paven? Han synger Psalmer, og Døden svinger sin Lee! Skjøn-Jomfru svæver i den hvirvlende Valts, men Døden, ja kan Du høre ham? Det er ligesom naar Faarekyllingen piber!" og Gudfaderen pressede selv sine Øine sammen, og store Vanddraaber stode paa hans Pande.

Nu lagde han Violinen, aabnede Døren til Haven,

som vendte ud mod Fjorden; der svømmede de skovbegroede Øer i det blikstille Vand. Det var ved Solens Nedgang.

Hele den lille Have var afbenyttet til Kaalplantning; Christian betragtede især dem, som begyndte at sætte Hoved.

„Dem vilde vist Skarpretteren ønske, han havde!"

„Hvad siger Du Dreng?" spurgte Gudfaderen i en barsk Tone.

„Jeg meente, at Skarpretteren gjerne vilde have den store Kaal!" sagde Christian, „min Moder fortalte mig det ifjor, da vi kjørte forbi hans Huus og Have, hvor der groer ligesaadan Kaal. Hun sagde til mig, at dersom jeg vilde være Skarpretter, saa skulde jeg i Lære hos ham, og hver Gang vi da spiste Kaal, blev jeg oplært ved at hugge med en Øxe Kaalstokken over, der hvor Mesteren først havde skaaret sit Hak!"

„Ti!" raabte Gudfaderen med en usædvanlig Hæftighed og stødte til Drengen, saa han faldt om mellem Kaalplanterne. Den lille Medaillon, Naomi havde hængt om hans Hals, gled frem.

„Hvad har Du der?" spurgte Gudfaderen med et forunderligt Udtryk, idet han ved at reise Drengen igjen, blev Medaillonen vaer. Han saae paa den indlagte Haarlok, smilede, som den Obduceredes Hoved kan smile, naar den galvaniske Stang berører hans Tunge. Pludselig gik han ind i Huset, men kom snart tilbage med Skilderierne sammenrullede og de to Sildeskjæl, som Kobbermynten kaldtes, vel indpakkede i Papir. Han aabnede Lugen ud til Hulgaden, og Besøget for i Dag var tilende; men Christian hørte, hvor Violinen spillede igjen, det var en Lystighed Strængene udaandede, som Lystigheden paa Slaveskibet, naar Slaverne, for Bevægelses Skyld, med Pidsken tvinges til at dandse paa Dækket.

Næste Dag aflagde Gudfaderen Visit hos Christians Forældre; han bragte et frisk Kaalblad og Fuglegræs med til Kanariefuglen, hvis Buur da forvandledes til en grøn Hvælving; de smidige, modne Kæmper stak han ind mellem Staaltraadene, og den lille Fugl istemte sin Glædes og Taknemmeligheds Sang. Gudfaderen lyttede med et sælsomt, lurende Blik paa de henjublede, dristigt stigende Toner, det var, som om han aflurede Fuglen dem, for at indaande dem i Violinen. Skrædderen hørte gjerne Gudfaderens Spil, det vakte Erindringer fra Vandringen i fremmed Land; Maria fandt derimod, at der var noget heragtigt ved det, og næsten maae vi give hende Ret.

Man har fra Paris flere Kobberstik med Overskrift „Diabolique;" alt Dæmonisk, en rig Phantasie kan skabe, sprudler over disse Ark. Paa eet seer man et

Rettersted; Bjælken, til hvilken Forbryderen skal bindes, rager eensomt frem; øverst paa den sidder Djævelen; Armene skjuler han, men begge Been har han strakt ud i rette Vinkler mod Pælen, han sidder paa, og saaledes danner den og han et Golgathas Kors. En ung Pige knæler foran, i den Tro, at det er det Hellige, hun bøier sig for, medens rundt om spottende Dæmoner titte frem. Ved vort første Blik derpaa, synes vi, at det er Korset hun tilbeder, men snart see vi, at det er Djævelen. Et lignende Billede i Toner frembød Gudfaderens Violinspil.

Underviisningen, han igaar havde begyndt med Drengen, skulde fortsættes et Par Gange om Ugen, thi Fingre og Hoved for Violinen havde han.

„Det kan maaskee skaffe ham hans Brød!" sagde Maria.

„Det kan hjælpe ham til at see sig om i Verden!" sagde Faderen.

„Naa, saa han skulde være en Landløber!" udbrød Moderen. „Du skulde have faaet ham til Liniedandseren, her var, saa kunde han have søitet om!"

„Du siger noget, Maria!" svarede Faderen. „Maaskee havde det været lykkeligt for ham. Christian, gad Du ikke nok være saa let som Fuglen, dandse hen ad den tynde Snor og høre, hvor alle

Folk klappede i Hænderne for Dig. Saa reiste Du fra Land til Land og fik Noget at see og høre!"

„Ja, Prygl fik han!" sagde Maria. Olie i Maden fik han! den ækle fede Olie, hvoraf de blive smidige i Kroppen! Nei, det skal vi intet have af! Lad ham kun lære Violin, derfor er han ingen Gjøgler endnu!"

„Ind i Pigernes Hjerte skal han spille sig!" sagde Gudfaderen. „Jeg seer paa ham, han bliver en vild Fugl!"

„Ja," sagde Maria, „lad ham i det blive, som han vil, naar han kun ikke lyver eller stjæler! Ellers skal Skjønheden da ikke hjælpe ham! vor Herre veed, efter hvem han har det Ansigt."

Alle Forældres Børn ere smukke! dog Maria hørte til de sjeldne Undtagelser: hun kunde see, at hendes Søn ikke var smuk; men Ingen kunde heller finde ham hæslig; hans Portrait fra hiin Alder, kan man endnu den Dag i Dag faae at see i Svendborg, naar man der vil gaae ind i St. Nicolai Kirke. Her hænger i Hovedgangen tilvenstre et stort Maleri: en Christen Morsing, Præst paa Thorseng, gav det, da hans Kone døde; han staaer med hende, deres to Døttre og syv Sønner, Alle afbildede i Legemsstørrelse. Tre Smaa i Svøb ligge døde foran. Børnenes Antal er saaledes Tolv, og Alle have de særdeles smukke Ansigter, paa Een nær, han synes at være den Yngste og er i Forhold til de Andre slet ikke kjøn. Maleren har givet ham en Rose i Haanden, ligesom om han ved den dog vilde give ham Noget smukt. Drengens Ansigt var ganske som et Portrait af Christian. Ligheden havde selv grebet hans Forældre, og til denne sigtede ogsaa Gudfaderens Ord: „Violinen skal blive ham en Rose i Haanden, ligesom paa Billedet i Kirken!"

VI.

Lin k.
Bim bim, bim, bim, bim bim, bim bim,
Bim bim, bim bim, bim bim, bim.

Hammet.
Han skal huske Klokkens Klang.

Nei. Vaudeville af J. L. Heiberg.

„Naar jeg en Dag tager til Thorseng, skal Christian med mig!" havde Gudfaderen sagt.

Det var midt i August at denne Festensdag blev forkyndt med: imorgen reise vi. Veiret vilde nok blive godt, Solen var jo gaaet ned i klar Luft; ikke en Sky stod i Vester.

„Er der længe til imorgen?" spurgte den Lille, da han kom i Seng.

„Luk bare Øinene og see til, at Du sover, saa er det Morgen, før Du veed det!“ svarede Moderen; men midt om Natten kaldte han paa hende igjen, for at spørge, hvorlænge der var til imorgen.

„Skal jeg staae op og give Dig et Liv fuldt?“ var Svaret, og intet Spørgsmaal turde mere gjøres.

I Dagningen kom han da op, fik den rene Blaarlærreds Skjorte paa, hvor Kraven var af fiint Linned, Søndagsklæderne og nye Snørestøvler, der i deres Tid vare syede med hvide Vorsting.

Gudfaderen stod alt ved Døren, og de vandrede afsted, men ikke ned til Skibsbroen, thi det var ikke den reglementerede Ugedag, paa hvilken Færgen frit fører Byens Folk over; de gik til det nærliggende Fiskerleie*) ved St. Jørgensgaard. Duggen var faldet stærkt, saa Marken straalede som en Sø, Fuglene sang og Gudfaderen vidste ved Fløiten at efterligne dem. Der var ikke Tid til at plukke Blomster, kun en lang Ranke med hvide Convolvuli blev reven af Gjærdet og som en Krands slynget Christian om Kasketten, et Bregneblad blev hans vaiende Fjærbusk.

I Hulveien, hvor endnu, fra katholske Tider, det gamle „Snubbekors“ staaer, sad en Gruppe lystige Høstfolk ved deres Davre; Kanden med Øl gik rundt.

---

*) Strandhuse.

„En Fjær i Hatten har min Kjærest'
Og tjener udi Kongens Kjøbenhavn!"

sang een af Pigerne, idet hun rakte Hænderne ud efter Christian, men Gudfaderen slog sine Arme om hendes Liv og trykkede hende et Kys paa Munden.

Igjennem den lille Skov, som hører til Præstegaarden, kom de til den gamle Kirke og Klostergaard, der reise sig paa Fyens sydligste Spidse, tæt ved den dybe Fjord. Tilvenstre, nedenfor Banken, ligger Fiskerleiet med sine rødmalede Skorstene; Garnene hang udspændte mellem Piletræerne. En Fiskerbaad laae og gyngede ved den lave Steendæmning. Der var to Mand i Baaden, den Ene øste Regnvandet ud, den Anden bandt Seilet fast. De ventede paa de Kommende.

„Drengen der vil I have med?" spurgte den ene Mand med en alvorlig Mine.

„Det er mit lille Pakæsel!" svarede Gudfaderen leende. „Han skal see Thorseng! ind i Slottet og op paa Breininge Taarn skal han. Er Du ikke et godt lille Æsel?"

Selv greb han nu den ene Aare, thi der maatte roes, Vinden var for svag til at man kunde bruge Seil. Baaden fløi med et boblende Kjølvand efter sig hen over det klare, grønne Vand. Christian sad agter ude hos Styrmanden. De geleeagtige Medusaer laae som store, gjennemsigtige Blomster paa Vandspeilet og forraadte ved deres sagte Bevægelser Liv paa det blikstille Vand. Den synlige, grønne Sandbund forsvandt, den Lille saae Intet mere end Billedet af Baaden og sit eget Ansigt; det nikkede igjen, naar han nikkede. Nu skar de over Strømmen og gled ind i den Slagskygge, Thorseng Land kastede ud paa Vandet. Gudfaderen lettede paa Hatten, det syntes tilfældigt, men var en gammel Overtro fra Hjemmet, en Hilsen, der maaskee bragtes Nøkken, hvis Herredømme er stærkest, saa langt Klipperne kaste Skygge.

Nu toge de Aarerne ind og stege i Land paa Thorseng. Gudfaderen og Fiskerne talte hemmeligt sammen, men Christian hørte ikke hvorom. Det Fremmede, han her saae, den hele Yppighed rundt om overvældede hans Beskuen.

De gik bestandigt opad mellem Huse og Haver. Frugttræerne stode betyngede med Frugt; store Støtter vare satte under de bugnende Grene. Vild Humle slyngede sig frodigt hen over Gjærderne, og dybt nedenfor en Skrænt laae et straatakt Bondehuus, hvor Humlestængerne vare saaledes stillede i en skraa Retning, at de tildeels hvilede paa Taget, hvor da Humlen, som det rigeste Viinløv, slyngede sine bladfulde

Ranker og syntes at danne en Løvhytte. Udenfor hvert Huus var en Blomsterhave. Stokrosen skjød Blomst ved Blomst, med røde og gule Farver, i en Høide af det halve Huus. Her hvor alt stod i Læ var Solvarmen des føleligere. En Fremmed, pludselig henført i denne milde Luft og i denne Yppighed, vilde gjætte paa at være i et sydligere Land; Svendborg Sund mindede ham vist om Donau. Ja, her var Sommer, deilig Sommer. De vilde Krusemynter duftede i Grøfterne, beskyggede af de blodrøde Berberisser og af Hylden, som havde sat Frugt.

„Det vil blive en varm Tour!" sagde Gudfaderen, men trøstede med, at de nok traf en Vogn.

Ikke en Sky var paa Himlen. En Rovfugl fløi tungt og med døsige Vingeslag hen over Skoven. Det var, som laae alt Dagens hele Hede til Hvile paa Fuglens Ryg. Gudfaderen var usædvanligt oprømt; han skar til Christian af Skarntydens Stilk en klangfuld Trompet, stødte Marven ud af Hyldepinden og gjorde en deilig Fløite. Alt skete, medens de vandrede fremad og sladdrede løst og fast om hvad de saae.

Nu rullede der en Vogn, saa Støvet stod som Dampen, idet Kanonen har knaldet; det syntes at hvile i den stille Luft. Vognen holdt, de kom i den og Christian fik endogsaa et stort Kaalblad fuldt af modne, sorte Kirsebær, en Foræring af Bonden, der syntes godt at kjende Gudfaderen.

I næste Nu havde de Reiseselskab. To Mænd tilhest indhentede dem.

Paa vore fredelige Smaaøer finde vi ikke Røvere, og dog saae disse heelt mistænkelige ud. Hver havde en Pistol i Brystlommen og et ladt Gevær i Armen. De befalede Bonden, med et forunderligt gjennemskuende Blik, at han skulde holde. De undersøgte Halmen i Vognen, og da Intet fandtes der, gjorde de et Slags Undskyldning og rede hurtigt bort, som de vare komne.

Under hele denne Forhandling havde Gudfaderen været aldeles passiv; Bonden derimod viste et selvtillidsfuldt Grin. „Den Gang fiskede de ikke Noget!" var hans spottende Tale.

„Det maa være et suurt Liv!" sagde Gudfaderen. „Nu ved Sommertid gaaer det an; men naar de hvide Bier sværme, naar Vinden piber over Søen, maa det være haardt nok at ligge Natten ude, og det alene for at blive til Nar for klogere Karle. Pas ellers paa, Anders Hansen, de have et godt Øie til Eder! jeg kunde jo næsten," tilføiede han med et Smiil, „komme i ondt Ry ved at age med Eder!"

Hvo vare disse Mænd? Hvad søgte de? Den hele Begivenhed beskæftigede Christian længe, men siden fortrængtes den ved alt det brogede Skue, som denne Dag bragte. Han saae igjen det gamle Thorseng Slot, hvor han engang før havde været med sine Forældre. Det var den største Bygning, han havde seet, den var jo større end Svendborgs Kirker. Han kjendte dog kun det Ydre, havde alene kiget ind af Vinduerne. Nu traf det sig saa heldigt, at her vare Reisende, og derfor steg han med Gudfaderen op af den høie Trappe, vandrede gjennem de lange Gange og de store Værelser. De mange Portraiter fra gamle Dage, Billeder af hvad Graven havde gjort til Støv, skuede ned paa ham. Ved hvert Stykke knyttede sig Historier eller Sagn, der give slige gamle Billeder en Belysning fuld af Virkning, som den Marmorstatuen faaer, naar vi beskue den ved Fakkelskjær. Portraitet af den sundhedsblomstrende Qvinde, der smiler i Bevidstheden af sin Skjønheds Kraft, rører os til Veemod, naar vi erindre, at det nu er Aarhundreder siden hun levede.

Ikke for Alverdens Guld havde Christian villet sove i den gamle Topseng med de raslende Silkegardiner, om Natten traadte sikkert Billederne ud af Rammerne og af Betrækkene; Niels Juul med Sværdet i Haanden tog Plads i den brogede Lænestol med den høie Ryg. Selv de lange Speile, hvor man kunde see sig selv fra Hovedet til Foden, havde noget

Mystisk for ham, som kun kjendte at see sit lille Ansigt i Faderens Barbeerspeil.

Derfor aandede han langt lettere, da han igjen stod i den frie Luft og følte sig dobbelt glad, da han kom ned til Stranden ved Fiskerhytten, hvor Konen gav ham Resten af Stikkelsbærbuskene til fri Raadighed, og Fiskerens Børn trak deres Skib frem, gjort af Faderens Træsko, men smykket med Mast og Vimpel; det seilede i det salte Vand, ligesom de andre velbemandede Skibe. Et stort, glimrende Insekt fløi tilfældigviis om det lille Fartøi, satte sig paa Sømmen af det svulmende Seil og slog med sine glimrende, gjennemsigtige Vinger. Det var en levende Passageer, de havde ombord, og derfor var det, at Børnene klappede i Hænderne.

Tæt ud for Thurø, Øen, hvor Balder slog Rune, som det hedder i Julelegen, laae en Smakke; Gudfaderen roede ud til den. Han havde meget at tale med Folkene ombord; Christian var fulgt med derud.

Søen var stille; Solen brændte varmt.

„Nu skal Du dog engang komme i Vandet!" sagde Gudfaderen. „I Dag glemte de at forbyde os det, da Touren gjaldt for en Landreise!"

Christian smiilte, han vilde gjerne flyde om i det klare, friske Vand; hjemme i Byen fik han kun

Lov til at trække Stramperne af og gaae ud til op imod Knæerne.

„Det er ét andet Bad, end at staae hjemme i Mutters Vandballe og faae en Strippe Ferskvand over Hovedet! Klæderne af, min Gut!"

Det skete. Selv stod han der, en athletisk Skikkelse; han løftede den Lille høit op paa sine Skuldre, lod ham stikke Benene tilbage under sine Arme. Det var Billedet af den hellige Christoffer med Barnet.

Et vældigt Pladsk lød fra Vandet, og det lukkede sig over dem, spillede i store Ringe og boblede høit, der, hvor de forsvandt. Et Øieblik efter viste sig igjen Gudfaderens mørke Ansigt, det glindsende sorte Haar hang ned over Pande og Kinder, men Christian var ikke at see, han var i Springet gledet af. Gudfaderen savnede ham strax og stak i samme Nu ned til Bunden, greb Drengen og løftede ham igjen op over Vandspeilet. Det salte Vand løb den Lille ud af Munden, og han begyndte at græde.

„Skam Dig!" sagde Gudfaderen og gav sig Mine af, at Alt var, som det skulde være, men hans Puls slog heftigere end sædvanligt; godt var det, at Eventyret endte saaledes; mindst tænkte han paa, at et langt vigtigere forestod endnu den kommende Aften.

En af de videste Udsigter i Landet er fra Breininge

Kirketaarn; man finder da ogsaa her, som i Vertshuset paa Brocken og slige besøgte Steder, en Bog, hvori den Fremmede skriver sit Navn, stundom ogsaa en almindelig Hjerteudgydelse i slette Vers, eller en Vittighed, som kun morer Autor selv.

Det var i Krigens Tid, og derfor var her øverst oppe anbragt en Telegraph, hvorfra de sorte Tavler magisk hviskede gjennem Luften deres døde, men betydningsfulde Sprog. Solen var endnu ikke gaaet ned, da Gudfaderen med Christian, steg op i Taarnet, for at besøge den ny Telegraphbestyrer.

Fjorden, Øerne og Havet laae, som et Landkort, udbredt nedenfor. Over Thurø og Langeland, der, liig Blomsterbede, laae paa Vandet, øinede man Sjelland. En Deel Seilere glede forbi; Skibe laae for Anker og Fiskerbaade bevægede sig rundt om i den bugtede Fjord. Dog langt mere end dette hele Skue tiltrak sig de sorte Tavler Christians Opmærksomhed. Han vidste jo, at de kunde tale, som Døvstumme tale; hvor tidt havde han ikke seet dem synke, stige og tage de forskjelligeste Stillinger.

Gudfaderen sad ved det dækkede Bord; Christian var derimod midt i en Leg med Telegraphbestyrerens Sønner, to raske Drenge. De forlode Værelset, og der blev leget Skjul.

Christian krøb op i en Aabning af Muren,

hvorigjennem man kom ind til de to store Klokker; mellem disse laae hen over Gulvet en stor, fast Tverbjælke, paa hvilken man kunde komme over til Lydhullet, der var i en Fordybning af den modstaaende Muur; Solen kastede sin lange Straale derind, Støvatomer dreiede sig i dens Axe. Gjennem Lydhullet maatte man kunne kige ned, det var een Morskab til, medens de søgte efter ham, og derfor hoppede Christian henad Bjælken mellem Klokkerne og kunde nu see ud over den hele Ø og Havet, hvor Skibene laae. Han hørte alt den ene af Drengene, som søgte, komme op af Trappen, og han saae hans Hoved titte frem ved den Aabning, som han selv var krøbet igjennem.

„Er Du her?" spurgte Drengen. „Her tør vi ikke komme, Klokkerne kunne slaae os ihjel!"

Christian svarede ikke; skulde han lade sig skræmme? Klokkerne hang jo stille, som vare de murede fast. De kunde heller ikke naae derind, hvor han stod. Drengen, som søgte, gik bort igjen.

Solen var tæt ved Horizonten og syntes nu at skynde sig med at forsvinde. Christian kunde tydeligt see, hvor den gled og forsvandt; Aftendæmringen udbredte sig; han saae paa den store Klokke, som hang foran Nischen ved Lydhullet, hvor han stod; pludseligt zittrede den og gjorde en ganske sagte Bevægelse; han vilde bort, men i samme Nu hævede Klokken sig mere, hele dens hule Bæger vendte op imod ham. Forskrækket knugede han sig tilbage mod Muren. Det første Klokkeslag drønede for hans Øre.

Her, som i alle danske Landsbykirker, blev ringet ved Solnedgang; Ingen havde Anelse om, at der var noget menneskeligt Væsen deroppe.

Instinktmæssigt følte han, at gik han kun eet Skridt fremad, da vilde Klokken knuse hans Hoved. Stærkere og stærkere lød Slagene fra det hule Metal. Den rystede Luft, i Forening med Skrækken, indvirkede voldsomt paa ham; Vandet piblede frem af hans Legeme. Han vovede ikke at vende sig, Øinene stirrede stift ind i den hule Klokke, hvergang den svævede drønende hen imod ham. Han udstødte et høit Skrig om Hjælp, men Ingen kunde høre ham; han følte, at hans Skrig var lydløst ved Klokkens Slag.

Rystet til det Inderste syntes den ham en Slanges uhyre Gab; Knebelen var Braadden, som den spilede henimod ham. Forvirrede Billeder paatrængte sig ham; det var en Følelse, beslægtet med hiin, han havde samme Dag, da Gudfaderen dykkede ned i Vandet med ham; men det susede dog stærkere for Øret, de verlende Farver for Øinene forenede sig i gruelige Skikkelser. De gamle Billeder fra Slottet svævede forbi, men med fortrukne Miner og idelig omverlende Former, lange og kantede, geleeagtig klare og zittrende;

de sloge med Bækkener og paa Tromme og gik derpaa pludselig over i den Ildglands, han havde seet Alt i, da han med Naomi kigede gjennem det røde Rudeglas. Det brændte, følte han! En Ildsø svømmede han igjennem, og altid gabede foran ham Slangen med sin hvislende Braad. Han følte en forunderlig krampagtig Drift til med begge Hænder at gribe om Knebelen, da det med eet blev stille uden om ham, men inde i hans Hoved vedblev endnu med lige Kraft den skrækkelige Brusen. Han følte, at Klæderne klæbede ham fast til Kroppen, og at begge hans Hænder sad som murede fast i Væggen. Foran hang Slangens Hoved dødt og bøiet; den store Klokke taug; han lukkede sine Øine og følte, at han sov ind. Det var en Besvimelse.

Hans første Livsfornemmelse var som en Drøm, en hæslig Drøm. Alt var mørkt og maatte være det, thi han laae i Slangens Bug; Slangen havde dog slugt ham; den var altsaa ikke død, han følte alle dens Bevægelser, han følte hvor den sprællede med ham, knugede hans Lemmer fast, løftede ham høit og sank igjen. Det var en voldsom Kamp.

„Stik ham Kirkenøglen i Munden!" hørte han sige, men langt borte; atter døde Lyden, men ogsaa med den hans gruelige Drøm; han vaagnede og følte sig meget afkræftet.

En fremmed Kone og Gudfaderen stode hos ham, han laae paa en Seng.

Man havde savnet og fundet ham. Hæftige Krampetrækninger, eller rettere et Slagtilfælde, som han aldrig før kjendte, var det han havde lidt af. Nu var han igjen ved sin Besindelse, kun Øinene smertede. Han erindrede sig klart alt det Forbigangne.

„Vor Herre bevare hans Forstand!" sukkede Konen.

„Prygl skulde han have!" sagde Gudfaderen, „Prygl, saa Blodet løb ham om Hælene!"

„Ja, mine Drenge have faaet deres!" forsikkrede Konen, „skjøndt, Gud veed, de kunde ikke gjøre for det!"

En Kringle og noget Honning blev givet Christian til at styrke sig paa og til at opfriske Humeuret ved. Gudfaderen tog ham paa sin Ryg og vandrede med ham ned til Kysten, thi hjem maatte og skulde de denne Aften. Lysene blinkede over Fjorden fra Svendborg; ude under Kysten laae Fiskeren med Aaleblus paa Vandet; hver Luftning sov i den svale Sommernat.

VII.

Ade! ich fliege nun davon.
Weit! weit!
Reis' ich noch heut.

L. Tieck.

Man har den Folketro, at Berberissens Blomsterstøv er en Gift for Kornet, det tunge Ax beplettes med den ædende Rust. Den ædleste, den mest blændende hvide Papaver forandrer efter et Aar sin Farve, naar den staaer mellem de brogede. Omgivelse hedder den usynlige Haand, som omformer Grundstoffet i dets Udvikling.

Medens Billedhuggeren former det bløde Leer, fatte vi ikke strax, hvilket Værk der vil skabes. Det kræver Tid og Arbeide før Gipsafstøbningen fremstaaer og efter denne ved Meiselens Slag Marmoret lever op! hvormeget vanskeligere da at slutte sig fra Mennesket som Barn, til dets Udvikling og Skjæbne som Mand. Vi see her den fattige Dreng i Svendborg; Instinctet i ham og Indvirkningen udenfra peger som Magnetnaalen kun i to Retninger, hinanden aldeles modsatte. Han maa enten blive en sjelden Kunstner eller et usselt, forvirret Væsen. Omgivningens Blomsterstøv indvirker allerede med Duft og Farve.

Tonernes Gud kyssede ham alt paa Vuggen, mon vel Tidsgudindernes Sang bringer Begeistring eller Vanvid? Mellem begge er Grændsen kun en tynd Væg. Skal han maaskee vække Tusinders Beundring eller maaskee i den usle Kro, med Violinen under Armen, som gammel Mand spille for den vilde, raae Ungdom, spottes som en halv Taabelig med sine Drømme, han, hvis Sjæl usynligt fik Tonernes Daab?

Om Hertugen af Reichstadt veed man, at han var dødfødt; forgjæves anvendte man alle Midler for at bringe ham til Live; da tordnede de hundrede Kanonskud, han aabnede Øinene, Pulsen slog. Det var den store Keisers Søn, derfor fik Verden dette at høre; Ingen veed derimod det beslægtede med Armodens Barn; ogsaa han var et Liig, et nyfødt Liig, alt lagt hen paa Bordet ved den sønderslagne Rude; da klang Fløiter og Violiner udenfor, hvor omvandrende Musikanter spillede; en Qvindestemme lød veemodigt, stærkt, og den Lille slog Øinene op, rørte den lille Haand. Mon det var Tonerne, som drev Sjælen tilbage, for at virke her paa Jorden, eller kun Tilfældet, dette Fornuftmenneskets salomoniske Sværd?

En sjelden Kunstner maatte han blive, eller et sølle Skrog, en Spurv med Bogguld paa Vingerne, hvem de andre Spurve derfor hugge til Blods. Og om han nu blev det? Hvad Trøst er der for ham? Hvad Trøst for en Menneskehed med Stolthed i Hjertet? Den udslettes og glemmes som Sneeflokken, der falder i den rindende Strøm, kun en Enkelts Værk og Navn gaaer over i nye Aarhundreder. Misundelsesværdige Lod! Men kommende Glæder kunne vente os i vor ny Tilværelse, hvor hans Berømmelses Lykke da staaer langt borte i en Verden, han ikke kan fremtræde i, ikke tage Deel i. Hvad gjør det, hvor høit vi staae, kun at vi staae godt! det er Verdens Trøstesang, det er den store Menneskebølges dønende Selvtrøst, idet den vælter frem mod Evighedskysten.

Man kan paa Granstammens Knuder see, i hvor mange Aar Træet har voxet; et Menneskeliv har ogsaa sine synlige Led. Et vigtigt Overgangspunkt, et Slags Hovedmoment i Christians Barndom dannede denne Sommer ved Bekjendtskabet med Naomi, Musikunderviisningen og Besøget paa Thorseng.

Som Blomsten bøier Blad og Green efter Sollyset, higede hans Sjæl efter Tonerne. Orgelets Musik drog ham til Kirken, den simple Choral blev ham et Allegris Miserere. Han misundte Fangerne paa Raadhuset, at de paa Kongens og Dronningens Fødselsfest kunde hele Natten fra deres Fængsel høre Musiken oven over sig, hvor der blev dandset. Altsom Nærverne bleve pirreligere, blev Øret mere aabnet for Tonernes Sprog. Det ulykkelige Krampetilfælde vendte oftere tilbage og efterlod en forunderlig Vibration i Øienlaagene, en Smerte i Øinene selv, medens alle Gjenstande viste sig i brogede, altid omvexlende Farver. Legemet skrantede, og Sjælens Liv var en Svæven mellem Phantasier og Drømme. Paa en saadan Natur var Faderens stærke Længsel efter Reiselivet og Gudfaderens Bizarri af samme Indvirkning, som Luft og Vand i Cretinernes Dale, er for Barnet, som fødes og opdrages der. Skolelivet alene kunde nu, ved sin strenge fornuftige Overvægt, vifte nogen Kjøling ind i denne Phantasiens Scirocco, der mattede hans Aand og Legeme, men paa den Tid var endnu ingen ordentlig Skole i den hele By. En gammel skikkelig Mand, Hr. Sevel, med sin døve Kone vare de eneste, som der gave Underviisning, de boede i den gamle forfaldne Klosterbygning, som nu med Ruinerne af Kirken er revet ned.

Munkene have vidst, saavel i Nord, som i Syd, at vælge de smukkeste Egne til at bygge deres Klostre i. Tæt ved Fjorden med Udsigt til Thorseng og Thurø laae her Graaebrødrenes Kloster; det hvælvede Kammer, som maaskee eengang tjente til Spisesal, var nu Skole; i den lille Nische i Muren, hvor Krucifixet havde staaet, havde nu Riset og Strikkestrømpen Plads. Under det hvælvede Loft sad paa Skamle og Bænke den yngre Slægt med Luthers liden Cathechismus, hvor dog Billederne, Chineseren med sin lange Pibe og Jomfru Maria med Barnet, just ikke vare saa ganske lutherske, men disse havde dog mest Interesse. De faa snevre Vinduer sad temmeligt høit oppe, altsaa var det ikke at undres over, at naar Hr. Sevel eller Læremo'er et Øieblik var borte, Ungdommen sprang op paa Bænke og Borde, for at see ud paa den grønne Skov og de store Skibe.

Tæt op til Skolestuen laae den gamle øde Klosterkirke, hvor Epitaphierne vare nedbrudte, og Alteret borte, men paa Muren stode endnu halvudslettede Freskobilleder med Munkeskrift rundt om. Liigstenene laae endnu i Gangene, Vinduesruderne vare slagne itu, men Fuglegræsset snoede sin Ranke op mellem Revnerne, og Svalerne havde Rede, hvor før de store Messing-Lysekroner hang. **Jesus hominum salvator** stod endnu med Jernbogstaver paa den gamle Kirkedør, som undertiden blev aabnet, og var Skoleungdommen da i Nærheden, strømmede den derind og opløftede sit vandaliske Skriig, der just var af en egen Virkning ved den stærke Resonans.

Paa Christian havde Kirken derimod en ganske anden Virkning, han blev forunderlig stille og tankefuld, dog var intet Sted ham kjærere end dette: her fandt han Næring for sine Drømmerier og kom Sagn- og Aandeverdenen nærmere. Han kunde saalænge stirre paa de afblegede Billeder, at han syntes, de bevægede Øinene, han kunde saalænge sidde paa

Knæ paa Gravstenene og stave Bogstaverne, at han syntes at høre den Døde banke der nede paa Stenen og saaledes jage ham bort. Naar ved Lufttrækket Fuglegræsset zittrede foran de sønderbrudte Ruder, eller en Svale fløi vildsomt hen under Hvælvingen, tænkte han paa de usynlige Aander, der legede med det høie Græs eller joge Fuglene ud af deres Sovekammer.

Legemet skrantede; det ulykkelige Krampetilfælde vendte oftere tilbage. Lægens Hjælp søgte man ikke, thi Almuesmanden har ikke ret Tro til den, og det koster jo Penge. Maria meente ogsaa, at man kunde blive syg af det Tøieri, de skreve op; nei, hun havde mod alle indvortes Sygdomme en Radicalcuur: Enebærdraaber tagne ind i Brændeviin, de fordeelte og styrkede. Denne Medicin fik Christian.

Tiden trak ud og det blev dog ikke bedre; saa var det vist bedst, meente Moderen, at der blev talt med den kloge Kone i Oværndrup; men ved Leilighed. Denne kom, og der blev raadet til flere sympathetiske Midler. Han blev maalt med en ulden Traad paa Arme og Been, og fik indviet Jord og et Muldvarpehjerte at bære i Hjertekulen; det var et ufeilbarligt Middel.

Saaledes gik Uger og Dage i næsten et Aar. Den kloge Kone raadede til et Besøg ved Frørupkilde, den havde hjulpen mangen en Syg, som Doctoren ikke kunde hjælpe; Maria stolede paa dens Kraft, som paa Bibelens Ord. Endnu findes den Overtro hos Almuen, at enkelte Kilder her i Danmark tillægges, som i Catholicismens Tid, en stor Hellighed. Fyenboen anseer St. Regisse Kilde*) ved Landsbyen Frørup for at have størst Kraft; og da et saakaldet Kildemarked er forenet hermed, strømmer Mængden herhen; fra flere Miles Omkreds, ja fra hiin Side Odense og Svendborg, komme de Syge her Natten før St. Hans Aften; de drikke af Vandet, bade sig deri og overnatte i den frie Luft. Tre Aar i Rad maa den Syge komme der, bliver han da ikke rørig og rask i den Tid, siger Almuesmanden, saa bliver han det aldrig.

„Tag kun til Kilden!" havde deres Orakel sagt. „Tag kun til Kilden, da skulle I see en Forandring!"

Der laae, ubevidst, en Profetie deri; ikke blot Drengen, men hele den lille Familie forestod ved denne Reise en stor Forandring, i det mindste fremskyndtes en saadan. Hvor ofte kom ikke siden Maria til at sige: „Ja, vare vi ikke den Gang komne til Kilden, hvo veed, maaskee havde Alt da været anderledes!" Maaskee? Men vi ere jo frie i vore Handlinger.

---

*) Den fyenske Bonde kalder den Reisekilde, en Sammentrækning af Navnet Regisse-Kilde.

Maria meente, at man for Drengens Skyld burde besøge Kilden, det var dem et stort Ansvar for vor Herre, gjorde de det ikke. Mandens Tro var ikke saa stærk som hendes, men han greb gjerne den gode Leilighed til at komme ud i det Frie. Hans Ven, Commandeersergeanten, var just i Byen, for at aflægge et Besøg paa nogle Dage, thi han laae med sit Regiment i Odense.

De havde en Vei af fire Miil før de kom til Kilden, men Hovedlandeveien gik tæt der forbi; Moderen og Drengen kunde altsaa kjøre med Retourvognene, som gik til Nyborg; begge Vennerne vandrede til Fods, saa havde de deres Frihed og kunde lægge Veien gjennem Enge og Skove. Maleren kan nok give os Farvespillet paa en smuk Vaardag, ja lade os føle den varme Luft, men han er ei istand til at skabe det aromatiske Skjønne, som indvirker ligesaa behageligt paa vor Velværen som Gjenstandenes Form og Farve: den aromatiske Duft fra Hyldens og Hvidtjørnens Blomster, som fra den vilde Rosenhæks grønne Blade. Spurvevrimlen qvidrede, og Skrædde+
deren sang med, som han havde sjunget i fremmed Land.

„Reise zu Fuß, reise zu Fuß!
Da verstehst Du Menschengruß!
Reise zu Fuß!“

jodlede han igjen lystig og var snart inde i Fortællingen om sit Vandreliv hiin Side Donau og Po.

„Ei, see der flyver Storken!“ afbrød han sig selv. „Ak, min stakkels Stork kom da ikke meer tilbage! mon den er død af Sorg over Hunnen og Ungerne, eller er den endnu paa Reise, for at glemme dem! Gud forlade mig det! jeg troer, at man paa en Vandring kan forvinde ethvert Tab!“

„Det troer jeg med!“ sagde Commandeersergeanten. „Derfor, ja, jeg har aldrig ret villet sagt min Mening, naar Eders Kone hørte paa det; hun kunde ellers have faaet noget imod mig! I skulde tage et tusind Daler, saameget giver i denne Tid mangen Bondekarl, for ikke at forlade sit gode Hjem; Een maa der jo skaffes i Stedet. De Penge, I fik, kunde Maria og Drengen leve godt for! Du blev Underofficeer, kom igjen ud i fremmed Land, og det er dog det, Du alene lever for. Det er en urolig Tid; ingen Soldat veed, hvorhen han kan komme, Frankrige er os ligesaa nær, som Tydskland.“

Skrædderen rystede med Hovedet. „Det tilgav Maria mig aldrig!“ sagde han og tilføiede lidt veemodig: „Jeg troer heller ikke, at jeg kunde være hende foruden. Nei, nei! lad os ikke tænke derpaa!“

Rask vandrede de fremad mod Herregaarden Broholm. Skovens Blade vare transparente, Violerne vorte i hele Buske, Skovmærkerne stode i Blomster, og mellem Træerne saae de ud over Beltet og Langeland, der fortonede høit med sine Skove og Veirmøller.

Læse vi Pückler Muskaus „Briefe eines Verstorbenen,“ vistnok det bedste af denne Forfatter, da træde Englands Parker og Landsteder forunderligt frem for os, og vi see saa tydeligt disse Alleer med store, gamle Træer, som føre op til Gaarden. En saadan Allee fører ogsaa til Broholm. Wilhelm Müllers Sange ere alle smaa Malerier, vi see Møllehjulene dreie sig, Vandet styrter over det største Hjul; en saadan Mølle ligger tæt op til den omtalte Allee, men saa dybt, at „die schöne Müllerinn“ maa titte opad til dem, som kjøre paa Veien. Fra vore egne danske Folkesagn foresvæve os stille Indsøer, i hvis Midte engang laae en Holm med en gammel Ridderborg; men den sank, og Svanen svømmer hen over Taarnets Spiir. En saadan Sø ligger tæt op til Alleen og Møllen, men Holmen ligger derude med den gamle Borg; det store runde Taarn med sit Kobbertag og sit Spiir speiler sig i Vandet: det er Broholm. Endnu sees Skydehullerne i Muren, endnu strømmer Vandet friskt og klart gjennem de dobbelte Grave.

I den hvælvede Folkestue, der hviler paa stærke Muurpiller, sad vore to Reisende ved det lange Træbord, i hvis Blad hver af Folkene havde indskaaret deres Navne. Her var en tredie Fremmed, en ung Bonde fra Drebæk, Broder til Marias første Beiler.

Endnu den Dag i Dag er Gaardens Ydre uforandret. Hjortetakkerne pynte over Jægerens Dør, og Indgangen til Herskabsværelserne gaaer igjennem det høie Taarn, hvor Spiraltrappen af mægtige Bjælker, lagte oven paa hinanden, fører op til Spiret. Langs Havemuren voxe i Række i den indre Gaard de gamle, blomstrende Lindetræer.

Ved hvert Præg af en ældre Tid kom Skrædderen altid til at tænke paa, hvad Lignende han havde seet ude, og han gjorde da sine Sammenligninger. Saa prægtige Linde som disse havde han kun seet i Bøhmen, i de lange Alleers Skygge, hvor han havde vandret og sjunget sit „**krasna holga!***)“ Den gamle Bygning selv med sit høie Taarn syntes han at have seet langveis borte, ved Donau, da Skibet lystigt fóer afsted med ham over Svælg og Hvirvel. Ja, den kølige Hvælving, hvor de nu sad og drak mellem de tykke Muurpiller, mindede ham om Klosterhallerne. Hvad Hjertet tænkte, maatte Munden sladdre om, enten det saa morede de Andre, eller ei.

„Men saa reis igjen!“ var Omqvædet, de Andre udtalte.

---

*) „Smukke Pige!“

„Jeg skal nu trække den røde Kjole paa!" sagde den unge Bonde, „om en Maaned afsted, men jeg har Raad og Villie til at kjøbe En i mit Sted! tusinde Rigsdaler i Sedler tæller jeg op paa Bordet! kunde I have Lyst?"

Tusinde Rigsdaler Sedler! hvilken Duft laae der ikke i disse hvide Blade, en Duft, som kunde fylde Hjertet med Rigdommens Drømme. Den stakkels Skrædder slog Dinene i Veiret og saae gjennem Vinduet Lindetræernes grønne Krone. Mon det var de grønne Blade der, eller hine hvide, der virkede stærkest paa hans Hjerte?

Udenfor Gaarden, ikke langt fra hvor Smedien ligger, sees endnu en mægtig Trunte af en stor Eeg. Den Gang stod hele det gamle Træ; et stort Jernkors fra Catholicismens Tid var fæstet ind i Stammen. Da Spanierne 1808 laae i Fyen, var dette Træ dem et helligt Crucifix ved Veien, et Altar under aaben Himmel, foran hvilket de knælede og øvede deres Andagt. De solbrændte Skikkelser laae her paa det friske Græs og fæstede fulde af Fortrøstning deres mørke Dine til det hellige Tegn, Præsten stod foran og Sangen lød i det fremmede, melodiske Sprog. Nu var Træet ikke længer hvad det havde været, Lynilden havde i det sidste Aar standset dets Livskraft, kun een eneste grøn Green stak frem mellem de andre bladløse og fortørrede.

Veien skulde udbedres, det gamle Træ maatte bort; Øxen var alt trængt dybt ind, et langt Toug var snoet om Stammen, og i tilbørlig Afstand fra den Heste spændte for. Snart vilde Træet falde.

Skrædderen med sit Selskab stod der paa Veien, da Pidsken smeldede, og Hestene med al deres Kraft gjorde et Ryk frem. Det gamle Træ rystede sin tørre Krone, men Stammen stod fast. Endnu et Ryk, og det sank med en mægtig Knagen og en huul Drønen hen ad Jorden, det dreiede sig i Faldet, det gamle Jernkors vendte opad. Der laae det stolte Ege-Liig med sit Ordenstegn paa Brystet.

Commandeersergeanten gjorde en lignende Bemærkning. Skrædderen saae tankefuld hen for sig; hvad han grundede paa blev ham mere og mere klart: „falde med Ære i Krigen er dog den bedste Død! og man kan ogsaa leve! Ak, vilde Maria have samme Tanker som jeg!“

„Naa, tænker I saa ikke paa at prøve Lykken?“ spurgte Commandeersergeanten. „Livet i det Frie er dog noget Andet, end at sidde hjemme paa Bordet. Imorges saae I for første Gang i Aar Storken; den var flyvende, det betyder: I skal ogsaa afsted!“

Skrædderen blev taus.

Hen over Veien laae det gamle, mægtige Træ, i hvis Top alt for hundrede Aar siden Storken knebrede sit Evangelium om varme Sommerdage. Den gamle Herregaard speilede sig i Vandet. Skinnet og Virkeligheden dannede et Skjønheds Hele. Sted og Omgivning virkede her paa den drømmende Sjæl, som Buestrøget paa Physikerens Glasplade: betydningsfulde Klangfigurer fremstode.

Drypstenen, Sommerfuglens Vinger og de svømmende Skyer have alle deres selsomme Naturhieroglypher, som det ei er givet Mennesket at læse, og dog forkynde de en sig udviklende Verdens Kraft. Menneskets Hjerte har i enkelte Øieblikke lignende Ziffre, som det ikke selv fatter. Den usynlige Styrer skriver der sit „**mene, mene, tekel, urphazin,**" og en Nødvendighed vaagner, et uforklarligt: „jeg maa!" er Virkningen.

„Har I aldrig," spurgte den Drømmende, „hørt tale om Venusbjerget? Det nævnes i gamle Historier. Mangen stadselig Ridder, ja ogsaa den fattige Haandværkssvend med Randselen paa Ryggen, kom ind i dette Fortryllelsens Rige og vendte aldrig tilbage; skete det, at en Enkelt kom ud og igjen hjem til Sine, da var han aldrig ret ved Samling, han led af Længsel, maatte tilbage igjen eller døe. Det er nu kun en Historie, veed man nok; den er vist sat sammen af En eller Anden, som ret har tumlet sig i fremmed Land og siden maatte forlade al den Deilighed og sidde hjemme, langt borte derfra. De fem Aar jeg vandrede, ja da var jeg ogsaa i Venusbjerget, thi Andet end denne Verdens Deilighed er det dog ikke. Nu er jeg hjemme igjen, og derfor lider jeg af Uro, Længsel er mit Dagværk, Reiselyst min Hovedpude, og vilde Maria —! men hun maa vilde —!" Hans Dine funklede, han greb Commandeersergeantens Haand: „Jeg bliver Soldat!"

VIII.

En hellig Kilde, hvortil fromme Bønder
Fra Landet sammenstimle.
— — Jeg saae dem drikke Vandet. Var det Skinnet
Af Solen, eller var det Vandets Kraft?
Men Rødme livned' atter deres Kinder.

Oehlenschlæger.

Omtrent to Mile fra Nyborg ligger mellem Landsbyerne Ørebæk og Frørup, dog nærmest den sidste, St. Regisse-Kilde, der, som Folkesagnet fortæller, har sit Navn efter en meget gudfrygtig Frue, som af onde Mennesker blev slemt forfulgt, ja de toge endogsaa Livet af hendes Børn, men paa samme Sted, hvor dette skete, fremsprang strax en deilig Kilde. Da Fru Regisse længst var død, kom mange fromme

Vandringsmænd langveis fra, for at drikke af Kildens Vand, og de byggede til hellig Amindelse et Kapel nær ved Kilden og ophængte hendes Billed der. Hvert Aar paa St. Boelmesse Dag holdtes her Prædiken, men da Luthers Lære blev indført i Landet, lod man dette Kapel falde ned i Gruus; Kilden derimod risler endnu og besøges Aar for Aar ved St. Hansdags Tid, og der holdes da et Marked.

For ikke at beskues af en talrig Mængde, er det vist, at den Brug efterhaanden har hævdet sig, at det er Natten før St. Hans Aften de Syge tilbringe ved Kilden. Ved Solnedgang vaskes de i Vandet, og et Leie tilberedes til Natten; i Morgenstunden bryde de op, de Svageste føres hjem, de derimod, hvis Sygdom tillader det, blive og tage Deel i Markeds Lystigheden.

I Landsbyen Frørup, hvor Kildemarkedet staaer, var man isærd med at slaae Boder og Telte op. Paa alle Biveie saae man Kjørende og Gaaende med deres Syge; Enkelte vandrede alt over Engen, hvor, mellem Hasler og Elle, Kilden flyder; den omskygges af nogle temmelig høie Træer, paa hvilke Almuen endnu den Dag i Dag efter catholsk Skik hænger sit Offer, som bestaaer i nogle Lys. De grønne Hække rundt om maae tjene som Skjærmbrædt for de Syge, der afklædes og vaskes; deres gamle Klæder blive hængende paa Grenene, hvor da Fattige tigge dem til eget Brug.

Maria kom vandrende alene med Christian ved Haanden; hun bar et gammelt Sengeteppe og sin Mands store Trøie, denne vilde hun selv tage paa, thi Natten blev kold, Sengeteppet skulde Drengen have over sig.

„Jeg bliver hos Dig!“ sagde hun, „kan jeg sove, er det godt, og kan jeg ikke, da er det ei første Gang, jeg har vaaget for din Skyld. Ja, Barn, Du veed ikke hvad jeg har gaaet igjennem for Dig! En Moders Sorg og Uro tænke Børnene ikke paa, før de selv faae Børn! Da jeg bar Dig under mit Hjerte, hvor megen Angest led jeg ikke da! Livet har jeg vovet for Dig! Lange Nætter har jeg ikke lukket mine Øine, men gaaet med Dig paa Gulvet, lyttet til Dit Aandedrag har jeg; slide om Dagen og vaage om Natten, var mit Lod! Alt har jeg gjort og vil gjøre endnu for Dig, mit Barn, maatte Du kun blive til et Menneske igjen! Jeg har kun Dig alene! lad Din Fader reise i Herrens Navn, naar han ikke kan lade være!“ Hun brast ud i en lydelig Graad, men den var kun kort; hun kyssede Drengen paa Øine og Mund og nærmede sig Kilden.

Mange Tanker bevægede sig i hendes Sjæl. I Drebæk havde hun truffet sin Mand med Commandeersergeanten og den unge Bonde, Broderen til hendes første Beiler; ind i dennes Gaard kom hun med dem, og han spøgte med hende og sagde, at Alt dette kunde have været hendes. De smagte det stærke Øl, Mjøden og det hjemmebagte Hvedebrød, og først som Spøg, siden som Alvor meddeelte de hende om Mandens Hverving og hans Lyst til at træde i den unge Bondes Sted.

„See, derfor reiser han jo ikke bort!" sagde Commandeersergeanten, „han staaer kun i Nummer," og blandede nu gjentagne Gange Summen tusinde Rigsdaler i Talen.

„Han har sin egen Villie!" svarede Maria. „Jeg holder ikke paa ham!" var hendes sidste Ord, men det var, som hendes Hjerte skulde gaae i hundrede Stykker. Hun vilde ikke blive, „Vesperkosten var hende Nadvere nok!" sagde hun; Manden og Commandeersergeanten bleve og overnattede.

Nu stod hun ved Kilden. Enkelte havde allerede begyndt med Badningen, Andre beskæftigede sig med at faae et Natteleie bragt istand; det prægtigste af disse var et gammelt Sengested, hentet fra et af de nærliggende Bønderhuse og her opstillet mellem Heslerne; de Andre bestode enten kun i et Knippe Halm, eller i Vogne, hvor der laae Straa eller en Dyne. Ilden blussede bag den lave Vold af Græstørv, hvor Kaffekjedlen kogte, og et Par gamle Folk varmede Hænderne.

Det Hele frembød en af de nu meer og meer forsvindende Situationer i vor Tidsalders Folkeliv, hvor vi ligesom flyttes Aarhundreder tilbage. Kunde den Døde, over hvis Grav Munkenes Sang lød i det catholske Danmark, stige op og ved Solnedgang som Engens Taage svæve hen over Græsset, han vilde drømme, at Alt var i Danmark, som da han lukkede sine Øine. Almuen flokkede sig jo endnu med samme fromme Overtro i Hjertet om den hellige Kilde, Kirkeklokkerne ringede ved Solnedgang, som da de kaldte til Ave Maria, og i Landsbykirken selv smilede Billedet af Gudsmoder med Barnet. Den nærmeste Herregaard, det gamle Ørebækkelunde stod jo uforandret med sine takkede Gavle, sit høie Taarn, hele den gothiske Bygning.

Ikke langt fra hvor Christian blev badet i det kolde, friske Vand, stode to Qvinder med en ung Pige; hun var nok tretten Aar. Man saae ingen Legemsfeil, sporede intet Tegn paa Sygdom hos hende; hendes Ansigt bar den friske Sundhed; alle Former vare næsten heelt udviklede; det lange, yppige Haar rullede ned over de hvide, fyldige Skuldre; den røde Aftensol bestraalede et leende, livsglad Ansigt. Den yngste af Konerne var hendes Moder, denne heldte en Skaal Vand over

Pigens Hoved; Draaberne laae glimrende paa Ryg og Skuldre; Pigen rystede sit lange Haar og sang med klar Stemme:

„Jeg ham hørte, jeg ham saae —
En Tornekrone havde han paa.
— Springer I Rosens Blommer!"

Den ældre Kone, Bedstemoderen, bøiede sine Knæ og bad stille, med foldede Hænder, et „Fader vor!"

Aftenen var usædvanlig mild, men henne over Beltet trak tunge Skyer op.

Hvor Ulykke og Forhaabning er fælles hos Menneskene, blive disse let fortrolige. De talte gjensidigt om deres Syge og om Kildens Kraft. Den hjalp ikke for Slag, meente den gamle Kone; dog, tilføiede hun, naar vor Herre vilde, kunde han jo nok. „Der er eet Middel!" sagde hun, „det har aldrig slaaet feil!" og hun nævnede dette Almuens Universalmiddel, som en nyere Slægt maaskee vil troe opfundet i en Eugene Sues Hjerne, men som endnu for ikke mange Aar tilbage virkelig benyttedes her i Danmark: det væmmelige, at føre det ulykkelige Barn hen paa et Rettersted, og der, hos Forbryderen, udbede sig Tilladelse til at maatte drikke af hans varme Blod, naar Hovedet var skilt fra Kroppen.

Maria gyste; nei, det kunde og skulde aldrig skee!

Snart puslede de med deres Natteleie. Den unge

Pige med Bedstemoderen skulde sove i deres Vogn. Det ubetydelige Rum, som her blev tilovers ved deres Fødder, tilbød man Christian. Pigens Moder og Maria satte sig med Skjørtet over Hovedet paa et Knippe Halm og hvilede Ryggen op til Vognen.

Rundtom var nu stille; man kunde høre Kildens Pladsken og de Sovendes dybe Aandedrag. Christian læste stille sin Aftenbøn, som hans Moder havde lært ham den, og lukkede Øinene for at sove, men det vilde ikke lykkes. Han tænkte med en Slags Angest paa den sindssvage Pige, hans Fødder berørte hendes; hun sov dybt og fast. Han saae op mod Himlen, den stod saa høit deroppe, uendelig blaae, med utallige Stjerner; Carlsvognen kjørte hen over hans Hoved. Snart var han i Tilstanden mellem at vaage og sove; han drømte og var sig dog bevidst, at det var en Drøm; han kunde gjøre sig selv Rede for hvor han var, thi endnu hørte han Kildens Pladsken; men som han betragtede Alt omkring sig, havde det en forunderlig Lighed med Jødens Have, hvor han havde leget med Naomi, kun at Alt var her langt større, langt mere udstrakt; Luften blev lysere, han syntes at høre hendes Stemme, ja, hun nævnede ham ved Navn, men han vovede ikke at svare, thi den vanvittige Pige, som sov ved hans Fødder, kunde jo vaagne derved. Alt blev mildere og mere hjemligt omkring ham. Ogsaa Storken saae han, den fløi hen over hans Hoved og klapprede, som naar den bragte sine Unger Føde. Naomi var det, som sad hos ham, han saae hende ind i de store, sorte Dine, hun rystede de deiligste Blomster ud over ham og sagde, at det var Penge. De legede saa herligt og han gav hende, som første Gang, sin Mund og sine Dine i Pant, og hun tog dem virkeligt, han følte en Smerte derved, og Alt var Mulm og Nat rundt om, men han hørte hendes Vogn rulle afsted, „Farvel! Farvel!" raabte hun, og Vognen foer høit op i Luften. Da reiste han sig, og skjøndt de tomme Dienhuler og blødende Læber brændte, var hun dog mest i hans Tanker; han følte sig let som et Duun i Luften og kunde svæve efter Naomi; men den vanvittige Pige var vaagnet og holdt ham fast, hun havde slynget sine Arme om hans Been, hun holdt saa fast, saa fast, og længer og længer borte rullede Vognen. Da anstrængte han sin hele Kraft for at slippe løs, og Virkningen var, at han vaagnede. Det var en Drøm, følte han, og dog rullede det endnu langt borte i Luften; noget Tungt laae fast paa hans Fødder. Han løftede Hovedet i Veiret. Der sad hun som den hvide, skinnende Elverpige, med nøgent Bryst og nøgne Skuldre, det store Haar omflagrede hende; men det var kun et Moment hun var synlig, det phosphoriske

Skjær, som omgav hende, forsvandt, det blev bælgmørkt, og langt borte rullede Tordenen.

„Jeg brænder!“ sagde hun. „Det er ligesom om mit Hjertevand var borte, og jeg kun havde den hede Lue i mig! Sover Du, lille Dreng?“

Christian vovede ikke at svare. Det var den sindssvage Pige, som knælede paa hans Fødder, sin Klædning havde hun revet af, sine nøgne Arme holdt hun høit i Veiret.

„Hører Du, hvor Tyrene brøle deroppe?“ spurgte hun. „De fare frem som Hjortene og bære brændende Ildtakker; jage de dem i Dit Liv, saa maa Du døe! røre de ved Dit Huus, da staaer det i Lue! det største Træe flyver i Splinter! Saae Du Hornene? De skinne, som Kobber og Tin! Vær ikke bange! snart ere de ovre, saa løbe kun de smaa Kalve bag efter og brøle; de have smaa Horn, der med Zikzak stikke frem fra Kanten af den sorte Sky!“

Et blændende Lyn, hvor Tordenskraldet fulgte i samme Nu, vakte alle Sovende rundt om. Forfærdede foer Qvinderne op. Den Gamle greb den halvnøgne Pige, som stod midt i Vognen. Stormen tog i de lange Lokker og i det lette Teppe, som kun hang om hendes Fødder og løftede det høit i Veiret.

„Jesu Kors!“ var det almindelige Udraab. Enhver søgte paa det Bedste at tildække sine Syge.

Christian blev skjult under det store Hestedækken, men næste Vindstød greb saa kraftigt deri, at det var hvirvlet langt bort, havde Maria ikke bøiet sig hen over det. Træer og Buske svingede som tynde Rør, Blade og Grene fløi omkring, og midt i Stormen hørte han den unge Pige synge og Qvinderne bede.

Da lyste et skrækkeligt Lyn, medens Braget bedøvende rullede over dem. Vognen selv syntes at rystes og Christian saae den hele Egn i et Nu som oplyst af det mest blændende Lys. Hver Busk, hvert Træ, Kirken og Husene, Alt fremtraadte saa tydeligt, og foran i Vognen reiste Pigen sig; hun havde kun det tynde, hvide Stykke Linned paa. Med Hænderne udbredte hun sit lange Haar, udstødte et vildt Skrig og sprang ned af Vognen; i samme Nu rugede igjen det kulsorte Mørke over den hele Egn. Der var dødsstille.

„Hvor er Luzie!" raabte Moder og Bedstemoder. „Gud! hvor blev hun af!"

De grebe med Hænderne rundt om efter hende, men stødte kun paa Træer og Buske. Regnen styrtede ned i tunge Strømme. Begge Qvinderne udstødte et Forfærdelsens Skrig, som den rullende Torden overdøvede. Bedstemoderen søgte med Haanden henad Jorden, Moderen løb afsted i Regn og Mørke og raabte „Luzie!" Christian knugede sig fast til sin Moder; det var en skrækkelig Nat.

Et Lyn og et Skrald, begge af samme Kraft, som hiint, ved hvilket den unge Pige forsvandt for dem, fulgte senere, og med disse syntes Uveiret at have lagt sig; de følgende vare langt svagere, Regnen faldt kun i enkelte Draaber. Men hele denne Mellemtid var den skrækkeligste for den stakkels Moder, der, uvis om, hvorhen hun skulde vende sig, for at finde sin ulykkelige Datter, løb fremad over Tuer og Tjørne. Et Dieblik, ved det lysende Lynblink, syntes hun at see noget Hvidt svæve hen over Marken; hun tog samme Retning, men standsedes snart af en Grøft, snart af en Busk, mellem hvis Grene hun trængte ind. Midt i Regn og Blæst syntes hun at høre Datterens Stemme, hvad dog var umuligt, thi Stormens Hvinen døvede hver Lyd. Hun nødtes til at tage samme Retning, som Stormen foer, og den førte hende fremad som et Legetøi for sin Kraft. Undertiden følte hun sig at blive baaret hen over Jorden; endelig standsede hun ved en høi Grøft; instinctmæssigt steg hun derop og blev i Dieblikket af den hvirvlende Vind revet ned paa den anden Side i det høie Græs. Et Lyn oplyste foran hende den gamle Herregaard Drebækkelunde med sit Taarn, sine mægtige Muurpiller og gothiske Karnapper. Hun var i Haven, hvor de gammeldags beskaarne Hække, og vide Steenfigurer staae; var det een af disse, som ved det blinkende Lyn syntes at bevæge sig, eller var det Datteren, hun saae? Hendes Fødder skjælvede; bævende raabte hun hendes Navn, medens Stormen omhvirvlede de unge Blade og det vintergule Løvfald.

Det var tidligt paa Morgenen, da Christian vaagnede af en dyb Søvn. Hans Moder og den ældre Kone sad forud paa Vognstangen og hørte begjærligt efter, hvad Luzies Moder fortalte. Først i dette Øieblik var hun kommet tilbage, hendes Glæde var nu næsten ligesaa stor, som hendes tidligere Angst havde været det. Datteren sov en god sund Søvn ovre hos Gartneren paa Ørebækkelunde; der i Haven ved een af de hvidkalkede Steenstøtter havde hun fundet Datteren siddende paa Hug med Hovedet mod Støttens Fodstykke. Paa Grund af det onde Veir var Folk oppe paa Gaarden; Lysene skinnede ud fra Gartnerens Huus, og der fik den ængstede Moder Hjælp, der var Luzie bragt til Sengs. „Moder jeg har jo ingen Klæder paa!" var hendes eneste Udbrud, da hun, gjennembævet af det mægtige Lyn, som slog ned i Haven tæt ved hende, kom til en Slags Besindelse. Derpaa havde hun grædt, saa det var en Gru, men endelig lukkede hun sine Øine og sov nu en velsignet Søvn.

„Maaskee vor Herre har forbarmet sig over hende!"

sagde den gamle Bedstemoder, „sund og rask som vi var hun, men efter ligedan et ondt Veir som dette kom hun hjem fra Marken, hvor Lynet havde splintret et Træ." Om hun havde faaet sin Ulykke derved; om hun, før Uveiret begyndte, havde sovet og faaet et Solstik eller onde Magter vare med i Spillet, saaat hun havde seet, hvad der kunde forvirre et Menneskes Hjerne, vidste de ikke, men Forstanden var borte, det var vistnok. Nu var det det andet Aar, de vare med hende ved Kilden. „Vor Herre klare hendes Forstand, eller løse op for hende!"

IX.

Ah! quel plaisir d'etre soldat!
E. Scribe.

Henad Eftermiddagen havde Alt ved Kilden et festligt Udseende. Paa den grønne Plads, hvor om Natten de Syge havde sukket og læst Bønner, dandsede nu de Sunde, medens en Violin og en Clarinet græd en gammel Engelskdands. Ved Kilden drak Piger og Karle en Kjærligheds Skaal, den Kjærlighed, som Blodet, men ikke Sjælen kjender.

I Landsbyen var broget Marked. Støvler og Potter, Comedie og Kramvarer, Alt stilledes til Skue. Christian havde da gjort sit Marked, saae man: i Haanden bar han sin gamle Hat, men paa Hovedet den nye; Avispapiret, bundet fast med Seglgarn, sad endnu om den. Han stod med Forældrene foran en glimrende Boutik, hvor Silkehuer, broderede med Palietter, blændede Øinene; deilige Nürnberger Billeder med preussiske Soldater og Tyrken i sit Serail vare udhængte. Det saae ud som en Pigeskole, sagde Maria. Her stod en omvandrende Italiener med sit Brædt fuldt af Gips-Figurer, de almindelige Slags, som Folk her have Sands for: en grønmalet Papegøie og en Napoleon. Skrædderen begyndte strax at tale Italiensk saa godt han kunde med Mund og med Fingre, og Maria sagde til Commandeersergeanten, at saameget kunde hun forstaae, at det ikke var Tydsk, de talte. Hjemmets Sprog, hørt i fremmed Land, har samme Virkning paa Hjertet, som Barndoms Melodier have for den Ældre, selv om en skurrende Stemme synger dem. Italieneren lo, nikkede og pluddrede, ja forærede Christian en Papegøie, som var knækket i Halen.

Silkebaand og tærnede Tørklæder flagrede tæt ved paa en Stang, der var bundet til Bordet bag hvilket en Bekjendt stod og tilraabte sit: God Dag!

det var den gamle Joel, som tjente hos Naomis Bedstefader og siden bragte sin Herres kulbrændte Levninger til Fædrenes Grave.

„Ja, Datterdatteren gaaer det godt!“ sagde han, „den lille Naomi har ingen Nød! hun gaaer i Silke og Musselin, hun faaer nok Guldringe paa Fingrene og Diamanter paa Brystet; hun bliver en Deilighed som Dronning Esther.

„Har I nylig været paa Gaarden?“ spurgte Maria.

„Nei, der kommer jeg ikke, det er saadan en Aftale. Jeg har ikke været der, siden den Dag min Herre var Kul og Aske, og jeg kom som Sendebud, for at sige, hvor forladt det stakkels Barn stod. Da talte jeg med den unge Greve og den gamle Grevinde, hun kan være bedsk som Medicinen, hun drikker. Men jeg er dog den jeg er! der er Veie nok for mig at gaae, uden at træde paa hendes Grund. Naomi har det godt, — ak hendes stakkels Moder; deiligere Qvinde saae jeg aldrig, nu er den Blomst bleven Jord, hendes hvide Tænder er nu en hæslig Skjønhed!“

„Det Tørklæde, Maria, vil gjøre Dig til en deilig Skjønhed!“ sagde Skrædderen og pegede paa et af blaat Katun med store røde og gule Blomster. „Tag det kun! nu ere vi rige!“ han slog paa Lommen, hvori den halve Sum, de 500 Rdlr. og Forskrivningen, at træde i den unge Bondes Sted, havde Plads.

Maria rystede med Hovedet, drog et dybt Suk, men Dinene vendte dog tilbage til Tørklædet, Farverne vare saa glimrende, Mønstret saa aparte.

„Er jeg idag den første, som kjøber af Eder," sagde Skrædderen, „saa vil det siden gaae godt af, for jeg har god Handsel! Vær nu ikke saa tankefuld Maria! vor Herre veed, naar vi komme til Kildemarked igjen, og om vi da have saadant Solskin og saamange Penge i Lommen!" Han kastede hende det smukke Tørklæde om Halsen, og hun smilte med store Taarer i Dinene, saaledes, som hun siden i Hjemmet smilte, da Manden udbredte Sedlerne paa Bordet og med tilfreds Mine sagde: „See det, og dobbelt saa meget er Din Mand værd! naa, græd dog ikke! det salte Vand drypper jo paa Pengene, saa er der ingen Lykke og Velsignelse ved dem. Underofficeer er jeg blevet, det er jo Begyndelsen til Officeer, see, saa nær er Du ved at blive Frue!"

„Om fjorten Dage skal Du til Odense og lære Exercice!" sagde Maria, „kun een Maaned vil det vare, siger Du, saa har jeg Dig igjen! ja, vor Herre veed det! Du har ingen Ro paa Dig! ja Du kan ikke andet! Troer Du ikke, jeg mangen Nat har hørt Dig isøvne sukke og tale om fremmed Land! Du har grædt som et Barn, og det har skaaret mig i Hjertet! Den gamle Almanak, hvori Du udenlands optegnede hvor Du var den Dato og det Aar, den Almanak, siger jeg Dig, som Du saa tidt tager frem, kigger i og fortæller mig: Herre Gud, i Dag for de Aar siden var jeg der, da sad jeg ikke her paa Bordet, den synes mig Cyprianusbog, hvori Du intet Godt læser. Nu kan Du skrive deri den Dato, Du forlod Kone og Barn! Kjendte jeg Dig ikke bedre, vilde jeg troe, at Du ude havde givet Dit Hjerte bort, og at hun der havde Gryden paa at kaage efter Dig, derfor lider Du af Uro. Ingen holder dog af Dig, som jeg, og Drengen er Din egen, det veed jeg med en frelst Samvittighed!"

„Maria," sagde Manden, „Du vil jo ikke bedrøve mig! har jeg gjort noget galt, saa hjælper det nu ikke at sørge. Lad os hellere see det fra den fornøieligste Side. Iaften kommer Commandeersergeanten og Gudfaderen herhen, bed Handskemageren og den gamle Heimerandt og lad os faae en Bolle Punsch, ligesom paa vor Bryllupsaften.

Aldrig havde Christian seet saa mange Fremmede i deres lille Stue, der vare Ni i det Hele. Gudfaderen havde Violinen med, og han spillede Dandse og fortalte Historier om Konen, som snøvlede og Manden, som talte fiint, og det vidste han ganske accurat at gjøre efter paa Violinen. Der blev leet og sunget, det var en lystig Aften.

Men Dagen, som fulgte, var desmere sørgelig, men værst var den Dag, da Faderen skulde til Odense. Maria og Christian fulgte til Qværndrup, og da Vognen derfra rullede videre, stode de To oppe ved Kirken, paa den høie Banke, for endnu, saalænge de kunde, at see Vognen, hvor Faderen svingede med Hatten. Men Veien dreiede af, de kunde ikke mere see ham, da trykkede Maria Hovedet mod Kirkemuren og græd. Siden vandrede hun stille om mellem Gravene, lagde de visne Krandse tilrette, og lugede hist og her Græsset bort.

„Hvo der sov saa godt, som de sove her!" sagde hun. „Det er dog en tung Vei, man har, før man kommer derned!"

Rundt om Kirken paa den grønne Banke staaer en Krands af høie, gamle Træer; paa hvert af disse har Præsten hæftet smaa Plader med fromme Indskrifter til Opbyggelse og Vederqvægelse.

„Det er ikke trykte Bogstaver!" sagde Maria, „jeg kunde ellers have læst dem! Kan Du, mit Barn?"

Og Christian læste de fromme Ord; det var hende som hvert Træ gjemte paa den lille Tavle en Trøstens Bjergprædiken.

„Vor Herre kan gjøre Alting godt!" sagde hun,

„Vidste jeg kun, hvad der vilde skee frem i Tiden!“ Og hun vandrede ned i Byen, gik til et af de yderste Huse, hvor Bagerovnen som en Halvkuppel stod ud mod Veien. Hesteskoen paa Dørtrinet og det halve Fyrstaal i Karmen tydede paa, at herind vilde man ingen onde Aander have. Det var den kloge Kones Huus.

Kaffekjedelen blev sat paa, og i den grumsede Kop læste Seersken Haab og Mistrøst; dog Haabet var det overveiende, Haabet, som lægger Fløiel mellem Slavens Lænker og hans udmagrede Lemmer, Haabet, som skriver Benaadning paa Bøddelens dræbende Sværd, Haabet, hvis bløde Tunge synger de søde, falske Sange. Maria turde haabe.

Fra hvert Brev, som siden kom, dryppede Fortrøstningens Olie. Tiden gik. „Han kommer i næste Uge!“ fortalte hun Venner og Naboer. „I Dag har jeg kun sex Dage!“ og samme Dag kom han just, det var en Glæde, en Overraskelse. Den stakkels Christian laae syg, Kildens Kraft havde endnu ikke hævet hans Onde. Men Fader var jo kommet hjem, og derfor jublede Maria, men det var kun i Minuter; Glæden blev til Sorg, Sorgen til Taarer. Kun denne Nat kunde han blive hos hende; som en Naade var det forundt ham at være 48 Timer i Hjemmet. Regimentet skulde bryde op, Marchen gik til Holsteen, hvor de skulde støde sammen med de franske Tropper; den nordtydske Armee med svenske Hjælpetropper truede Grændsen.

„Vær ikke bedrøvet Maria! Du skal faae Ære af mig! og naar vi gjøre Bytte, vil jeg tænke paa Dig, rige kunne vi blive! Græd dog ikke, nu er det jo eengang saa. Vi ville have en fornøielig Aften iaften, derpaa sover jeg to à tre Timer og saa til Odense. Jeg er ikke mere træt af Marchen, end om jeg kun havde gaaet hertil fra St. Jørgensgaard! — Det er en Ynk at see Dig i Taarer og Drengen der syg og elendig! Skal den sidste Aften staae saa bedrøvelig for mig!“

„Nei!“ sagde Maria, „det skal den ikke!“ og de sidste Taarer bleve knuste mellem de mørke Øienhaar. Bordet blev dækket, Gudfaderen kom, og han priste Soldaterlivet, sagde, at det kunde være, han var selv med, før man mindst troede det. Den stakkels Dreng laae syg og lidende i sin lille Seng; han var faldet i Søvn, da Faderens Kys vaagnede ham i Morgenstunden, deres Øine mødtes, en brændende Taare faldt paa Drengens Læber, og Faderen ilede ud af Døren. Maria fulgte.

Hele den øvrige Deel af Dagen sad hun stille og tankefuld. „Du har mistet Din Fader!“ det var hendes eneste Ord.

Et dansk Corps paa 10,000 Mand skulde forene

sig med den franske Armee under Marschal Davoust's Commando. Til det Holsteenske og Meklenborgske gjaldt Marchen. Fremad! hvirvlede Trompterne, og Hæren fulgte; men i hurtigere Flugt steg Trækfuglene, som alt paa Sommerens varme Dage forudfølte Nordens Vinterdød. „Der flyve Storkene!“ sagde Skrædderen, „Men iaar flyver jeg med, og han stirrede efter dem, til de som en Myggesværm forsvandt i den blaae Luft.

Ved den danske Grændse laae fjendtlige Hære; Steppens Søn, Asiateren fra Dons Moradser jog i flagrende Kaftan med fældet Landse henover danske Agre; Krigens Gud, Tidsalderen kaldte ham Napoleon, kæmpede alene med alle Landenes Riddere. Det var en stor Tournering, det var det sidste Ridderspil, han gav, og derfor kæmpede han alene; det lille Danmark var hans Gangerpilt: et trofast, begeistret Hjerte, men Kraften var ei, som Villien.

Dage og Uger glede hen i Uvished og Forventning for dem her hjemme; flere hæderlige smaa Affairer forefaldt i det Meklenborgske; paa andre Steder i Tydskland lede de Franske Nederlag, og Davoust maatte derfor trække sig tilbage, forfulgt af Bernadotte, som førte den nordtydske Armee. Idelig frem og tilbage Marcheren, Forpostfægtninger og Uvished om den kommende Dag. Det danske Corps stod under Prinds Frederik af Hessen og var deelt i tre

Brigader, een af disse blev anført af General Lallemand, han besatte Lübeck, de andre trak sig til Oldesløhe, medens en Deel af den nordtydske Armee med svenske Hjælpetropper forfulgte det danske Corps.

Hvor var Christians Fader, han, hvem Længsel efter Venusbjerget havde lokket fra det stille Hjem? — Har Du seet Colonnen af Soldater bevæge sig hen over Marken, har Du seet den, naar Feltraabet er „Død!“ Som en uhyre Crokodil med broget, blinkende Ham af Uniformer og Bajonetter, udstrækker den sit store Legeme. Kanonernes Lyd er Kæmpedyrets Stemme, Kruddampen dens Aande. Du seer ikke de enkelte Skjæl, som i Kampen falde fra det uhyre Legeme, og dog er hvert Skjæl et Menneskeliv. Det hele, store Legeme maa splittes ad, da bliver Dødshugget først synligt; som den sønderhuggede Orm i sprællende Flugt bæve Delene hen over Marken.

Der kom et stort, forseglet Brev til Maria, tæt beskrevet og meget kostbart i Postpenge. Det lød saaledes:

„Min kjære Madamme!

„Bliv ikke bedrøvet, naar De har læst min Skrivelse, „skjøndt De vistnok har Aarsag dertil. Vi laae i Lübeck, „Generalen vilde gjerne skaane Byen og trak derfor

„over Segeberg til Bornhoved. Nu er, som De maa „vide, Terrainet mellem Byerne en aaben Hede. Det „havde regnet flere Dage, Veiene vare elendige, to „Skridt frem var eet tilbage, det tappede Kræfterne „fra os; lige i Hælene havde vi det svenske Cavalleri, „som var stærkere end vi, dog kom det ikke videre end „til nogle smaa Skærmydsler mellem Blænkerne. Endnu „skal Madammen ikke være bedrøvet, det Sørgelige „kommer neppe før paa den anden Side af Brevet. „Jeg kunde jo ligesaa gjerne sige hende det strax, men „Sligt faaer man tidsnok at vide. Om Eftermiddagen „nærmede vi os Bornhoved; Hedestrækningen hørte op „og Terrainet blev mere gjennemskaaret, vi vare altsaa „i større Sikkerhed for det fjendtlige Cavallerie. Nu „maa De vide, Prindsen af Hessen havde ladet Born„hoved besætte og var opmarcheret med de to andre „danske Brigader, for at optage os. De polske Lanciers, „som man her kalder Landsenererne, sluttede vor Trup. „for nu at opholde Fjenden, medens Brigaden passerede, „stillede han paa Veien udenfor Byen to Kanoner „og en Bataillon Skarpskytter ved Siden, mellem dem „var min Ven, hendes Mand, for det er om ham „Brevet gjælder, kan hun sagtens vide. Men bliv „bare ikke forskrækket; heute mir, morgen dir! Ligeover „for os opmarcherede det svenske Cavalleri; vor Ba„taillon paa hver Side stod i sluttede Divisions-Colon-

„ner, den Ene vilde formere Quarré, men det fjendtlige „Cavalleri var sprængt forbi og attakerede Bornhoved, „den anden Deel stod ligefor os; der kom Uorden i „vor Række, og havde Fjenden benyttet sig deraf, da havde „det været forbi med os, men den gjorde det ikke. „Kjære Madame, dette bliver et langt Brev, men De „bør vide alle Omstændigheder, og derfor udskriver jeg „største Delen af min Rapport, for at De ret kan ind- „see Omstændighederne: Vi formerede Bataillon, men „en Deel af det fjendtlige Cavalleri var, som sagt, „sprængt frem mod Bornhoved, de polske Lanciers, „som sluttede vor Brigade, bleve forskrækkede og „sprængte ind paa de holsteenske Ryttere, disse igjen „paa de foran. Artilleriet i Spidsen spærrede aldeles „Veien, og nu opstod en skrækkelig Trængsel, over „hundrede Mand bleve nedtraadte og massacrerede. „Trængselen gjorde, at ingen Fægtning kunde finde „Sted. Side om Side blev Fjenden trykket op mod „hinanden. Imidlertid fyrede det danske Infanteri saa „godt det lod sig gjøre, Svenskerne maatte trække sig „tilbage ad den Vei, hvor vore Batailloner stode, de „joge langs Grøfterne, bukkede sig ned langs Hestehalsen, „men to Hundrede bleve nedskudte, idet de fore forbi. „Besætningen ved de to Kanoner forsvarede sig tappert „og vedblev til sidste Mand at fyre med Kartetscher, „men kun en Eneste, en Lieutenant, blev levende tilbage.

„Og saaledes er Madamen Enke. Dette er mit sørge„lige Brev.

Ærbødigst, med Venskab,

Jordsach,

Commandeersergeant.

X.

— es muß ja sein.
Ich blicke starr und fest vom Rabenstein
Ins Nacht hinein.

A. Chamisso.

„Død!" hvilken Verden fuld af Smerte ligger der ikke i dette lille Ord. Det er et tveegget Sværd, som idet det fælder hvad vort Hjerte hænger ved, trænger ind i vort Bryst, saa det sortner for Øiet og Verden synes os mørk, om end Solen skinner paa Millioner Lykkelige. Kun eet Ord, kort som dette, giver Opreisning, tilaander os Hjælp, kun eet: „Gud."

„Ja, jeg var forberedt paa det!" sagde Maria, men hun var ikke forberedt. Den mørke, sludfulde Overgang fra Efteraar til Vinter, nedstemte, som et Sørgehuus, end mere den Sørgende. Luften var graa, Regn og Tøsnee faldt i de smudsige Gader. Mørkt ude og mørkt inde i Tanken.

„Græd ikke," sagde Christian, saa bliver Du syg og døer ogsaa fra mig! Du kan jo vaske og stryge, jeg kan spille paa Violin, det faaer jeg Penge for, og saa skal Du ikke sørge!"

„Du Guds Engel!" sagde Maria, „lad mig kysse Dine Øine og Din søde Mund! ja, for Din Skyld vil jeg leve, hvad skulde der ellers blive af Dig!"

Aldrig havde Julen nærmet sig saa stille og sørgelig som denne Vinter.

„Gaardmanden i Drebæk er dog en ærlig Karl! Brød og Smør har han sendt mig og en Gaas til Juleaften. Mon han endnu skulde have Tanker til mig? Nei, det Skridt gjør jeg aldrig meer! Din Gudfader vil jeg bede herhen Juleaften, skjøndt jeg holder ikke af ham! men for Din Skyld gjør jeg det! maaskee han betænker Dig, naar Du bliver større!"

Bordet var dækket. Christians Hjerte var fuldt af Juleglæde. Maria tog Psalmebogen frem.

„I har Stemme!" sagde hun til Gudfaderen, „I maa holde Tonen for os!"

„Jeg kan ingen Psalmer!" svarede han. „Skal vi bruge Bogen, saa lad os heller slaae op og see, hvad Skjæbne vi faae. Der ligger Noget i det! Hvad som skal skee er nu engang skrevet i den store Bog, som det er skrevet i vort Blod og i vor Sjæl!"

Maria aabnede Bogen.

„En Bryllupspsalme!" sagde hun, „det slog saamænd ikke til! jeg forandrer aldrig min Stilling! kunde jeg bare see Drengen rask og stærk og faae ham vel frem i Verden!"

„Det kommer an paa hans Stjerne!" sagde Gudfaderen. „Vi kunne gjøre Noget, men det bliver aldrig Meget! Ligger det i ham, at han skal stjæle, at han skal blive en vild Fugl efter Qvinderne, saa dæmpes det ikke! Han kan opfødes mellem de skikkeligste Mennesker, de kunne indprente ham de bedste Tanker: er det Onde engang i ham, da maa det ud! Det kan vel sinkes, men naar han naaer Skjels Aar og Alder, da bryder det ud med en stærkere Kraft! Vilddyret sidder inden i ethvert Menneske, hos En er det en glubende Ulv, hos en Anden en Slange, der veed at krybe paa Bugen og slikke Støv. Dyret er os givet; det kommer nu an paa, om det eller vi fik den stærkeste Kraft, og Kraften har Ingen fra sig selv!"

„Vor Herre frie os fra den Ondes Magt!" sagde Maria og saae ned for sig. Det var, som om den Aand, hun frygtede for, sad ved Bordet hos hende. Talen, hun hørte, var som Elverpigens Skikkelse, foran Sandhed i al sin Deilighed, bagtil huul og tom, et Tegn paa den Verden, den tilhørte.

„Jeg har læst mange Skrifter!" sagde Gudfaderen, „læst om fremmede Nationer! Der gives mange Folkeslag paa Jorden! Hvad vi hos os kalde Synd, give Andre Navn af Ret. Den Vilde æder sin Fjende, og hans Præst siger: nu kommer Du øverst i Himlen! Tyrken har mange Koner, og hans Gud lover ham endnu flere i Paradiset. En General faaer Hæderstegn og Berømmelse for hvad han gjør i kongelig Krig, som skeer med Uret, medens en Anden, der viser samme Snildhed, kommer paa Steilen! Det Hele kommer an paa Skik og Brug, og hvo siger os, om vi just følge den bedste, fordi vi gjør, som de Fleste gjøre? Hvo veed, om ikke Dyret indeni os har større Ret end Mennesket, som følger sin Skolelov! Er det ikke Sandhed?"

„Ak jo!" sagde Maria, „men det er fælt at tænke paa!" Engstelig lagde hun Psalmebogen bort, skar for af Maden og begyndte en ny Samtale. „Maatte bare min lille Christian komme sig! Jeg veed nok et Middel, det har Flere sagt mig, men det er altfor grueligt! drikke det varme Blod —!"

„Ti dermed!" raabte Gudfaderen. „Mig er det medfødt, at jeg ikke kan taale at see, man skærer Hovedet af en Høne! Jeg veed et uskyldigere Middel! det er en Symphatie, som man kalder det, og just paa en hoi hellig Aften som denne maa det gjøres. Jeg siger nogle hemmelighedsfulde Ord og han drikker iiskoldt Vand af min hule Haand."

„Herre Jesus!“ udbrød Maria og rykkede sin Stol tilbage, „har I været i Krig! har I dræbt et Menneske?“

En kridhvid Farve gik over Gudfaderens Ansigt. „Hvad siger I!“ spurgte han med et skelende Blik.

„O Gud, jeg siger ingen Ting!“ sagde Maria. „Der er jo mange underlige Midler, vor Herre eller en Anden har givet os! Men I sagde Noget der, som fik mig til at tænke paa Skipperen. Det var en Svensker, som laae ved Broen forrige Sommer; jeg talte med ham om Drengens Sygdom og hvad der kunde gjøres imod den; jeg nævnede, hvad vi jo kjende her i Landet, at tigge en Leerpotte og i den faae paa Retterstedet Synderens Blod, som den Syge maa drikke; da sagde Skipperen, at de havde den samme Tro i Skaane, men de havde ogsaa den, at var det et Barn, der skulde hjælpes, saa behøvede man kun at lade det drikke koldt Vand af en Haand, som havde udgydt Menneskeblod, det var ligesaa virksomt! jeg skulde derfor, sagde han, gaae til en Soldat, som havde været i Krig, eller ogsaa til Skarpretteren. Disse Ord og det I nylig sagde —!“

„Lignede!“ afbrød Gudfaderen. „Ja, det er ikke urigtigt! men hvad vil I sige, om jeg gav Eder en Haandfuld af det deiligste Blomsterfrø, en heel Slægt, og I tog det, men lod det ligge hen, til det havde tabt sin Kraft, var det ikke det samme, som om I ødelagde et heelt Blomsterflor? Hjemme i Norge har man en Historie om en Pige, som havde en Rædsel for at blive Moder, og som derfor paa sin Bryllupsaften gik med Brudekrone og Slør hen til Vandmøllen, hvor Heren boede, bad hende om Hjælp, at Afkom aldrig skulde fødes, og Bruden fik tolv Korn, som hun skulde kaste ned under Hjulene; hun tænkte Intet derved, men for hvert, som faldt, lød en forunderlig Lyd ligesom et Suk; det var et Barnehjerte, der brast. Hun blev Hustru, blev barnløs Hustru, og først som Gammel, med sølvhvidt Haar, kom Angesten over hende. Hendes Haand var reen for Blod, og dog var hun en Morderske og led i sin Sjæl, som En, der havde myrdet. Da søgte hun ved Midnat ind i Kirken, for at afbede sin Synd, og der saae hun oppe ved Alteret sine tolv ufødte Sønner staae, og bag ved dem deres ufødte Børn, den hele Slægt, de fyldte Kirkens Gange, og hun knælede ned og bad, hun, Morde rsken af en heel Slægt —*)! og I forstaaer

*) Resten af Sagnet lyder, at Præsten, i Vrede over Hustruens Synd, havde udbrudt: „jeg tilgiver Dig ikke og vor Herre ikke heller! før skal der springe Roser ud af vort Steengulv!“ Om Natten, som hun saae Synet i Kirken, drømte Præsten det samme, og da han vaagnede var Steengulvet revnet, og tolv deilige Roser blomstrede i Sprækkerne: det

Historien? Saaledes vandrer mangen Morder om i Verden, en Morder af en ufødt Slægt. En Saadan er jeg, en Saadan bliver jeg! der er en Afsky i mit Blod for at være en Qvindes Mand! Lad kun Drengen drikke af min Haand! skjøndt man ikke seer Blodet, klæber det dog ved min Haand!" Han holdt sin Aande tilbage, ellers havde han sukket dybt.

„I er vist syg!" sagde Maria og saae ængstelig paa ham.

„Aldrig mere beder jeg Din Gudfader herhen!" sagde hun til den Lille, da han havde forladt dem, og de gik til Sengs. „Det var, som om en ond Aand var her i Stuen! fold Dine Hænder og læs Din Aftenbøn! jeg vil lære Dig een til, som jeg kan af den Bedendes Kjæde!" —

„Naar Dagene længes,
Vinteren strænges!"

siger et gammelt Ordsprog. Det nye Aar havde mange iiskolde, mørke Dage. Vinduerne maatte tøes op med en Ildpotte.

„Nu er Landeveien som et Stuegulv, den blanke Frost har gjort godt!" sagde Bonden fra Ørebæk, en Dag han besøgte Maria. „I maa muntre Eders

---

var hendes tolv ufødte Sønner. „Nu er vor Moder salig!" sagde Præsten og søgte hende i Kirken, hvor hun laae død foran Alteret.

Sind! besøg mig! tag Drengen med, jeg venter Eder med Fragtvognen!"

„Jeg vil gjerne unde Drengen den Fornøielse!" sagde hun. For hans Skyld skulde det ogsaa være, dersom hun nogensinde begik den Daarlighed at gifte sig igjen, men det gjorde hun aldrig, og dog havde Græsset næste Aar endnu ikke skudt nye Straae, før Maria vaklede mellem et Ja og et Nei.

„Det skulde saamænd være for Din Skyld, min søde Dreng!" sagde hun. Christian græd; den nye Fader var slet ikke mild og lystig. Han skjændte for Violinspillet og sagde, det var et kjedeligt Gnideri.

„Maria! Du veed nok, at jeg altid har havt mit Sind til Dig! Du tog alligevel en Anden, jeg ogsaa, nu ere vi frank og fri, jeg trænger til en Kone i mit Huus, en Moder for min Dreng. Der er nu Ane fra Fuglehuset, hun er en kjøn Pige! hun har to Børn, for hvert faaer hun ti Rigsdaler om Aaret i ti Aar; det er en Capital, der nok kan give Een Tanker til hende! Du har ingen Ting og Drengen til, men jeg holder af Dig, og vil Du som jeg, saa lyser Præsten paa Søndag for os!"

Hun gav ham Haanden.

„Ja, det er for Din Skyld, mit Barn!" gjentog hun, og de grønne Enge, Gaard og Qvæg dandsede oplivende forbi Tanken, der et heelt Aar havde dvælet ved en Mand, der jo elskede det Udenlandske mere end hende og Hjemmet.

Jo hæftigere Graad, des hurtigere faaer Du grædt ud. Enkesløret syes om til Brudeslør, derfor leer ogsaa Blomsterkrandsen, den om Brudens Pande og den paa Ligets Hoved. Ja, i Kisten selv leer den og fortæller med sine brogede Farver den Døde: Sorgen og Du vil glemmes, ja glemmes som en Historie, de læste og græd over. Ja, det fortælle de leende Blomster den Døde, til de selv blegne og falde i Støv, og da leer Beenraden i Kisten over, at ogsaa de ere blevne saa tause.

„Saa er det nu forbi med vort Violinspil!" sagde Gudfaderen. „Jeg havde tænkt det anderledes, men hvad kan et Menneske tænke! Nu skal Du have Plougen og ikke Violinen i Haanden! Du skal en ny Vei, eller en Omvei! det kan man ikke sige forud. Den gamle Violin vil jeg ellers forære Dig! den lille Nodebog med Smaastykkerne i kan Du have! Mikkel Rævs Bog med Billederne, faaer vel at følge med, den holder Du saa meget af! tag den kun! jeg holder af Dig, og Du af mig igjen! det er jo Sandhed? Græd ikke, Du lille Barnesjæl! kys mig kun! ja, nok et Kys! læg Din lille Haand om min Hals! troer Du nu altid at kunne erindre, hvad jeg her siger Dig? Vær vild og gal i Din Ungdom, at Du kan være mæt deraf, naar Du bliver ældre! Ungdommens Synd faaer Menneskenes Tilgivelse, Manden derimod domme de strængere. Tag for Dig af Glæden, medens Du kan, at Du ikke som Gammel skal græde over, at Du ingen Synder har; de høre med, som Salt i Maden. Bedre er det at have nydt Livet for meget, end siden i Eensomhed at maatte sukke over, at man ikke nød det, medens man kunde. Det skriver jeg i Din Vandrebog! Gud eller Djævelen, i hvilket Regiment Du saa er sat, være Dig en god Herre!" Han rakte Christian Violinen og Bøgerne.

Det var det sidste Besøg i Hulgaden.

XI.

— Vorbei
Sind diese Träume.

Schillers Don Carlos.

Dagen før selve Bryllupet er en Torturdag for Bondebruden; hun skal pyntes, det vil sige, for første og maaskee eneste Gang i sit Liv, vise sig med bart Haar; det bliver vasket ud i Lud, hvoraf det bliver stift og stridt og endnu piinligere at faae ordnet, sædvanligviis daaner da ogsaa Bruden under denne Pynten. Dette var ikke Tilfældet med Maria. „Hendes Haar var som den fineste Silke!" sagde Een i den Gruppe, med hvilken vi beskue Toget til Kirken. At hun som Enke ei vilde være hueklædt, men prange med sit kjønne Haar, det viste Stolthed, meente man. Hele Brudgommens Familie havde da ogsaa meget imod hende, for hun bragte jo ingen Ting med i Huset, uden en lang Dreng.

Æreporten var reist paa Veien; Ledene, de skulde igjennem, pyntede med grønne Grene; Stadsekarlene, som de kaldes, joge allerede til Hest frem og tilbage paa Veien foran Toget. Først kom Bruden med sine „Stadsepiger," der holdt deres store Urtekoste ud af Vognen, som Marschalsstave; klingende Bjelder og smaa Speile blinkede deri; prægtigere Urtekoste havde Ingen seet. Trompeter og Violiner klang og det lige ind i Vaabenhuset og overdøvede Orgelet. Brudepigerne havde megen Ære af Kirken, den var pyntet med Grønt og med „hvad der gloer," som Bonden siger: Kongen tilhest paa et fire Skillings Billede, en couleurt Recept med Flasken til, hvorpaa endnu læstes, „for sex Skilling Enebærdraaber," en gammel rød Silkemuffe og mange andre Prægtsager hang mellem de grønne Grene og Krandsene. Hvert Bryllup hos Bonden, naar det skal være ret stadseligt, viser os denne barnagtige Pynten.

Mellem de indbudne Koner, som sad i de forreste Stole, kjende vi to, Moder og Bedstemoder, som vi traf ved Kilden, Datteren Luzie var med. Intet Forvirret var mere at see i hendes blaa, talende Dine, from og stille sad hun hos de Andre. Som Uveiret hiin Nat, havde ogsaa hendes Sjælekamp lagt sig. Christian, der havde Plads paa Mandfolkesiden, kjendte hende strax; hun derimod saae fremmed paa ham og sang med klar Stemme den hellige Psalme.

Brudeparret gik til Alteret, Følget stillede sig i Choret. De to Qvinder hviskede sagte til hinanden:

„Pas nu paa Brud og Brudgom, hvo af dem, der først gjør en Bevægelse, den døer først!"

„Eia, det gjorde hun!"

„Men det stemmer ikke med det Andet!" sagde de Yngre. „Det har jeg mere Tro til! det er aldrig slaaet feil! Af Brud og Brudgoms Navn kan man see, hvo der først døer. Man tæller Bogstaverne sammen og siger da: „Adam døer! Eva døer!" see det er det samme, som man sagde han døer, hun døer, den man standser sidst ved, døer først. Men det træffer jo ogsaa, hun hedder Maria, det er fem Bogstaver, dersom det ikke skrives med to r, og han hedder Peter, det er ogsaa fem, det bliver ti, som er et lige Tal, og ved lige Tal bliver det Eva, som døer!"

„Men han kaldes jo Peer og ikke Peter!" sagde den Yngre.

„Men hvorledes er han døbt?“ spurgte den Anden. „Hedder han Peer, saa døer han først, men hedder han Peter, saa døer hun først, og saa stemmer det med Bevægelsen, hun gjorde!“

De bleve afbrudte ved, at i Nærheden af dem opstod en lille Strid, som dog, ihvor stille den gik af, forstyrrede deres Andagt. Brudgommens Søn, Niels, en Dreng paa tolv Aar, med et fladt, ondskabsfuldt Ansigt, stødte temmeligt ublidt sin Halvbroder Christian tilside, for selv at komme foran, den Anden gjorde en uvillig Bevægelse, Qvinderne antydede dem ved Miner Taushed, og Christian saae forlegent ned paa sine skinnende hvide Strømper, men Niels satte i det samme sin sværtede Sko hen over Vristen; Christian fik Taarer i Øinene, Luzie sendte Niels et straffende Blik.

Vielsen var endt. Som Dommedags Basuner klang Trompeterne i Vaabenhuset. Brudgommen kjørte i største Fart afsted, for at kunne tage mod sin Kone i Brudehuset. I Forstuen der stode Spillemændene opstillede. Ægteparret var her og hver Gjest lagde paa Tallerkenen foran det sin Brudegave; hver stor Seddel glemte man ikke at brede ud, som Bonden aldrig siden glemmer at give en ligesaa stor Gave, naar den Givende eller hans nærmeste Slægt holder Bryllup. Maden blev spiist, Psalmen sunget, og Skafferne dandsede Bruden i Brudgommens Favn.

Luzie, lidt ældre end Christian, tog sig ene og alene af ham, de To dandsede og spadserede sammen; den smukke Skolemesterdatter kaldtes hun.

Ved anden Dags Gildet sad de i Haven, hvor Busknellikerne stode i Blomster, og hun fortalte ham om sin Mo'rmo'rsbroder Peter Wik, som hun ogsaa kaldte Morbroder, og som havde det deilige Skib, der hed Luzie, ligesom hun; det seilede baade til Tydskland og Kjøbenhavn. O, den Morbroder var saa god og saa morsom; eengang hver Sommer, naar Skibet laae ved Svendborg, besøgte han dem; han havde foræret hende Historien om den taalmodige Helena, der, som der stod, var „meget lystelig, men derhos bedrøvelig at læse.“ Christian hentede da sin Bog om Ræven, som Gudfaderen havde foræret ham, og de saae de mange Træsnit og Luzie læste Overskrifterne, og de forstode godt hvorledes Ræven narrede baade Bjørnen og de andre Dyr.

Som de bedst sad, kom Niels, han listede sig sagte bag ved dem, og ved et Spark med Foden fløi Bogen dem ud af Hænderne, høit i Veiret og hen i Stikkelsbærbuskene. Christian græd, men Luzie skjændte og sagde til Niels, at han var, ligesom Ræven i Bogen, et ondt Dyr.

Drengen saae paa hende med sit intetsigende Ansigt. „Gale Luzie!“ var hele hans Svar. Da blev Pigens røde Kinder blege, han havde ved disse Ord rørt hende bittert, tydet hen paa den ulykkelige Stilling, hun tidligere havde været i, men nu var helbredet for. Med et Udtryk af Veemod saae hun paa ham og gik ind i Brudehuset, hvor Alt var Lystighed.

Ved tredie Dags Gildet saae man Luzie og Christian dandse, Niels var med i Kjæden. Solen gaaer ikke ned over Børns Vrede. Skafferne takkede af med den sædvanlige Formel: „imorgen er her ikke mere Fornøielse!“

For Ingen laae der en saa profetisk Sandhed i disse Ord, som for Christian. I de første Uger gav vel det nye Hjem, Haven og Markerne nogen Afverling og Fornøielse, men inde var der ei det Hjem, som i Svendborg. Stedfaderen holdt ikke af hans Violinspil, og Maria hang derfor Instrumentet høit over Døren, hvor det ikke strax kunde tages ned. Niels oversaae Kjøbsteddrengen, der var bange for Qvæget, tog en Ko for en Tyr og ikke kunde sidde fast paa et stadigt Malkeøg, der gik til Vands. Grinende fortalte han det til Faderen og Karlene, og deres Latter krænkede den Lille. Det eneste Punkt, hvori begge Drengene nogenlunde mødtes, var ved Billedbogen. Dyrene interesserede Niels, men at de kun vare sorte og hvide, fandt han var en stor Feil. Det var saaledes slet ikke Ondskab, men snarere en velmeent Tanke, at han en Dag, da Christian var ude, tog Bogen frem og i den Forvisning, at han gjorde noget fortjenstfuldt, overmalede, alle Træsnittene med de grelleste røde og gule Farver. Han gjalt jo ogsaa for, som Faderen og Karlene sagde, at have Greb paa at ridse. Paa Porte og Døre stode hans Skizzer af Mennesker og Dyr, men det, som gav disse Relief hos hans Publikum, var den platte Betydning, det Gemene, som hver udtrykkede. Træsnittene gav han ved enkelte Streger og Tilsætninger samme Characteer, og lo selv deraf, tilfreds med sin Opfindsomhed.

„Vil Du nu see!" sagde han til Christian, da denne kom. „Nu gloer det!"

„Hele Bogen har Du fordærvet!" sagde Christian, og hans Bedrøvelse og Vrede derover skabte hos ham en vild Hæftighed, der ikke var hans Natur egen. Han styrtede ind paa Niels, men denne kastede ham i samme Nu til Gulvet.

„I skulde begge have Prygl!" sagde Maria. „Niels vil jeg ikke slaae, men Du er min egen, Dig har jeg Lov til at banke!" og saa fik han for dem begge To.

Faderen fandt ogsaa, at Bogen nu var meget

kjønnere, og de gemene Tilsætninger afpressede ham et fornøiet: „Den Satans Dreng veed god Besked!“

Overladt til sig selv og sine egne Tanker listede Christian sig omkring. Dag for Dag blev han mere stille. Stundom havde han vel Moderens hele Kjærlighed, især naar Noget gik hende haardt imod, eller naar hun hørte Mandens Familie tale ilde om hende, fordi hun Intet havde bragt i Gaarden. Stundom turde da Violinen komme ned, og saa spillede han Stykkerne i Nodebogen, den var ham en Skat, som han for Intet i Verden vilde miste; og dog maatte han miste den.

En deilig Drage fløi en Dag henover Huset, Niels havde sammenklistret den af gamle Aviser og af Nodebogen, som for ham intet Værd havde. Dragen fløi høit i Veiret, Drengene kunde ikke holde den, Flugten blev stærkere; og den fløi ad Tørvemosen til.

Vinteren kom — og gik. Det blev Sommer; Christian skulde ogsaa gjøre Gavn. Ude paa Engen, hvor Bækken løb mellem Ellebuskene, maatte han og Niels skifteviis passe Gjæssene; men han var gjerne i denne Eensomhed. Paa en stor Elletrunte, tæt ved hvor Bækken dannede en lille, stillestaaende Bugt, Dam kunde det kaldes, omskygget af store Hasler og Elle, der speilede sig i det klare Vand, sad han i sine Drømmerier og saae paa Luftens Afspeilning i Vandet. Dernede svømmede Skyernes Billede, dernede fløi

Fuglen med udbredte Vinger, netop saa dybt, som den svævede høit over Vandspeilet. Træerne rundt om viste sig med Toppen nedad, Roden opad; hans egen Skikkelse kom tilsyne ligesaa omvendt; nu forstod han hvorledes der maatte see ud paa den anden Side af Jorden. Boblerne, som hist og her skjød op, kaldte han sine Vand-Stjerneskud. Fladen selv var ham et Verdenshav; de store Vandmyg, som strøge hen derover, vare Corsarer. Hvilken Fart de dog toge! I Forhold hertil fik da Breddens Grønt og Vandplanterne en Kæmpestørrelse, som Træerne i de tropiske Lande. Andemadet var grønne, svømmende Øer; og kom pludseligt en Frø tilsyne og svømmede hen over Vandspeilet, da var den et Uhyre, som de, han havde hørt om i „Tusind og een Nat." Hvor han sad, gik Vandet just ind under Elletrunterne mellem de fremspringende Rødder; i Hullerne saae mørkt og hemmelighedsfuldt ud; ingen Fisker aner mere ved at seile forbi Capris Klippehuler, end han ved at see de sorte Huller mellem Rødderne og Græstørvene, som hang ud over Vandet uden at berøre det. Ved at slaae med sin Stok fik han Bevægelse i det hele Ocean, og han saae Verdenshavets lange Bølger, Ebbe og Flod, hvorved Kystens Huler skjultes eller bleve større. Hvad han kjendte af Faderens eller Gudfaderens Fortællinger, meente han, at de andre Bønderbørn ogsaa kjendte; hvad han saa i Vandet og i det Grønne rundtom, maatte de jo ogsaa kunne see, og han talte til dem derom, som var det en Virkelighed. De begrebe Intet, hørte paa ham med Forundring og Nysgjerrighed; de vidste ikke, om han var klogere end de, eller om han var ganske gal.

„Jo, han er gal!" sagde Niels. Dette var Tegnet til en ganske ny Anskuen. Alle overvældede de Christian, En bandt med den grønne, seie Bark en lang Pileqvist bag i Halskluden paa ham, Andre besatte ham med Borrer, og Niels fløitede og raabte: „Hurra for gale Christian!"

Da greb Fortvivlelse ham, og som et skrækket Raadyr jog han i vild Flugt hen over Marken, alle Drengene fulgte skrigende efter og kastede ham Huer og Træskoer om Ørene. Han naaede Haven, kom over Grøften, Drengene vare tæt ved, han udstødte et Skrig; Maria stod i Haven, han søgte hen til hende, Niels og de Andre stode alt paa Grøften.

„Hvad er der nu i Veien!" sagde hun. „Kan Du ikke lege med dem! vil Du nu strax være ordentlig!"

Hun gik ind. Kammeraterne loe ham ud, og han maatte høre paa det.

En Dag sad han eensom paa Marken og fandt paa ved Gjærdetorne at sammenhæfte Blomster og Blade, saa at de dannede menneskelige Skikkelser.

Et lille Skræppeblad var Damens struttende Skjørt, lange, røde Blomster dannede Armene, en vild Rose var Ansigtet; Mændene derimod havde Been og Arme af Fugleribber; Veibredbladet var deres grønne Jakke. Det saae virkeligt ud af noget! Han stillede dem op rundtom en Trærod og betragtede derpaa sit deilige Selskab.

Midt under denne Leg blev han afbrudt af den kloge Kone fra Qværndrup, hun, hans Seerske og Læge, kom for at plukke Bukkeblade og skære Angelikerod. Hun saae paa Dukkerne.

„Ih, hvad er det, Du der har gjort?" spurgte hun, „Det er jo Menneske-Spøgelser! Men en Sjæl har Du dog ikke kunnet give dem! Hvad vil Du nu svare dem paa Dommens Dag, naar de anklage Dig, fordi de kun blev Legemer?" Hun rystede med Hovedet og forlod ham; men hendes Ord: „De vil kræve en Sjæl af Dig!" vare trængte dybt ind i hans Phantasie.

Jo mere han saae paa sine Dukker, des ængsteligere blev han; rive dem itu, vovede han ikke, da ryklede han en Græstørv op, gravede et Hul, lagde dem alle derned og Græstørven ovenpaa. Nu vare de begravede, Men hele Natten drømte han derom, og han syntes, at de smaa Blomster-Mænd og Koner kom til hans Seng, hoppede op paa den og sagde: Du skal give os en Sjæl. Hans Drøm forekom ham en Virkelighed.

men til Ingen turde han fortælle den. Næste Dag gik han hen til det Sted, hvor Græstørven laae, løftede den op; Blomsterne vare visnede og sammenkrympede, han tog dem op, bredte dem ud, saa godt det lod sig gjøre, lagde dem paa et stort Skræppeblad, læste et Fader vor derover og satte dem ud paa Bækken, hvor da det grønne Dødsskib seilede afsted, saa kunde de jo ikke komme tilbage og skrække ham.

XII.

Alrik.
— Du är här! hvad glädje! —
Emund.
Nämn mig ett Haf
Nog stort att twätta af den skuld, mig trycker.
Runeswärdet, Sorgspel af Ricander.

Oftest ligger det i Omgivningens Mangel paa at forstaae det Eiendommelige eller det overveiende Gode, som gjør en ædel begavet Sjæl til Gjenstand for Spot, og Tilsidesætten. Æselet træder tidt paa den bedste Blomst, Mennesket paa sin Broders Hjerte.

Du, hvis Øie løber over disse Blade, har Du nogensinde været ret eensom? Kjender Du det, intet Hjerte at have, Du kan hælde Dig til! Ingen Ven, ingen Brøder, Eensomhed midt i Vrimlen! Da veed Du den Spire, som fremskjød i Christians Sjæl, veed hvorledes den bittre Duft gjør ældre, modner Tanken, medens den blodig risser sine Viisdoms Runer i vort Hjerte.

I Violinen boede endnu Barnephantasiens Trøster, men Violinen gjorde ham til et Hængehoved, sagde Stedfaderen, derfor blev den solgt til Landsbymusikanten for nogle Mark.

„Nu have vi da ikke mere Vrøvl med den!" sagde Maria.

Taus sneg Christian sig ud i Loen, lagde sig i Høet og græd, til Søvnen gav ham sit trøstende Kys, og han drømte om gamle Dage, da hans Fader fortalte om de dejlige Lande, og Gudfaderen sagde, at Violinen skulde blive ham en Rose i Haanden og gjøre hans Lykke.

Virkeligheden var en Benægtelse af denne og alle følgende smukke Drømme. Efteraaret kom, det blev uhyggeligt ude som hjemme.

„Det er et Klynk med den Dreng!" sagde Maria. „Det har han efter sin Fader! men Ingen skal sige, at jeg forskjæler ham!"

For at være en god Stedmoder, blev hun mindre kjærlig mod sit eget Barn.

„Er det ikke forfærdeligt!" sagde Manden, en

Dag, han kom fra Svendborg; „Nordmanden i Hulgaden, han, som kom til Din første Mand, er sat fast. Han har tilstaaet en gruelig Misgjerning. For mange Aar tilbage har han i Norge taget Livet af et Fruentimmer, og i Svendborg, husker Du Jødens Datter Sara, Moderen til den lille Naomi, eller hvad hun hedder, hun, som er kommen saa høit paa Straa, har han hjulpet ind i den anden Verden!"

„Gud forbarme sig!" udbrød Maria.

„Ja, han sidder i Bolt og Jern. Det er ellers ganske underligt, hvorledes det er blevet kundgjort! Han faldt i en svær Sygdom, Doctoren sagde, at han ikke kunde leve, og det har han da ogsaa troet, og derfor vilde han lette Samvittigheden og skriftede sin Synd; men fra det Øieblik foregik en stor Forandring med ham; Sundheden kom med eet tilbage, og saa gik han fra Sengen til Fængselet. Naade faaer han ikke. Det er saa godt som to Mord, han har begaaet, og Smugler har han været; derfor reiste han saa tidt til Thorseng."

„Ak, ja!" sukkede Maria, „man kunde see og høre det paa ham, at en ond Aand der havde Sæde. Jeg gruer endnu for hans Tale forrige Juleaften! Violinspillet var som Kains Røst. Det var fælt at høre!" Hun kunde ikke glemme det, hendes Lemmer skjælvede.

Aftensbordet blev dækket, Niels kom, Christian var ikke at finde. Man ventede, man søgte efter ham; han kom ikke. Klokken gik til elleve.

„Han kommer nok, naar han bliver sulten!" sagde Faderen.

„Jeg er hans Moder!" sagde Maria, „jeg veed bedst, hvor nær han er mit Hjerte. Finde ham maa jeg, men de Kunster skal han faae betalt!"

Han var ikke at finde.

Kort efter Middagstimen havde han siddet paa sit Yndlingssted ved Bækken; Løvet hvirvlede hen over Marken, Solstraalerne vare matte og kolde, Alt for flere Dage forud vare Trækfuglene borte; derfor overraskede det ham, at see, tæt ved sig, en Stork, en Efternøler, maaskee var den fanget, da Flokken drog bort, siden sluppet ud og maatte nu, som en eensom Pilgrim den lange Vei gjennem Luftens Steppe, til det fjerne Syd.

Den hoppede rundt om Christian, syntes slet ikke ængstlig og saae paa ham med sine kloge Øine. Da tænkte Drengen paa Storkene, som havde Rede paa Jødens Huus, denne syntes ham Hannen, og alle kjære Barndoms Erindringer paatrængte sig ham. Han huskede Alt, hvad Faderen havde fortalt om dette underlige Dyr; han nærmede sig, men Storken fløi nogle Skridt længer bort. „Hvo der kunde sidde under Storkevingen og flyve med til fremmede Lande!" havde Faderen saa tidt sagt, og aldrig havde samme Længsel rørt sig saa stærkt hos den Lille, som i dette Øieblik. „Kunde jeg bare komme til Svendborg, til min Gudfader!" tænkte han og gik halv drømmende over Mark og Eng; da steg Storken i stolt Flugt, styrede hen over Skoven, og Christian vandrede, glad, som han længe ikke havde følt sig, henad Landeveien, som fører til Svendborg.

Først da Mørket faldt paa, da Appetiten indfandt sig, vendte Tankerne sig til Hjemmet, og han blev forskrækket over at være saa langt borte derfra, og at have forladt Gæssene paa Marken; det vilde blive sildigt, før han igjen kunde komme til sine Forældre, og hvad vilde de sige? Han standsede, Storken var Skyld i det Hele, sagde han og begyndte at græde, thi de vilde slaae ham, kom han hjem. „Du gode Jesus, vær min Ven!" bad han med fromt Sind og vandrede fremad.

Det blev mere og mere mørkt, han kunde ikke see en Haand for sig, da krøb han op paa Grøften, hældede sit lille Hoved til Piletræet, læste sit „Fader vor" og hengav sig i sin Skjæbne.

Klokken kunde ikke være mere end ni, denne Aften. Som han sad forekom det ham, at et stærkt Lys mellem Træerne blinkede langt borte, han hørte Musik;

saa blødt og deiligt bølgede de fjerne Toner forbi hans Øre; han lyttede med en Andagt, som den Salige vil lytte til de himmelske Harmonier. Snart syntes han, at det kom fra Træernes Toppe, snart fra Skyerne over sig. Mon der er Sandhed i Sagnet, at Svanerne synge, men kun saa høit fra Jorden, at Menneskene der ikke kunne høre det? Her trængte det dog ned til et menneskeligt Øre. Skyerne fik en større Glands, Alt blev mere klart; han stirrede mod det tiltagende Lys og saae nu den aftagende Maane med sit dæmrende Skjær kalde Buske og Træer ud af Mørket.

Han var ved Herresædet Glorup, sad paa Grøften ind til den gammeldags Have. Fra Hovedbygningen klang den Musik, han hørte; derfra straalede Lysene ud til ham. Uimodstaaeligt droges han nærmere; han lod sig glide ned mellem Buskene og var nu i Haven.

Mægtige, gamle Træer, med Grenene tæt slyngede i hinanden, dannede en uendelig lang Allee; en qvindelig Skikkelse af hvidt Marmor stod med Lænker bundet fast til en Klippeblok. Hvad han havde hørt i „tusind og een Nat", om fortryllede Haver og Slotte, syntes ham her Virkelighed; maaskee blev han her hjulpet og lykkelig, som man sædvanligt bliver det i Eventyrene. Han læste en Aftenbøn og gik nu med from Fortrøstning hen til Andromedas Billedstøtte, som den her staaer i Haven. En deilig Prindsesse var det vist, som her var fortryllet til Steen. Han rørte ved hendes Fod; iiskold var den. Underlig veemodig syntes hun at see paa ham i Maanskinnet.

Inde i den lange Allee laae endnu hele Nattens Mørke, des skarpere fremtraadte det ved de belyste Yderkanter. I en bestemt Afstand fra hinanden stod her Steensøiler med mægtige Kugler paa. De syntes ham Dværge, der bevogtede Veien; en lignende Allee med samme Skikkelser strakte sig paa den anden Side, og mellem begge laae en Sø med bratte Kanter, midt i hvilken var en lille Ø, hvor det brogede Efteraars Løv syntes de prægtigste Blomster. Fra Hovedbygningen ligefor straalede Lysene med farvet Skjær gjennem de brogede Gardiner, og herfra klang Fortryllelsens Toner. Det var, som om Alleen aldrig fik Ende; deri laae vist ogsaa en Trolddom.

Endelig stod han foran Indgangen og saae ved Maanelyset de kolossale Steenørne, som holdt det grevelige moltkeske Vaaben, og de forekom ham som Fuglen Grib, han frygtede for, at de vilde løfte deres store Vinger, flyve ned og slaae Næbbet i ham, men de rørte sig ikke. Da steg han op ad den brede Trappe, saae den Stjerne af Lys, som med glimrende Glasstene hang under Loftet; deilige Qvinder, lette som Sæbebobler svævede forbi; pyntede Herrer vare der; han vovede ikke at træde ind i selve det fortryllede

Slot, kun af Tonerne turde han drikke, og de vare ham en Livsensstrøm for det hensmægtende Hjerte.

Paa Trappen laae et Slags uldent Teppe for Herskabets Hunde, at de ikke skulde ligge paa de haarde Stene; det svøbte han sig ind i, hans Hoved bøiede sig træt, han sov ind. Vinden strøede det gule Løv over den Sovende. Søvnen havde lænket ham til en Jord, hvoraf han var en Deel. Læberne bevægede sig sagte i Drømme. Armodens Barn paa Trappen i den kolde Nat, er Du mere, end Mesterværket i Marmor? En udødelig Aand bygger i Dit Bryst.

Tonerne taug, Lysene slukkedes, der blev stille i hele den store Gaard, men fyldigere strømmede Toner og Lys gjennem den Sovendes Sjæl; i Drømme var han i den pragtfulde Sal, der nu havde en langt aandigere Skjønhed. Væggene vare Sommerskyer, Portalen en prægtig Regnbue, og Ørnene deroppe havde Liv; de rystede deres store, sorte Vinger, saa Stjerneskud spillede fra Fjedrene. Musiken klang, og de Dandsende svævede som Svaneduun i Luften, og da han fra Portalen saae ud over Haven, øinede han de deilige, blaae Bjerge, som hans Fader havde talt om, og fra disse kom, Haand i Haand, Naomi og Luzie, de nærmede sig Slottet, han vinkede af dem, de vare ganske nær, — da vaagnede han. Maanen skinnede ham lige i Ansigtet, saa han i første Øieblik troede endnu at see Glandsen i sin Drøm.

Vinden blæste koldt; dødsstille var der rundtom; han frøs; Virkeligheden af hans forladte Stilling var ham alt for tydelig. Han reiste sig, gik nogle Skridt; den hele, døde Bygning, de lange, stive Alleer med deres hvide Monumenter havde noget uhyggeligt; Tænderne klapprede ham i Munden. For at finde Læ mod den skarpe Vind, gik han ind i den lille Kratskov; her var en Huulning, en Art Sandgrav, i den steg han ned. Da reiste sig pludseligt foran ham en mandlig Skikkelse, med store Omrids.

„Hvem er det! Hvad vil Du?" spurgte den barske Stemme.

„O Herre Jesus!" sukkede Christian og sank paa Knæ.

„Er Du et Barn?" spurgte Manden.

Christian sagde, hvem han var, hvor ene han kom, og i samme Øieblik slyngede sig et Par Arme om ham.

„Kjender Du mig ikke?" hviskede Manden. „Kjender Du ikke Din Gudfader? Tael sagte, ganske sagte siger jeg Dig!"

Og Christian blev veltalende, klyngede sig til Gudfaderen og trykkede Kys paa hans Kinder.

„Hvor Du har et stort Skjæg!" udbrød Drengen.

„Men derfor er jeg dog ikke Ulven, som spiste den gamle Bedstemoder og den lille Pige!“ svarede han.

„O ja, den Historie har Du før fortalt mig! i mange Tider har jeg ingen Historier hørt. Min Violin har de solgt, Nodebogen har Niels gjort en Drage af — men det kan være det samme, naar jeg kun altid maa være hos Dig!“

Gudfaderen lagde sin Arm om hans Hals, kjælede paa sin Maade for ham, og at de mødtes her paa dette Sted og denne Tid, var jo ganske i sin Orden ved Gudfaderens Forsikkring: jeg er paa Reise. Nu steg Maanen saa høit over Trætoppene, at dens Lys kunde beskinne den lille Gruppe. Gudfaderen var guulbleg i Ansigtet, Skjæg og Haar tykt og uordentligt. Christian sad i hans Skjød og hørte en Historie, som han fortalte ham, men mindst tænkte han da paa, at det var Nordmandens eget Liv, han hørte.

„Engang blev der født et Dydsmenneske! nu skal Du høre, hvad det var for et løierligt Dyr! Da det laae i Vugge var det hvidt og rødt, havde uskyldige Øine og blev kaldet en Guds Engel! Det skulde opdrages i Uskyldighed, men om Natten kom Satan og lod Barnet die sin sorte Geed, saa kom der Vildskab i Blodet, men Ingen mærkede det, før det havde alle Dydsfagterne. Det blev en Knøs, der kunde blive rød ved et lystigt Ord. Han læste i Bibelen, men han traf altid paa det Sted i Høisangen, hvor den deilige Qvinde bedst beskrives, hun, den smukkeste af Salomons Qvinder; han læste om Susanna i Badet og David hos Bathseba. Ingen vidste, hvad han tænkte, hans Ord vare rene som Sneen, der aldrig er betraadt. Dydsmennesket var stolt deraf og gad gjerne føres om i et Jernbuur, for at Folk i alle Verdens Lande kunde see et saadant sjeldent Dyr. Du veed, at af den gamle Mjød kan blive en Basilisk; Djævelens Olie er en kraftigere Drik, det skabte et værre Dyr indeni ham; det kroede sig, og Dydsmennesket kroede sig. Det var to Haner, som vare stolte paa det. Saa gik han ud i Skoven, og der kom Skovjomfruen fiin og skjær, hendes Deilighed ansporede Uhyrets Kræfter, og Dydsmennesket blev til et vildt Dyr i Skovjomfruens Arm. Hun skreg om Hjælp, men det var altsammen Djævlekunster, og Dydsmennesket trykkede hende om Halsen, saa Stemmen døde, og selv blev hun blaa og kold, da stødte han hende i Afgrunden. Men ud af hendes deilige Legeme, som han havde trykket i sin Favn, væltede Slanger og Fürbeen, de hvislede omkring ham, de fik Vinger, og de sang fra Træer og Buske: „Du er et syndigt Menneske som de Andre!" og de sorte Grantræer nikkede og sagde: „Du er en Morder!" — Saa flygtede Dydsmennesket til fremmede Lande, hvor Træerne ikke vidste derom og derfor taug stille; men Fiirbenene med Vinger, vare fløiet med, de sang i Buskene, de peb som Faarekyllinger i hans Kakkelovns Krog — saa tog han Violinen frem, spillede for dem og vrængede efter dem, saa faldt de i Søvn. Hans Blod blev hedere, Naboens Datter —! men Du hører jo ikke Dreng!" sagde han, og mumlede hen for sig. „Han sover; hvo der saaledes kunde sove fort i en Evighed! sove uden Drømme! det var en Velgjerning!"

Hans Haand bevægede sig hen over Drengens Ansigt, Fingrene berørte Struben: „Nu rider Døden over Din Livstraad! Din Sjæl er reen og uskyldig, er der en Salighed til, da har Du Krav paa den, i det jeg støder Dig, uvillig, fra dette Liv! — Ha! hvor liden Kraft hører der dog til, for at jage en Sjæl fra Jorden! — Men jeg vil ikke! Lad dem Alle lide og pines, som jeg kjender det! Menneskene skulle sætte deres skarpe Tunge paa Dit bløde Hjerte, til det faaer haard Hud; deres Dine skulle see ondt paa, Dig, saa at Du faaer Gift i Din Tanke. Mennesket er ondt. Selv den Bedste har Dieblikke, hvori der drypper Gift fra hans Tunge, og er Du hans Træl maa Du taus kysse Haanden med Had i Dit Hjerte!"

I den tidlige Morgenstund vaagnede Christian hans Die søgte Gudfaderen, han saae ham ikke; nu løftede han Hovedet iveiret, og over sig, i Træets

Green, svævede et Liig; Mund og Dine stode krampagtigt aabne, det sorte Haar fløi om det blegblaae Ansigt. Christian udstødte et Skrig, det var jo Gudfaderen han saae. Et Dieblik holdte Rædsel og Skræk ham fast, derpaa løb han i vild Flugt mellem de raslende Buske og naaede Hegnet og Landeveien. Bagved laae Skoven som en ond Drøm, Skrækkebilledet svævede derinde.

XIII.

Boer jeg paa det vilde Hav —
Hvor Forklædet er en Gjøs,
Særke Seil og kun Fiskene Fiske,
Der min Skjemt ta'r Buxer ei paa.
Som den er, jeg lader den gaae,
Der jeg koger ingen Ord,
Kammeraterne sluge dem raae.

Baggesen.

Hurra for de begede Drenge!

Folkecomedien „Capriciosa".

Foran sig saae Christian en Kone og en ung Pige; han naaede dem, de nævnede ham ved Navn. Det var Luzie og hendes Moder, som i den tidlige Morgenstund var paa Vandring, for at besøge Morbro'er Peter Wik, der laae med sin Jagt ved Svendborg.

Christian fortalte i forvirret Orden om Gudfaderen inde i Skoven, og med den Almuen egne Angst for en Selvmorder og Frygt for at indvikles i nogen Politisag, gik Luzies Moder endnu hurtigere til, uden at Samtalen derved standsedes.

„Men Du Himlens Gud!“ sagde hun, „har I To da været sammen der i Nat?“

„Jeg mødte ham der!“ sagde Christian og tilstod nu, at han havde forladt Hjemmet uden sine Forældres Vidende.

„Men, vor Herre bevar' os! De maae jo være i en stor Skræk for Dig! Du maa ikke gaae med os! De vil nok skjænde paa Dig, Du vil vel faae en Dragt Prygl, men saa er det jo forbi!“

„O, nei!“ sukkede Christian, „maa jeg blive hos Eder! slaa ikke Haanden af mig! Jeg vil passe Høns og Ænder! jeg vil sove paa det bare Foder ude i Loen! Lad mig dog ikke komme hjem!“ Han brast i Graad, kyssede Konen paa Haand og Forklæde.

Da stod Taarerne ogsaa Luzie i Øinene, og hun bad for ham. „Lad ham blive hos os! husker Du ikke nok, hvor ond hans Halvbroder var mod ham i Kirken!“

„Men jeg har jo ingen Magt over ham! jeg kan ikke tage ham fra Forældrene!“

„Men han kan nok følge med os til Svendborg. Morbroder lader ham sove i Nat paa Skibet og imorgen gaaer han hjem med os; saa taler Du først med Forældrene, taler for ham, og naar de saa ikke længer ere meget vrede, gaaer han hjem. Det vil Du jo nok?"

Christian saae veemodig paa hende; hun tog hans Haand.

„Vær ikke bedrøvet! min Moder kan godt lide Dig!" og hun saae med et bedende Blik paa Moderen.

„I Guds Navn!" sagde hun, „Vor Herre har ført Dig til os; saa bliv da! Du skal ingen Nød have inat i Svendborg. Imorgen følger Du tilbage med os!"

„Ja!" sagde Christian med et dybt Suk.

Nu spurgte hun igjen om Gudfaderen, og hvad denne var, og Drengen svarede derpaa saa godt han kunde. Luzie talte om den kjære Morbro'er og om Skibet, som de skulde ombord paa, den nydelige lille Kahyt med de smaa Vinduer, som der var røde Gardiner om, og midt imellem hang Silhouettet af Morbro'ers afdøde Kone, der var en Svensker, ovre fra Malmø. Hun fortalte om Hylden med Bibelen, Psalmebogen og Albert Julius og om den gamle Violin.

Ved dette Ord funklede Christians Øine: „Violin!" udbrød han; nu forstod han først, hvor kjær denne Mand kunde blive En.

Hen paa Formiddagen naaede de Svendborg. Med

hvilken Henrykkelse gjensaae han ikke Thorseng, Bugten og hele den kjære By; han havde Lyst til at nikke til alle Husene, de vare jo gamle Bekjendte. De gik op ad Møllegaden, han saae ned til Gudfaderens Huus, Vinduesskodderne vare oppe, Døren lukket. De kom til Skibsbroen.

„Der ligger Luzie!“ sagde Moderen og pegede paa Skibet.

„Og der staaer Morbro'er!„ raabte Luzie. De fordoblede deres Skridt.

I en blommet Kattuns Nattrøie stod en lille tyk Mand med et rødt, jovialt Ansigt. Det var Morbro'er Peter Wik.

„Nei, er I der!“ udbrød han, „det maae vi skrive paa Bjelken! Lisbeth og min egen lille Landseiler. I komme Norden fra med Søndenvind. Naa ud paa Brædtet!“

„Kan det bære?“ spurgte Lisbeth.

„Bærer det en Last som mig, saa holder det nok Kyllinger som I! Hvor Du er bleven stor, Luzie! næsten Kjæreste voxen! Skal det være Manden, det lille Been, Du der har med?“ han pegede paa Christian. „Naa, af Smaat kan blive Stort! Tag Dig iagt min Gut, at hun ikke løber fra Dig, før Du byder hende Fæstensring!“

„Nei, hvor net og ordentlig Alting dog er herude!“ sagde Lisbeth.

„For Satan, troer Du, at mit Skib er en Svinesti! nei, min Sø-Luzie bliver hver Morgen vasket og pudset som en anden Kjællingunge, og gaae vi i en strygende Fart hen over Søen, saa vasker den hendes Krop endnu bedre. Dækket maa være reent! om Hverdagen er det min Spadseresal og om Søndagen min Kirke. Men at I saaledes komme, det er uventet! det var et godt Indfald af Dig Lisbeth!“

„Ærligt talt!“ svarede hun, „var det Luzie, som først kom paa det; jeg fik ingen Ro før vi kom afsted!“

„Over eet Aar har jeg ikke seet Dig, Morbroe'r!“ sagde Pigen.

„Var jeg tyve Aar yngre, Luzie, og Du havde en Slump Aar til, ja, veed Du hvad, jeg vil ikke bande, saa kunde Du maaskee komme til at hedde Madam Peter Wik! Herre Gud, man er en gammel Sælhund, naar de smukkeste Piger voxe til! — Men Esben skal løbe op og bestille tre Portioner Suppe og en lille Steg, for I skal spise her ombord. Esben koger en Kaffe med Cichorie, som man kan sætte for en Keiser! jeg har lært ham at klare den med Flynderskind. Kom nu med ned i Kahytten. Jeg maa gaae lidt paaskønds for min Smule Trivelighed.

Med ingen Mo'ers Sjæl har jeg lagt mig ud, undtagen med min Kahytdør, hun kniber mig i Siderne. Engang var jeg tynd, som en Kakerlak!"

Alt var herinde, som Luzie før havde beskrevet det. De korte, røde Gardiner bevægede sig foran de smaa Kahytvinduer, mellem hvilke Madam Wiks Silhouet hang. Ovenover, paa Hylden, laae Bøgerne og Violinen, denne tiltrak sig Christians Opmærksomhed; hvor simpel og uanseelig den end saae ud, den var jo dog en Alladdins Lampe, der beherskede Aander, Tonernes mægtige Aander.

„Vinduerne skulde gaae noget længere ned, saa var her lysere!" sagde Luzie.

„Længer ned?" svarede Peter Wik, „saa gik jo Søen ind i Livet paa hele Fartøiet! Du har ikke saamegen Forstand paa Søvæsenet som en Gaas, den kan dog roe med Benene! I Landsbyfolk —! jo, det er meget rigtigt, som der staaer i Historiebogen om Baaden eller Skib-Ungen. De havde ikke Raad til at kjøbe et stort Skib, og derfor kjøbte de en lille Baad, der hang bag ude; de troede, at det var en Unge, som kunde voxe; de satte den paa Græs, men den aad ikke, saa tænkte de, at den var syg eller havde Længsel, og derfor betalte de Skipperen, for at lade den gaae endnu et Aar hos Moderen, til den lærte at æde selv. Hei hvor lystig den bliver!

sagde de, da den vippede paa Vandet efter det store Skib! Jo, I Landsbyfolk ere gode Sømænd!" Nu spurgte han om Christian og fik da hans Historie og Bortløben at høre, men hvad Gudfaderen angik, da, som han udtrykkede sig, var det bedst, at den Historie gik sin egen Sø, de vilde ikke ind i det Kjølvand. For inat skulde Lisbeth og Luzie sove hans Logis oppe i Byen, selv blev han ombord, hvor ogsaa Christian kunde faae en Køie. Det var først, da disse to vare alene, at Bekjendtskabet blev lidt nøiere.

„Naa min Gut!" sagde Peter Wik, „saa skal vi to slaaes med Ole Lukøie! men han vipper os, kan Du troe! vipper os op i den syvende Himmel. Nu skulde jeg have min Grog og min Pibe, og slaae en lille Sladder af med de To! Du sagde jo, at Du kunde spille Violin! Lad mig høre, hvordan Du gnider!"

Christian bævede af Fryd, idet han berørte Strengene, han gjorde nogle af de kunstigste Løb, Gudfaderen havde lært ham.

„Ja vist!" sagde Peter Wik, leende, „det er en ganske net Melodie, naar den gik paa en anden Tone! det er nok norsk-arabisk, Du spiller! det gaaer i Hovedet som gammel Cognac! kan Du ikke en, som gaaer i Benene og giver Dandsesko?" Han tog selv Violinen og spillede en Molinasti. Nu spurgte han ham om Hjemmet og om Halvbroderen. „Men hvorfor er Du en daarlig Karl!“ sagde han. „Du skal slaae fra Dig! giv ham een paa Theepotten, saa han vender Tuden til en anden Kant! — Sælge Din Violin? Det var Synd! Du maa staae paa Dine egne Been; nu, staae kunde Du ikke, og derfor løb Du. Satan! hun kuler tidt værre paa Landet end paa Søen! Hvad var Din egen Fader?“

Christian fortalte det.

„Ham kjendte jeg!“ sagde Peter Wik. „Han havde jo været bagom, tillands dernede ved Livorno. Det var ingen Skrælling, skjøndt han var Skrædder.“

„Kunde jeg dog ogsaa komme til fremmede Lande!“ sukkede Christian. „O, maatte jeg blive her paa Skibet!“ han greb Sømandens Haand, og Dinene fik Veltalenhed som hans Læber.

„Sagde Din Moder ja til det, saa kunde Du gjerne blive, jeg skal saa have En, men det vil jeg sige Dig: vi ligge ikke hver Dag i Havn! vi komme ogsaa ud, hvor Luzie vipper, hvor Du faaer en kold Overhaling, og imellem kan Du ogsaa gjerne faae af mig en Lussing eller et solid Nakkedrag, og da kan Du ikke løbe igjen, min Dreng! Det er heller ikke hver Dag, som idag, at vi drikke Kaffe og spise Suurbrød! Sov Du nu i den lille Køie, der ligger Du, som om Du laae i Din Moders Dragkisteskuffe!“

Peter Wik sad paa Dækket med sin Grog og sin Pibe, Christian gik til sin lille Seng. From Tillid til Gud opfyldte hans Tanker, det var som om det Hellige svævede ham nærmere.

I den tidlige Morgenstund steg han, som han var vant til, ud af Sengen, det gjorde et godt Indtryk paa Skipperen.

„Du har det nok, ligesom Hønsene, Du er tidlig tilbeens. Det maa jeg lide! men bedst bliver det dog, at Du seiler landværts, til Du faaer Papirerne klarede, og Mutter siger, at Du kan stryge! Gud hjælpe mig, nu slæber han! Du er en rigtig Saltvandsfisk!"

„Han bliver hos Dig, Morbro'er!" bad Luzie, da hun kom og hørte Christians Sorg. „Min Moder gaaer endnu iaften over til hans Forældre og fortæller det Hele. Han har ingen hjemme, der er ham en god Morbro'er, som Du er mig!" og hendes lille Haand gled kjærligt over Morbro'erens rynkede Kind.

„Nei see, kan Du ikke allerede salig Madam Peter Wiks Manerer, naar hun vilde have mig i smult Vande! De Fruentimmer ere nogle løierlige Spilleværker!"

Luzie vedblev sin sikkre Overtalelseskunst, og

Christian maatte blive, til man hørte Forældrenes Bestemmelse med ham.

Allerede næste Dags Middag kom Maria til Svendborg, hun var alene og søgte strax til Skibet, kyssede Drengen og skjendte tillige.

„Herre Gud, saaledes at løbe fra os! ja, Du er Din Fader opad Dage! ham havde jeg ogsaa Sorg af! Du skal ikke troe, at jeg vil prygle Dig, skjøndt Du kunde have ganske godt af det. Prøv Du nu paa, hvorledes det er ude mellem Fremmede. Jeg veed nok, hvad jeg har gaaet igjennem med Din Fader! og troer Du, at jeg havde giftet mig igjen, dersom Du ikke havde været. Jeg dandser ikke paa Roser, kan Du troe, men Du er et Pib, det er Du! Seil kun bort med Skibet, og naar saa det forgaaer med Top og Tavl, saa har jeg den Sorg til!

Det var omtrent Samtalen og Christian var nu Matrosdreng. Et Slags Contract blev sluttet; det eneste i denne, han ret havde inde, var, at han turde laane Skipperens Violin, denne Bøn havde han fremstammet, da man spurgte ham, om han havde begrebet Alt.

Nu maatte han gjøre Bekjendtskab med Nathuus, Stagfok og Klyver, og snart hang han som en Strandmaage i Tougene, skjøndt Klattren og Springen aldrig havde været hans Øvelser.

XIV.

Ich seh' von des Schiffes Rande
Tief in die Flut hinein —
Meerkönig auf seiner Warte
Sitzt in der Dämrung tief,
Als ob er mit langem Barte
Über seiner Harfe schlief.
Da kommen und gehen die Schiffe
Darüber, er merkt es kaum,
Von seinem Korallenriffe
Grüßt er sie wie im Traum!

Eichendorff.

Den 18 October var Alt klart ombord til Afreisen. Foruden Peter Wik var Besætningen tre Matroser og to Passagerer; den ene af disse var en halvgammel Gouvernante, som i sin Blomstertid havde traadt op ved Grev Trampes Skuespillertroup i Odense, men som hun, efter hvad hun sagde, havde forladt, formedelst sine moralske Anskuelser; ellers skrev hun Vers, men kun paa Tydsk, thi den høiere Følelse, meente hun, kunde man kun udtrykke i dette Sprog. Hun skulde til et adeligt Herskab i Kjøbenhavn. Den anden Passageer var bosiddende der i Byen; han var Krigsraad, en Titel, han havde søgt om efter sin Kones Forlangende.

Skibet gik med svulmende Seil forbi St. Jørgensgaard og Fiskerleiet, langt ud i den vide Verden syntes det Christian; China eller Kjøbenhavn: for ham var det lige fjernt, lige nyt. De vilde gaae udenom Øerne og holde den aabne Sø.

Begge Passagerer havde snart gjort gjensidigt Bekjendtskab, og før Skibet var under Æro, havde Krigsraaden med en veltalende Gnavenhed udviklet sine Glæder og Lidelser. Han var ogsaa Digter, havde i sin Tid skrevet i Aftenposten og Poulsens Nytaarsgave, men pseudonymt. Det Elegiske var hans egentlige Fag; forøvrigt skrev han Auctions-Cataloger, Critiker og et og andet lidet Skrift. „Men man har ingen Fornøielse deraf!" sagde han. „Der sidder man og piller og piller, for at finde Feilene, som kun ærgrer En, og sætter man det saa frem for dem, saa blive de vrede. **Irritabile genus**, som det hedder. Jeg har forsøgt mig i alle de horatsiske Versemaal: asclepiadiske, alcæiske og sapphiske, det er nu disse, de Nyere forsømme, og det maa ærgre en classisk dannet Smag; jeg har ogsaa opløftet min Stemme, jeg har skrevet derimod og ærgret mig og ærgret mange Mennesker; de har skoset og epigrammatiseret mig, men jeg læser ikke noget i Bladene, uden det, jeg selv skriver, men saa fik jeg paa min Geburtsdag med Fodposten et lille Papiir, med et grovt Vers; jeg kaldtes „en Bussemand,“ det stod skrevet med to s og Etymologien er Buse ɔ: et Røverskib, som i gamle Dage overfaldt Kysterne, og Røverne ombord kaldtes Busemænd. Det er ærgerligt, at Folk ville skrive, naar de ikke kunne bogstavere, det er, som om man vilde holde Tale, naar man ingen Tænder har! det Indfald maa jeg skrive op!“ afbrød han sig selv, gjennumlede det mellem Tænderne og tegnede det ned med Blyanten. „Seer de Jomfru, jeg lader aldrig noget godt gaae tabt; faaer jeg, som tidt skeer, et snurrigt Indfald, da skriver jeg det op! for jeg maae sige Dem, jeg har paataget mig Afskrivningen af Roller i vort dramatiske Selskab, og saa har jeg, ligesom Jean Paul, i min Skuffe smaa Sedler med Indfald paa, som jeg skriver ind i Rollerne. Det gjør meget godt!“

Gouvernanten fortalte, at hun holdt Dagbog, det havde hun gjort i elleve Aar, den blev holdt i det tydske Sprog.

Det var Hverdagslivets lavcomiske Virkelighed, der her var den meest fremtrædende; vi kunde ogsaa hos begge have grebet en skjøn, poetisk Side, den findes hos Alle, om kun momentviis, den findes dog. Der laae selv i det Comiske hos Gouvernanten noget, som maatte røre Enhver. I eet Aar havde hun levet saa godt som kun ved Theevand, det var Morgen,

Middag og Aften Alt, hvad Flid kunde skaffe tilveie; hendes fixe Idee var smuk, den: Dyd er dit Maal. Krigsraaden hang trofast ved det Gamle, men kun ved det Gamle, hvad kunde han for, at Himlen ikke havde givet ham Geniets Janushoved, der lige klart skuer frem og tilbage.

I Middagsbelysningen fløi, fra Bugt og Fjord, ud i den aabne Sø Skibet, denne Havets Struds, der løber over Verdenshavets store Steppe; for tung til at hæve sig i Luften, har den dog Fuglens Flugt. De svulmende Seil stode som Vinger ud over den lille Caravane, som her foer frem. Christian saae Hjemmets Kyster meer og og meer forandre deres bekjendte Udseende; den raske Fart, den friske Luftning med Alt det Nye rundt om opfyldte ham med sælsomme Tanker.

De sidste Solstraaler slukkedes i den vaade Taage, der skjød sig hen over Havet. Det blev mørkt. Lanternen agter ude, kastede sit Lys kun paa de nærmeste Touge. Bølgerne sloge med eensformigt Pladsken paa Siden af Skibet, der gik i rask Fart over Havkongens Slot! med sit lange Skjæg sad han vist dernede og saae mod Skibets Kjøl; pludseligt stødte den mod Noget, man hørte et lydeligt Raab, og derpaa blev det stille, men Vandet pladskede stærkere, og hen under dem hørte de en Skraben.

„Herre Jesus!“ sagde Matrosen ved Roret og gjorde en Dreining. Lanternen blev heiset i Veiret, Baaden kom ud, Christian blev befalet at trække i Klokken. Alt var forgjæves. En Baad med Mennesker i, havde de seilet over i den mørke Nat. Og han tænkte paa Døden.

Ja døe — det er dog sært at tænke paa,
Men saare lidt det Hele vi forstaae;
Det er saa stort og smukt, hvad Døden skjænker,
Ja meget meer, end nogen Digter tænker.

Saae vi det her med Aandens klare Blik,
Vi Alle gjerne strax i Graven gik,
Men vi er jo kun Børn, paa denne Side,
Og Børn, det veed vi, maae ei Alting vide.

„Det er en kold Morgenluft!“ sagde i Dagningen Krigsraaden og stak frem af Kahytten sit gustne Ansigt, der ved det gule Silketørklæde fik et elendigere Udseende. Vinden blæste stærkt og havde fordeelt Taagen i Skyer, den mørkegrønne Sø viste sit hvide Skum. „Luften seer betænkelig ud!“ sagde Krigsraaden.

„Hun staaer med Muler!“ svarede Peter Wik og pegede paa Bygerne.

„Har De nogensinde været ude i et saadant ondt Veir?“ spurgte Gouvernanten.

„Hvad feiler Veiret! Det er jo saa velsignet,

man kan ønske sig det! nei, lad os faae en lynende tre Qvart, saa vipper hun anderledes!" Taus stod han ved Roret og saae ud over den fraadende Sø.

„Ja, jeg er præpareret mod Søsyge!" sagde Krigsraaden, „jeg har Velinpapiir om Benene, graat Papiir om Underlivet, en Muskatnød i Hjertekulen og Lemonasie at spise!"

Gouvernanten havde kun en grøn Silketraad om det venstre Haandled og Ansigtet altid mod Vinden.

„De maa ikke tænke paa at blive daarlig, lille Jomfru!" sagde Krigsraaden. „Jeg skal læse en lille Afhandling for dem. Det er et Forslag, anvendeligt for den kongelige Theaterdirection. Det kan maaskee adsprede Jomfruen!"

„„Først bør og skal enhver Sanger synge hvad Partie man giver ham, Bas eller Tenor! har han Stemme maa han jo kunne synge."" Seer Jomfruen, det vil være en god Forandring til det Bedre."

„„Dernæst bør enhver Digter paatage sig Ansvaret for sit Stykke. Giver det i Indtægt ikke en bestemt Sum ved første og anden Opførelse, saa erstatter han Theaterkassen det Manglende"". See det vil være overordentlig godt for Kassen, og den er dog Hovedsagen; desuden stækker det Skrivelysten hos disse originale Forfattere!"

— „Jeg faaer saa inderlig ondt!" sagde Gouvernanten. I det samme slog en Sø høit op paa Dækket og sprøitede sit Salt ind i det ferske Theater-Regulativ.

„En lille Lemonasie!“ udbrød han.

„Gud!“ sukkede hun, „jeg, som elsker Havet, naar jeg er paa Landjorden!“

„Meget originalt sagt!“ udbrød han, „tillader Jomfruen, jeg antegner og anvender det!“ Han tog Tegnebogen frem og skrev. Peter Wik bar Jomfruen ned i Kahytten.

Krigsraaden studeerte imidlertid Navigation, som han vilde skrive en Afhandling om, thi intet Fag gaves der, uden at han havde skrevet derom, lige fra Beengjødning til Hamlets Characteer, Alt forstod han ogsaa ligegodt. Derfor var det ogsaa hans Haab, at Regjeringen engang vilde blive opmærksom paa ham og ansætte ham, enten som Stutterie-Inspecteur, Overlods, eller Theater-Directeur; overalt vilde nok hans Brugbarhed blive iøinefaldende.

Næste Morgen sad han og beskuede Møens Klint, som de passerede. I Haanden holdt han Manuscriptet af Gouvernantens samlede Digte, Skade at det Digt manglede, som hørte til selve Stedet: „Beym Anblick der Insel Möen im Mondschein,“ hvilket hun først skrev, da hun havde været fjorten Dage i Kjøbenhavn og der studeret Klinten i Molbechs Ungdomsvandringer, hvori den præsenteres i overnaturlig Størrelse.

„Insula Mona, hedder det paa Latin!“ sagde Krigsraaden. „Det er dog en forunderlig Klang, der er i de Gamles Sprog! Det var Mennesker!“ Nu hensank han i stille Henrykkelse, over at Folk for to tusind Aar siden havde været klogere end vi, greb da Tegnebogen og optegnede sin gyldne Tanke.

Mod Aften dukkede op fra Kjøgebugt Kjøbenhavns Taarne og Christiansborg, de bleve netop synlige, Øiet opfattede Contourerne, da Billedet igjen slukkedes af Mørket. Saaledes dukker tidt Erindringen af en sælsom Drøm, op i vor Sjæl, og idet vi ville gribe Billedet, flyder Mørke hen derover: mon, som her, en kommende Morgen skal føre os nærmere Beskuelsen af dens Virkelighed?

Fleer og fleer bleve Skibene, de mødte; længere borte blinkede alt Lysene fra Kjøbenhavn og Amager. Christian hørte Bradspillet dreie sig; Ankeret faldt; der lød Stemmer fra Vandet; Peter Wik steg i Baaden, Krigsraaden og Gouvernanten fulgte med, men først stak hun Matrosdrengen et Par Skillinger i Haanden.

Endnu i denne Nat skulde de sove i den store sælsomme By. Først imorgen skulde Christian see den. Mon den var meget større end Svendborg? Mon Husene lignede Slottet paa Thorseng, og mon der var Musik? Som han stille vuggede disse Tanker i sit Sind, klang Jægernes Horn fra Castellet; Vinden bar de bløde, veemodige Toner ud over Søen til hans Øre, Hænderne foldede sig til Bøn.

XV.

På Danseboden var jeg och engång.

Carl Dahlgreen.

Dagen brød frem, Christian foer op paa Dækket. Havde der ligget en Marmorstad med Guldtage og Slotte af gjennemsigtigt Glas, det vilde ikke have forbauset ham, hans Phantasie var forberedt paa Alt. Han tænkte sig at han skulde blive overvældet ved Skuet, men der var slet Intet af hvad han var forberedt paa. Mange Skibe saae han, et Par Huse, og paa den smalle Landtunge tilvenstre, en Række høie Bygninger, der syntes at svømme paa Vandet.

Nu beskinnede Solen de mange halvfærdige Skibe paa Værfterne, Arbeidsfolkene bleve synlige, og Skibet gled ind i den brede Strøm mellem Holmen og Kjøbenhavn; da dykkede Bygninger, Taarne og Broer frem, man seilede lige op af en Gade, det var Nyhavn.

Høie Huse hævede sig paa begge Sider, saa mange Etager havde intet Huus i Svendborg. Store og smaa Skibe laae ved Siden af hinanden i den brede Kanal, og fra hvert vaiede brogede Flag, thi der var et Bryllup der i Havnen, og saa flages der. Det var en Pragt, som om Kongen skulde komme. I de smalle Gader, paa hver Side af Kanalen bruste Karreeter og Vogne forbi, Folk raabte og skreg. Herrer og Damer, pyntede, som Herskaber, gik forbi uden at hilse hinanden.

Luzie blev nu halet ind til Rækværket og surret fast.

Hvor Kanalen endte laae en stor Plads, og fra den klang Musik, saa festligt og deiligt! — ja her i den store By var kun Helligdage og Glæde! Dagen gled hen som en Time, og da det blev mørkt og Flagene faldt, tændtes rundt om i Vinduerne for Brudeparret Lys; de lyste ud over Kanalen, og fra det klare Vand straalede de illuminerede Bygninger tilbage. En Liremand spillede sin veemodige Lystighed.

„O," bad Christian, „hvo der dog altid kunde blive her i denne Pragt og Deilighed!"

Peter Wik var alt i Besøg; to af Søfolkene ombord havde Tilladelse til at gaae i Land, Christian bad om han turde følge med, den Ene var derimod, thi de kunde ikke have ham med hos Steffen-Karreet. Dog kom han med. De betraadte Landjorden. De gik over den store Plads. Her sad en Malmkonge til Hest, og uden om fire sorte Kæmpeskikkelser. Bygningerne, han saae, syntes Slotte, og i Gaden, de betraadte, straalede Boutikerne, den ene prægtigere end den anden. Her var en Trængsel, som til et Marked; Vognene foer forbi, langt stærkere end til Raadstueballet i Svendborg. Nu kom de ind i smaa Gader, men Husene vare ligesaa høie, og deilige, fornemme Damer, stadselige som til Bal, sad ved de aabne Vinduer og hilsede saa høfligt og venligt, ligesom om de kjendte Folk. Ved Gadehjørnet paa den kolde smudsige Trappesteen, sad en ung, dødbleg Kone i Pjalter, en lille, halvnøgen Dreng laae grædende med Hovedet i hendes Skjød, et guult, sygt Barn diede det udhungrede Bryst; hun lagde Hovedet tilbage og bandede, syntes hverken at have Sands for det større eller mindre Barn.

„Hun er syg!“ udbrød Christian. „Skal vi ikke sige det til en af de fornemme Damer!“

Matroserne loe og førte ham ind i Sidegaden, hvor Fløiter og Violiner klang fra et lavt, mørkt Huus. De gik derind.

Deilige, jublende Toner gjennemstrømmede Drengens Sjæl, hans Øine blendedes ved de mange Lys i Kroner og Lampetter, skjøndt der laae et graaligt Dampskjær over det Hele. Med Hatten i Haanden hilsede han høfligt til alle Sider. Ingen lagde Mærke dertil. Mandfolkene vare heller ikke pyntede, men Damerne saae des prægtigere ud, og deres Kinder vare røde som Roser. En Karl dandsede med en lang Tobakspibe i Munden og dampede store Skyer hen over sin Dames Skuldre. Ved Døren sad en ung Dame hos Cavaleren, de vare vist forlovede. Nu kom der en stor Dame med hvid Kjole, Blomster i Haaret og en Ølflaske i Haanden. Det var Steffen-Karreet. Hun kjendte godt Søfolkene, hun var vist i Familie med dem, thi hun slog sine Arme om deres Hals og kyssede dem til Velkomst. Det var en særdeles venlig Dame. Hun talte saa bekjendt og mildt til Christian og gav ham Punsch; han kyssede hendes Haand, og hun strøg venligt Haaret tilbage fra hans Pande. Hun var vist en inderlig god Dame.

Med den største Ærbødighed og Taknemmelighed forlod han hendes Huus. Eventyret om Bondedrengen, som blev Keiser, kom ham i Tanke; ja, vilde denne fornemme Dame tage sig af mig, haabede han, saa kunde jeg komme til at spille Violin, sidde imellem de andere Musikanter, eller blive noget endnu fornemmere, men ved Musiken skulde det være.

Ude paa Gaden var allerede temmeligt stille, det var jo ogsaa seent paa Aftenen, men det havde han slet ikke mærket derindenfor. Endnu klang Fløiter og

Violiner, og gjennem det udskaarne Hjerte i Vindues-skodderne spillede en lang Lysstraale. Nu peb Vægteren i en Sidegade, Stemmer skrege; det var Spectakel. Lidt efter kom et sælsomt Tog! Vægterne med Stigen høit paa deres Skuldre, et ungt Fruentimmer, pyntet, som de inde i Dandsesalen, laae bundet fast paa Stigen. Christian vidste ikke, hvad han skulde troe om denne By og disse Mennesker. Han kom til Skibet, Husene rundt om vare endnu illuminerede, Lysene straalede tilbage fra Vandet. Matroserne forbød ham at tale til Peter Wik om, hvor de havde været.

Overvældet af denne Dags og Aftens Indtryk, kunde han neppe sove, men den Tanke var mest levende i hans Sjæl: kunde jeg dog altid blive her! Damen, som gav ham Kys og Kjærtegn, syntes ham saa from og mægtig. Ja, til hende vilde han betroe sig! hun kunde gjøre Meget, og hun vilde vist, naar han ret fortalte hende sin Lyst og Længsel. Fromt indesluttede han hende i sin Bøn til Gud og med den faste Beslutning hemmeligt en Dag at besøge hende, sov han ind.

Da han næste Dag sad høit oppe i Skibets Tougværk, for at „lapsalve en Bardun," faldt Øiet paa den udstrakte Omgivning; tilhøire den store Plads med Malmstatuen, tilvenstre, ud over Holmen, det mørkeblaae Hav med Sverrigs Kyst, dog mest af Alt, fængslede ham Synet af en Have, tæt bag den lave Muur, hvor Skibet laae. Forunderlige, sjeldne Planter voxte derinde, og et stort Poppeltræ, der ret mindede ham om Jødens Have, han havde seet som Barn. Lave Glashuse med store, grønne Grene indenfor Vinduerne, tittede frem mellem Hækkerne og de pragtfulde Efteraarsblomster. Det var den botaniske Have. Alt hvad han endnu kjendte af Kjøbenhavn var jo Deilighed, og han havde dog Intet seet endnu, sagde de Andre. Ja, her maatte han blive; den gode Gud vilde nok hjælpe ham. Saasnart han igjen fik Lov til at see sig om i Gaderne, vilde han opsøge den venlige, gode Dame, til hvem han satte alt sit Haab.

Ugen efter var det Dronningens Fødselsdag; alle Skibene i Havnen flagede, Musiken klang i Gaderne. Christian fik Lov at gaae alene omkring; nu var det, at finde hen i den lille, snevre Gade, som han havde været i den første Aften.

Den store Pragtgade med de mange Boutiker fandt han snart; brogede Tøier flagede om Dørene, det morsomste Legetøi stod i Vinduerne, og ved Kjælder og Stue vare Skildtene ganske Skilderier, man kunde godt hænge dem op i sin Stadsestue. I Beskuelsen vandrede han fra Gade til Gade, den han søgte, fandt han ikke, men stod paa en stor Plads, hvor Vandet sprang i store Straaler og legede med Guldæbler; det var til Ære for denne Festens Dag. Ja, Kjøbenhavn var en rægtig By, men hvor skulde han finde Damen? Der var ei Andet for, end at faae Matroserne til endnu engang at tage ham med til hende, da skulde han bedre indpræge sig Veien.

Om Aftenen var der Illumination; paa Torvet brændte Begkrandse; de røde Gnister fløi som flagrende Ildhaar fra Krandsene, og Kongen og Dronningen kjørte i deres prægtige Vogne til Theatret.

„Ja, derind skal vi ogsaa komme en Aften!“ sagde Peter Wik. „Der skal Du høre Musik og see Lystighed!“

Kunde Musiken være herligere end den, han havde hørt i Gaderne? Kunde Lystigheden være større, end den hos de pyntede Damer?

De gik gjennem en Sidegade. Christian kjendte den; Lysene skinnede gjennem de udskaarne Hjerter i Vindueskodderne; indenfor klang Musik. Der var det jo, han havde været. Nøie indprentede han sig Stedet og Gaden.

Søndagmorgen bad han om at maatte gaae i Kirke, og han tog sin bedste Trøie paa, gik ogsaa til den nærmeste Kirke, sang Tonen med Orgelet, thi Psalmebog havde han ikke, og nu søgte og fandt han Gaden. Skodderne vare nede. Han gik ind i den lang mørke Gang, fandt Døren der, men før han bankede paa, bøiede han sine Knæ, læste sit „Fader vor“ og bad, at Gud dog vilde bøie den gode Dames Hjerte, at han kunde komme til Musiken; en egentlig Plan havde han ikke.

Han bankede paa.

En gammel Kone i smudsige Klæder lukkede op spurgte, hvad han vilde. Det var en daarlig Forklaring, han gav, og den Gamle var i Begreb med at lukke, da Steffen-Karreet stod foran i temmelig let Morgendragt, paa Fødderne havde hun Snørestøvler, kantede med laadent Skind.

„Er det Dig!“ sagde hun bekjendt, med sit leende Ansigt. „Har Du Bud fra Søren?“

-Den Gamle traadte til Side, og Christian greb Damens Haand, kyssede den og fortalte nok saa naivt sin store Lyst til Musiken, hvor slemt han havde havt det hjemme, og hvorledes han var kommet ud i Verden. Damen lo i Begyndelsen, men hørte siden med Alvor paa ham, og da tilsidst de salte Taarer flød ham ned over Kinderne, tørrede hun dem af.

„Jà, min rare Dreng!“ sagde hun, „jeg staaer ikke ved den tyrkiske Musik! Havde Du endda været en lille Pige!“ Hun drog ham hen til den aabne Skjænk, gav ham Punsch og Æbler, brast derpaa i en lystig Latter. „Du er nok et Genie, som de sige!“ sagde hun.

I det samme traadte et Par andre Jomfruer ind

fra Sideværelset, de vare let klædte, som hun, og de hørte Historien og lo og saae med dumme Øine paa Drengen.

Hvad turde han haabe, hvad lovede hun? Han var fuld af Glæde, da han forlod Huset; hun havde rakt ham Haanden, kaldt ham et Genie og sagt, han skulde være ved godt Mod, han kom nok frem.

Han havde ogsaa den samme Forvisning derom, som ethvert andet sandt Genie, der lægger sin Skjæbne i en formuende Mands eller Qvindes Haand, og disse have som oftest Forstand til at vurdere — omtrent som hun havde det!

XVI.

Margot.

Sie war's.

Louison.

Und sie erkannt' uns nicht!

Schillers: die Jungfrau von Orleans.

„Iaften skal vi i Comedie!" sagde Peter Wik og førte Christian med sig.

Man fortæller om en Mand fra Landet, der første Gang i sit Liv kom i Theatret, at han i Forsalen gik lige hen til Billetcontoiret, stak Hovedet ind af det firkantede Hul og blev derpaa taus staaende, i den Tro, at det var det Perspectiv, han skulde see Comedien i. Christian kunde gjerne have gjort det samme, thi han havde aldrig før været i et Theater. Alt var ham et Skuespil, lige fra de opstillede Soldater i Forsalen til Brimmelen, som jog op af Trapperne.

„Nu skal Du see en Dragkiste, vi komme i!„ sagde Peter Wik. „Vi skal i den øverste Skuffe! Seer Du, den nederste er trukket lidt ud, for at Damerne ikke skulle krølle deres Stads!"

De sátte sig paa første Bænk. Christian var høitidelig taus, han syntes, det lignede en stor Kirke.

„Den Topseng der paa hver Side skal Kongen og Dronningen i!" sagde Peter Wik. „Det store Skilderi foran gaaer iveiret, som et Skibsseil, og saa komme Fruentimmerne frem og strække Been, først det ene, saa det andet, ligesom en Flue i et Fad Fløde!"

Lysene straalede klart ud over de forgyldte Loger, hvor de rigtklædte Damer sad. Nu kom Kongen og det hele Hof. Christian følte en sælsom Angst og dog stor Glæde; han var jo i det samme Huus, som Kongen, han behøvede kun at raabe høit, saa maatte Kongen høre det, og vilde vist spørge: „Hvo er det, som raaber?"

Nu blev her ganske stille, og et Hav af Toner

bølgede gjennem Huset. Stykket begyndte, og han hørte Sang', som han endnu aldrig havde hørt den. Vandet brast ham ud af Øinene; han skjulte det, thi man vilde vist have leet af ham. Himlens Glæde kunde dog ikke være større, syntes han, end altid at sidde her, og dog var dette Stykke, sagde de Andre, noget kjedeligt, nu kom først det Rette, den prægtige Ballet Rolf Blaaskjæg.

Musiken klang som Menneskestemmer, ja som den hele Natur. Han syntes at høre Uveiret hiin Nat ved Kilden, da Træerne bøiede sig som Siv, og Løvet hvirvlede om ham. Han hørte Vinden, som naar den susede om Mast og Tougværk, men melodisk deilig, det var langt herligere end Gudfaderens Violin, og dog mindede det ham derom.

Tæppet rullede op. Rolf Blaaskjægs dræbte Koner svævede i hvide Liin om deres Morders Leie; Musiken var de Dødes mægtige Sprog, og hans Phantasie fulgte med stærke Vingeslag hele den romantiske Digtning. De lykkelige Smaabørn, som dandsede for Isaura! O var han dog imellem dem! Lykkeligere Lod end deres, kunde Ingen have paa Jorden. O, turde han dog raabe sit Ønske, sin Lyst ned til Kongen, han vilde vist høre og hjælpe ham. Men han vovede det ikke. Theaterlivet forekom ham at være et

Lykkens og Skjønhedens Tryllebillede, og Enkelte drømme derom som han.

I Paris seer man i Balletten: **le diable boiteux**, det Omvendte af hvad Tilskuerne ere vante til at see, man henflyttes paa selve Scenen og seer derfra ned paa en imagineret Tilskuerplads; Coulisserne vende den umalede Side frem, Bagtæppet, som ruller op, er et Fortæppe, man seer Rækkerne af Tilskuere, som klappe og pibe. De Dandsende paa Scenen vende Ryggen til de virkelige Tilskuere. Det er det Sceniske, man saaledes føres midt ind i, men kunde vi ligesaa let see ind i Menneskehjerterne der, hvilken Skyggeverden fuld af Lidenskab og Taarer vilde da aabenbare sig for os. Denne Skare af lystige, dandsende Qvinder har kun Armod i Hjemmet. Der gaaer En mellem Choret, som kunde indtage den første Plads paa Scenen, men Directionen begriber ham ikke, og Regisseuren kan ikke lide ham. I Theaterstaten er man under de tredive Tyranner. Lønnes Kunstneren slet, da kan han og Familie søge om Billet ved de Fattiges Bespiisnings Anstalt. Digteren faaer ingen Pension, maaskee for at Tanken om den nøgne Fremtid smukt kan holde ham i et tragisk Lune.

„Der sidder Naomi!“ raabte Christian pludseligt midt i sin Henrykkelse. „Ja, det er hende!“ og Blikket foer fra Trylleverdenen, fra Isauras Kamp og den fristende Guldøgle; han saae kun den slanke, nydelige Pige med de kulsorte Gazeløine og den sydlige Teint. Hun sad i første Etage mellem de andre pyntede Damer. „Vi have leget sammen!" sagde han til Peter Wik, og hans Beskuen og Interesse deelte sig mellem Balletten og Naomi.

Altfor snart var det herlige Pragtskuespil til Ende, Alle stormede bort med en Iil, som var det noget Ubehageligt, man vilde see at komme bort fra. Forgjæves speidede Christian i Trængselen efter Naomi, hun var ikke at see; maaskee var det hende, der jog forbi i den rullende Karreet.

Tonerne klang endnu i al deres Fylde for hans Øre, det hele Spil foresvævede ham saa levende; saaledes staaer endnu Stjernebilledet for det menneskelige Øie, længe efter at det har hørt op at være til. Nu begreb han, at der var noget Høiere, noget Ædlere end Hverdagsmenneskets Dont; Geniet hos ham var ved Toner aandet i Live og stræbte efter et Slags Legemliggjørelse. Han anede Perlen i sin Sjæl, Kunstens hellige Perle; han vidste ikke, at den som Perlen i Havet maa vente paa Dykkeren, som hæver den til Lyset, eller klæbe sig fast ved Musling og Østers, det høie Patronatskab, for saaledes at komme til Beskuelse.

„Naa, der gad Du nok have været med at springe!" sagde Peter Wik.

„Ja!" svarede Christian i en begeistret Tone.

„Det er et daarligt Levebrød, min Dreng!" svarede han, „naar Du eller jeg give vore tre Mark, maae de være til Nar for os!"

Nei, saaledes kunde han ikke opfatte det; Kongen og tusinde Mennesker havde jo med Andagt seet og hørt, som man seer og hører Præsten i Kirken. Intet var glemt, og midt i denne Livsherlighed svævede for ham Billedet af Naomi, den kjære Legesøster.

Med en Rigdom af Tanker laa han i sin lille Køie i den lave Kahyt; den raae Efteraarstaage bredte sig ud over Dækket og skjulte Skibet, som han i det var skjult og glemt for hele den store By. Maaskee var det Hele et Billede paa hans Fremtid, som det er paa saa mangen begavet Aands. Geniet er et Æg, der trænger til Varme, til Lykkens Befrugtigelse, eller det bliver et Vindæg.

Det var langt over Midnat, før der kom Søvn i Drengens Øine.

Mangen paafølgende Aften, sad han ene i den lille, mørke Kahyt; inde i Havnen maae ingen Skibe have Lys ombord; han spillede da Reminiscenser af Rolf Blaaskjæg; han søgte paa Strængene at gribe de beslægtede Toner, som Vinden sang i Skibets Tougværk. Af Musikstykkerne, han daglig hørte fra Hovedvagten, fæstede sig hele Tacter i hans Erindring, og han gjengav dem i et broget Potpourri. Ofte haabede han, at den venlige Dame, hans Lykkes Fee, skulde pludseligt træde ombord og bevirke en Forandring i hans Stilling. Han tænkte paa Naomi; ja hun holdt af ham, hun havde jo grædt, da de skiltes ad.

Som han saaledes en Aften sad ganske ene paa Skibet, straalede Lysene prægtigt ud fra den store Gaard tætved, og han hørte Musik, saa jublende, deilig. Der blev dandset. Det Hele mindede ham om hiin Aften paa Glorup. Lænet til Masten stod han og inddrak Tonernes Duft.

Pludseligt fik han en Tanke; han klattrede op i Tougværket og kom i lige Linie med Salen, hvori der blev dandset. Eet af de øverste Vinduer der var aabnet, og han saae derigjennem hele det pyntede Selskab. Det bestod mest af Børn; et deiligt Børnebal var det. Alle vare saa glade og festligt pyntede. Store Malerier hang paa Væggene; to Marmorstatuer stode høit paa en glindsende Consol, og rundtom blinkede Lys og Speile, der viste Alt i dobbelt Glands. Nu svævede en fiin, nydelig Pige hen over Gulvet; hendes kulsorte Haar bølgede om de smukke Barneskuldre; de mørke Øine straalede Liv og Glæde. „Naomi!" raabte Christian med høi Stemme, og han saae, hvor hun studsede, saae til Siderne og lo. Hans Øine vare kun heftede paa hende, hans Tanke var hos hende, og han gled ned af Tougværket, sprang fra Skibet og ind i Huset, opad Trappen, hvor Musiken klang, aabnede Døren og stod nu midt i den oplyste, prægtige Sal, midt imellem de pyntede Børn, der forbausede saae paa den fattige Matrosdreng, som nu, blendet af Lysene og den hele Pragt, kom til et Slags Besindelse og stod forlegen midt i Værelset.

„Hvad vil Du?" spurgte et Par halvvorne Drenge, i hvis Øine man tydeligt saae, at deres Fader havde en Formue eller et Embede, der gav dem Anseelse. De vare af de mange Nuller, som rigtignok ikke give en Familie Værd, men selv faae Anseelse ved den Streg, de staae bagved.

Naomi havde ogsaa nærmet sig og saae nysgjerrigt paa ham; hun smilte — ja hun kjendte ham vist. Christian rakte Haanden ud imod hende og stammede: „Naomi!" Hun blev rød som Blod.

„Smudsige Dreng!" udbrød hun og rev sig løs. En Tjener kom i det samme til.

„Hvad vil Du?" spurgte han og stødte ham ublidt i Skuldrene. Christian stammede nogle uforstaaelige Ord, medens Tjeneren sagde, at han var gaaet feil, „her havde han Intet at gjøre!" Han førte ham til Trappen, og uden Svar, med en Sjæl bedrøvet indtil Døden, foer han ned og ud paa Skibet. Han klyngede sig til Masten og græd tunge, store Taarer, medens Musiken jublede lystigt i bølgende Dandsemelodier.

En Barnesjæls dybe Sorg er stor som den største, den Voxne kjender; Barnet har i sin Smerte intet Haab, Fornuften rækker ei sin støttende Haand til Barnet, det har i Dieblikket Intet uden sin Sorg at klynge sig til. Hun havde ikke villet kjende ham, hun, som han holdt af som en Søster! Han følte, som Pariaen, at han hørte til en overseet Kaste. Alle Baand, der trykkede, laae i et Nu fastere om hans Sjælelige. Hans Jevnaldrende i Bondebyen havde spottet ham, kaldt ham gal; Naomi, der engang forstod ham, vendte sig nu fra den „smudsige Dreng!"

Et saadant Dieblik giver Livs Erfaring. Den lystige Jubel derinde var en bengalsk Flamme, som belyste Slutningsscenen af hans Barndoms Drama. Han klattrede op i Tougværket, stirrede gjennem det aabne Vindue ind i den prægtige Sal, hvor Naomi og de lykkelige Børn svævede under Tonernes Jubel, Arm i Arm; Tjenerne gik med kostelige Retter i Chrystalskaaler og deilige Frugter, som han aldrig før havde seet, og midt i Salen stod Naomi med de mørke Dine og lo og klappede i Hænderne; — men udenfor faldt den kolde Tøsnee, og den graae Taage slog sin klamme Kappe om den „smudsige Dreng," som holdt sig fast i det vaade Tougværk.

Ende paa første Deel.

Kun en Spillemand.

Kun en Spillemand.

Original Roman

i tre Dele

af

H. C. Andersen.

Anden Deel.

Kjøbenhavn.

Paa Universitets-Boghandler C. A. Reitzels Forlag.

Trykt hos Bianco Luno & Schneider.

1837.

I.

— Jeg vil kjøre
Over Søen, hvid og glat, —
— Du behøver ei at frygte,
Der er sikkert, kan Du troe,
Frosten bygte
Mange Dage paa sin Bro.

Christian Winther.

Da hørtes Isen Stranden slaae,
Og Skummet styrted' oven paa,
Høit fnysed' Havets Bover.

Oehlenschläger.

Det blev en streng Vinter dette Aar, Isen laae tyk og fast mellem Sjelland og Skaane. Den svenske Bonde, som altid er den Første, der vover Touren over den af Kulden slagne Bro, kjørte i sin Slæde til Danmark; Qvæg blev drevet over, uagtet Isen, som man sagde, ikke var saa ganske sikker ude i Renden, hvor Strømmen gaaer. Mellem Kjøbenhavn og det en halv Fjerdingvei derfra liggende Batteri „Trekoner" strakte sig en bred Vei, smudsig af de Kjørendes

Færdsel, som var det en virkelig Landevei; Stier for de Gaaende slyngede sig langs med den. Der, hvor for et Par Maaneder siden store Tremastere sikkert havde gynget i det dybe Vand, sad nu gamle Koner med deres dækkede Borde og solgte Hvedebrød og Drikkevarer; Telte vare opslagne, fra hvilke det danske Flag vaiede i den blaae Frostluft, og ved Dagen vrimlede her med Mennesker; Skibene laae bundne i Isen, saa faste som Vrag, borede i Sandet. Mod Sverrigs Kyst, saa langt ude, man kunde øine, bevægede sig hist og her som sorte Punkter Kjørende og Gaaende, der besøgte deres Naboland.

En Snee- og Iismark paa fire Mile, som her, har noget Egent ved Tanken om det Dyb, som gaber nedenunder; en Storm i Forening med en forandret Retning af Strømmen kan i nogle Minuter bryde Isen; men, som Viingaardsmanden planter sine Ranker paa den varme Lava og sover trygt paa Randen af Dybet, kjører her Bonden rolig henover Isen, trøstende sig med, at han er i Guds Haand.

Som vi vide var Peter Wiks afdøde Kone svensk, barnfødt i Malmø: der boede hendes Slægt. En Skipper, hvis Skib ligger indefrosset i Havnen og vil overvintre, har ikke stort at bestille. Nu var Landeveien lagt til Sverrig: man kom derfra, man gik dertil, Peter Wik havde Lyst til at gjøre Touren, og Christian skulde med, havde han sagt.

Det var op paa Formiddagen i klart Solskin at Vandringen begyndte. Sundet var en Sneemark; enkelte Steder havde Vinden hvirvlet Sneen i lave Høie, andre Steder var den som feiet bort, og det blanke Iisspeil stod som Damme og Indsøer.

„Nu kommer det an paa," sagde Peter Wik, „om Laaget holder, at vi ikke komme paa Bunden af Potten, hvor der hverken er Sol eller Lys! men vi ere Søgutter, vi gaae enten hun er blød eller haard!"

De vare alt en Miil fra Sjellands Kyst; det begyndte at blæse stærkt, tunge Skyer trak sammen, men Peter Wik var Lystigheden selv. De mødte en Drift Qvæg, Driveren forsikkrede, at Isen var fast og god, men at Veiret vist opad Dagen vilde tage en Forandring.

„Det vilde være net, om Søen blev klar, medens vi vare derovre," sagde Peter Wik. „Ja saa sparede vi da paa Beentøiet hjemad, vi maatte vippe! Lad gaae, her kryber man dog som en Flue paa en Tjærepind!"

Luften blev mere graa, enkelte Sneeflokke faldt; vore Reisende vare endnu ikke Halvveien. Med eet rystede Skyen den hvide Snee i fygende Hvirvel.

„Træk Halskluden op om Ørene!" sagde Peter Wik. „Det er kun en Overhaling, vi faae!"

De gik med bøiede Hoveder mod Sneestyrtningerne. Høit i Luften susede Vinden som et omhvirvlende Toug.

„Naa, vil hun ikke lægge sig!" sagde Peter Wik, løftede Hovedet iveiret og stod et Øieblik stille. Da lød under dem en Bragen, som det stærkeste Kanonskud. „Saalænge hun knager, holder hun!" sagde han, tog Christian ved Haanden og gik rask fremad. „Vi maae gaae i lige Linie, saa træffe vi paa en Prik Malmø Skibsbro! Naa, hvor hun stummer ovenfra i Dag!" sagde han og pustede mod Sneeflokkene. Da lød atter nedenunder den dundrende Lyd af de stærke Strømninger, som sloge Revner i Isen, dog uden at disse endnu bleve synlige. „Det er nogle ret pæne Kanoner, de har dernede!" sagde Peter Wik, „dem skulde de have skudt med paa Dronningens Geburtsdag!"

Et Øieblik faldt Sneeflokkene mindre tæt; en forunderlig sukkende Lyd, forskjellig fra den, de før havde hørt, lød under dem: det var som om det tillukte Dyb greb efter et Aandedrag. Peter Wik stod stille, hans Øine saae gjennemtrængende frem for sig. „Vi ere nok ikke Halvveien," sagde han. „Jeg troer, vi for i Dag gjøre bedst i at lade Svensken være Svensken!“ Han stod endnu og lyttede.

Som Sømand var det ham klart, at den stærke Iis, ved Forandring af Strøm og sydøstlig Vind, som det nu var blevet, kunde i meget kort Tid brydes og drive Nord paa. Det er en af de mest imposante Naturscener, vort Land fremviser. Isens Styrke, Strømningens Kraft, især ved Helsingøer, hvor Sundet mellem Landene kun er en halv Miil bredt, er af stor Virkning. Mægtige Iisstykker presse mod hverandre, Strømmen løfter dem høit op, og, som skruede rundt om, reise sig i barokke Former de glasagtige, svømmende Fjelde. En forbiseilende Gletscher synes da Sundet.

Endnu var intet synligt Spor af en saadan Naturscene, men Tegnet var givet, Dybets Helhest havde vrinsket Død for dem deroppe. Atter faldt Sneeflokkene. Peter Wik vendte om, og nu var Veien lettere, thi Blæst og Snee havde de nu paa Ryggen. Pludseligt lød tæt bag ved dem et svagt, men gjennemtrængende Angstskrig, han saae tilbage og netop tidsnok, for ei at blive overkjørt af en lille, let Slæde med fire Mennesker; den kjørte i Retning lige ud mellem Landene. Peter Wik udstødte et „Halloi!“ der besvaredes, og Slæden holdt stille.

En fornem dansk Herre sad hos sin Tjener paa

Forsædet, to Damer, en ældre og en meget ung Pige, havde den bedre Plads; den Yngste var det, som græd høit; den ældre Dame drog Kaaben tæt om sig.

„Hvor langt troer De, vi ere fra Sjelland?“ spurgte Herren.

„Henved to Mile!“ svarede Peter Wik, „men kjører Herskabet ad den Kant, de nu styre, saa bliver det en lang Landevei. Den Curs gaaer ad Preussen til. Her ligger Sverrig, der ligger Sjelland —“ og han pegede i den Retning.

„Er det vist?“ spurgte Herren.

„Jeg gaaer med Compas i Hovedet!“ svarede Peter Wik.

„Det fordømte Veir,“ sagde den Fremmede. „Det var saa klart, da vi forlode Sverrig! vi ere vel nu under Hveen.

„Nei, hun ligger høiere oppe! Tillader Herren, at jeg er Styrmand? Det gaaer heller ikke an at jage i Gallop, der kunde komme en lille Sprække i Veien!“

„Kjære Skipper er det Dem?“ spurgte den ældre Dame. „Mon vi komme levende i Land?“

Peter Wik saae paa hende, hun kjendte ham jo. „O jo, lille Frue,“ sagde han, „man gaaer ikke strax tilbunds, har man Dinene med sig. Nu klarer det ogsaa.“

Damen sukkede dybt. Det var Gouvernanten, som havde seilet med ham til Kjøbenhavn. Han greb Tøilen, Tjeneren steg ned, Christian fik hans Plads. Den Fremmede var en Mand paa nogle og tredive Aar, han hørte til den høiere Classe, det viste hele hans Væsen; for to Dage siden var han med sin Pleiedatter, som han kaldte den unge Pige, og hendes Lærerinde kjørt til Skaane, Isen var jo stærk og fast. Idag vilde de vendt tilbage, da pludselig Veirforandringen indtraf, og under Sneefoget vare de, istedenfor at komme under Hveen, kjørt ned imod Amager.

De satte sig igjen i Bevægelse. Da lød atter under dem den sukkende, gjennemskærende Lyd; de hævedes sagte iveiret og sank igjen, Hestene standsede, og Christian læste stille sin Bøn til Gud.

„Vi ere i Herrens Haand!"

Den unge Pige slog sin Arm fast om sin Pleiefader.

„Det er nok bedst, jeg stiger ned!" sagde han.

„O nei!" bad hun, „vi døe! Isen brister!" Hun rev Kaaben tilbage, saae frem for sig, dødbleg, hendes lange, kulsorte Haar gled ned over den blege Kind. Christian stirrede paa hende, det var jo Naomi, han saae, men han vovede ikke at nævne hendes Navn. Overraskelsen lod ham glemme al Fare.

Hist og her i den graae Luft viste sig klarere

Pletter, men Isen bagved dem, ikke hundrede Skridt borte, løftede sig høit iveiret, en mørk Stribe med underlige Forgreninger udbredte sig til Siden. Ingen sagde et Ord. Da lød foran en forunderlig Lyd, den kom ikke fra Søen, ikke fra Luften, huul og klagende lød den, som man fortæller om Søkoen, der løfter sig paa Forbenene op mellem Klipperne og bøger mod Landet, hvor de nærbeslægtede Dyr græsse, men hvor den ei kan komme op.

„Hvad var det!" sagde den Fremmede og fæstede sit Blik skarpt fremad. Peter Wik var taus.

Atter gyngede Isen under dem, og den hvide Snee fik et graaligt Skjær af det fremskydende Søvand.

„Hvad er det tilhøire, forud?" spurgte Peter Wik og dreiede Hestene. En Stang ragede op af Isen. „Her er vist et Hul, Fiskerne have hugget; dette seer ud som et Tegn!"

„Der ligger ligesom et Huus!" sagde Tjeneren.

„Vi kunne ikke være ved Land!" svarede Peter Wik med dæmpet Stemme.

„Hov!" lød det nær ved, og den samme bøgende Lyd, de før havde hørt, klang for deres Øre.

Ikke langt fra hvor de holdt stod et Slags Træskuur, halvdækket af Snee. Her fandt de Driveren med sit Ungqvæg, det brølede i den kolde Luft.

„Hvad er det for en Kasse, der er slaaet op?" spurgte Peter Wik. „Slaae I Eder her til Ro?

„Ja, det er vist det klogeste, et Menneske kan gjøre!" svarede Driveren. „Her har man dog det Tørre under sig, og vor Herre er ovenover! Herskabet gjør bedst i at blive. Der ligger jo Gaarden —" og han pegede paa en Bygning, der saae ud som et Bondehuus og laae nogle Skridt derfra.

De vare paa den lille, flade Ø Saltholm; kun de høieste Punkter staae om Vinteren over Vand og besøges af Jægerne for det rige Harevildt. Om Sommeren derimod frembyder Øen herlig Græsning, hvorfor Amagerne føre deres Qvæg herover. Alt i Krigens Tid var her og en lille Bygning, der i de senere Aar er udvidet til en ret anseelig Gaard og beboet af en Familie.

Driveren sagde, at der Vinteren over skulde være en Mand der i Huset, men der var Ingen at finde, han maatte vel være i Besøg paa Amager eller i Sverrig og nu ikke tidsnok vendt tilbage; Huset stod tomt.

Vor lille Caravane gjorde Holdt, den forladte Ø var dem en Lyksalighedens Frihavn.

Fire nøgne Vægge, glindsende af den frosne Fugtighed, frembød det Indre. Kjøkken og Stue vare i eet. I en Krog paa det brolagte Steengulv stod en uredt, daarlig Seng, som man i en Hast fik bort. I Kammeret tæt ved laae en Mængde Tørv; med en Deel af disse og ved Hjælp af nogle gamle Brædder fik Peter Wik Ild. Vognsæderne bleve bragte ind, de vare prægtige Divaner.

Det Hele frembød et Udseende af de eensomme Relais paa Simplonveien, naar Sneefog og Uveir nøde de Reisende til der at søge Ly. Kulden var stærk nok til at imaginere Bjerghøiden, og saae man ud i den graae Sneeluft paa de fremad glidende Iismasser, der i sælsomme, bevægelige Skikkelser glede paa Strømmen, da var det ikke uligt Skymasserne, som svømme henad Bjergsiderne.

„Det havde jeg ikke troet," sagde Peter Wik leende, „at jeg mellem Sjelland og Skaane skulde have et Eventyr som Albertus Julius! Kjender Herren den Bog? „Adskillige Søfarendes underlige Skjæbner." Jeg har den i min Kahyt. Sulte kan man ikke, saalænge her er baade Ko og Kalv, og tørste ikke heller, naar Sneen ligger Alen høi. Enten bliver det aaben Sø, saa Skibe komme forbi, eller ogsaa fryser hun sammen, saa vi kunne komme til Amager og spise de grønne Urter, vi nu ikke have paa Suppen!"

Den Fremmede, Hr. Greve kaldte Gouvernanten ham, syntes ligesaa oprømt som den skikkelige Skipper. Gouvernanten tog virksom Deel i at gjøre Alt hyggeligt paa det Bedste. Høit oppe paa Hylden stode to gamle Leerfade, dem skurede hun i Sneen, og de maatte da tjene baade som Malkebøtte og Gryde. Qvægdriveren bragte friskt Melk, og fra Vognfoderet kom koldt Kjøkken og to Viinflasker. Ilden knittrede lystigt og udbredte Varme, mens Blæsten ruskede i Vinduet, og Sneen fygede i hvirvlende Flugt.

Christian gik med megen Iver tilhaande, lagde Teppe og Kaabe tættere om Naomi, der endnu ikke ret kunde glemme sin Skræk; hun sad som et Billed af Marmor og fæstede sine store, mørke Øine paa ham. De viste, at den stærkeste Ild kan være kulsort.

Peter Wik sad paa Hug foran Skorstenen og nikkede bekjendt til Gouvernanten.

„Det gaaer jo bedre nu," sagde han, „end det gik sidst, vi vare sammen paa Søen, og da havde man dog reelt Vand under sig; den Gang saae Jomfruen anderledes elendig ud, nu gaaer det bedre! Mindst havde jeg tænkt, at vi saa snart skulde træffes tilsøes!"

„Paa Landjorden ere vi dog ikke langt fra hinanden," svarede hun. „Tæt under vore Vinduer ligger jo Skibet, mangen Morgen har jeg seet Dem paa Dækket, og om Aftenen kan jeg høre Deres Violin!"

„Saa ere vi Gjenboer i Havnen!" sagde Peter Wik.

„Det er Deres Violin, jeg har hørt?" spurgte

Greven. „De er en meget original Musicus! Phantasier synes det! jeg har nogle Gange været stum Tilhører!„

„Ja, min Violin er det!“ sagde Peter Wik, „men Phantasier har jeg aldrig givet mig af med! det er Drengen der, De har hørt! han kan ingen Stykker ordentligt, og saa løber han fra det ene ind i det andet! Det er, som jeg kalder det, Løverdagsmad, plukket sammen fra hele Ugen!“

„Er det ham?“ spurgte Greven og saae med et Slags Interesse paa Christian. „Der er Genie deri. Du skulde have valgt den musikalske Vei, der havde Du maaskee grebet Din Lykke!“

„Ja saamænd!“ sagde Peter Wik. „Men seer Herren, naar man kun har Salt og Brød i Huset, saa kan det ikke hjælpe, man sidder og speculerer paa, hvilken Steg der vilde smage bedre!“ og nu fortalte han paa sin Maade, hvorledes han havde faaet Gutten ombord.

„Du er jo en lille Eventyrer!“ sagde Greven med et Smiil, idet han nikkede til ham. Christian følte sit Hjerte banke stærkere, idet han blev betragtet af den fremmede, fornemme Herre, men sige et eneste Ord, skjøndt det var ham selv Talen var om, vovede han ikke. Vilde dog Naomi blot sige: „Jeg kjender ham ogsaa! vi have leget sammen!" men hun blev siddende taus og fæstede sine sorte Dine paa ham.

Maaltidet, som blev holdt, var efter Peter Wiks Sigende prægtigt som et Mikkelsaftens Gilde.

Solen var ved at gaae ned, den bræmmede med Rødt de sønderrevne Skyer. Skuet over Søen havde noget ganske Egent. Ind imod Sjelland var hele den hvide Iisflade brudt i de mest forskjellige Retninger; det saae ud som et stort uilluminered Landkort, hvor Floder, Bjerge og politiske Grændser ere antydede ved mørkere Streger; en idelig Knagen, i Forening med den sagte Bevægelse, bebudede en Forandring som den, Søen mod Sverrig allerede frembød; her presfedes sammen store Iisblokke, mægtige Plader, der saae ud som støbt Glas; de skruedes høit mod hinanden og seilede da paa den grønne, svulmende Sø.

Den nærmeste Iisskorpe ind ved Land rev sig løs, Strømmen drev den ud.

„Der er et Dyr paa den!" raabte Naomi.

En stakkels Hare var det, ængsteligt stod den tæt ved Iiskrænten og ligesom maalte Afstanden til den faste Bred, som den meer og meer fjernede sig fra. Den seilede paa sit Dødsskib.

„Det er morsomt at see, hvor den springer!" sagde Naomi, „den kan ikke komme i Land!" Selv tryg, smilede hun, som Spanierinden smiler udover Arena.

Inde i Huset var imidlertid Alt paa det Bedste gjort istand til Natten. Naomi og Gouvernanten fik hver sit Vognsæde at sove i; Mandsfolkene derimod maatte see at tage sig det, som de kunde. Driveren var blevet udenfor, hvor han sad lunt og varmt midt imellem sit Qvæg, med Huen ned over Ørene, og drømte kongeligt, som Pharao, om fede og magre Køer. Greven kom fra sin Aftenvandring, Alle sov, undtagen Christian, der sad og holdt Ilden vedlige.

„Skal Du ikke sove, min Dreng?" spurgte Greven.

„Jeg kan ikke!" svarede han og saae hen paa de Ildbilleder, hans Phantasie viste ham i Gløderne. Saaledes havde Gaarden brændt, da Naomi blev baaret ud af Vinduet, saaledes havde Poppelen og Storkereden glødet! han erindrede Alt, som var det igaar, og Naomi havde saa ganske glemt det! ikke et Ord havde hun sagt om, at de kjendte hinanden, og dog mødtes jo deres Øine, som da de legede med de brogede Blade. „Husker Du mig slet ikke?" bævede paa hans Læber, da hun sagde ham: god Nat! men Ordene bleve en død Lyd. Og dog kjendte hun ham; hendes Tanke havde dvælet ved de samme Punkter, som hans. Hun huskede godt, at de havde siddet paa den høie Trappe, og at han der bragte hende det store

Skræppeblad og kyssede hende paa Mund og Kind, men nu — var han en fattig Matrosdreng.

Greven rykkede nærmere hen til ham.

„Saa det er Dig, som spiller om Aftenen i den mørke Kahyt? Holder Du mest af Søen, eller af Musiken?"

„Af Musiken!" sagde han med funklende Øine.

„Nu, har Du Genie, som jeg troer, da vil det nok arbeide sig frem. Sørg ikke over, at Du er en fattig Dreng! det har de fleste store Kunstnere været! men bliv ikke stolt, om Du eengang hævede Dig op til disse! naar Tusinde tilklappede Dig Bifald, kunde Du let svimle! ja," tilføiede han alvorligere, „man maa have meget Genie, for at hæve sig op fra Armod, og meget maa man lære!"

„O, Alt vilde jeg gjøre!" udbrød Christian. „Alt, hvad man forlangte!"

Samtalen syntes at more Hr. Greven; han fortalte om udmærkede Kunstnere, hvor tung deres Lod havde været, ja hvormange der aldrig paa denne Jord havde nydt Glæde eller Erkjendelse af deres Storhed; og det var Christian som svævede, hans egen Fremtid i sælsomme, men besluelige Skikkelser forbi hans Øie.

„O Herre!" udbrød han med dæmpet Stemme og kunde ikke tilbageholde sine Taarer. „Jeg kjender slet Ingen i den hele By, som vil hjælpe mig! Musik vilde jeg lære! O, jeg skulde tænke over, Nat og Dag, paa hvad man sagde mig!" Og han fortalte om sit Hjem, om hele sin forladte Stilling.

Greven saae paa ham med et deeltagende Blik, og Christian trykkede hans Haand til sine Læber, vædede den med Taarer og tilbød sig at tjene ham, børste hans Sko og Støvler, gaae hvorhen han sendte ham, naar han kun vilde hjælpe ham til at lære, hvad han maatte lære, for at blive en Kunstner som de, han fortalte ham om.

„Ja, min gode Dreng!" sagde Greven, „det er ikke saa let, som Du troer! Desuden maatte Du have meget Genie, og det kan først Tiden vise, om Du har! Du maa huske paa, Du er et fattigt Barn! Er Geniet hos Dig, saa kommer det nok frem, om Du ogsaa maa tumle Dig endnu et Aarstid paa Søen. **Per aspera ad Astra!** der maa Gjenvordigheder til, for at luttres. Skal der blive noget af Dig, saa hjælper nok en høiere Styrelse, det kan Du være forvisset om, jeg kan desværre ikke gjøre noget for Dig, jeg har saamange Andre!" Og han aabnede sin Pengepung, gav ham en Sølvdaler med den gjentagende Trøst, at det sande Talent altid selv baner sig Vei, trak derpaa Kappen tættere om sig og lænede Hovedet op til Muren for at sove.

Det var de Icarusvinger han bandt paa

Geniets Skuldre; dristigt formede Vinger, men af Bly. Ordene vare jo dog et gammelt Thema, som fra Slægt til Slægt tonede for Kunstnerens Øre og vil med Variationer klinge i Aartusinder, saalænge Verden er den samme, som da den gav Socrates Gift og Christus en Tornekrone.

Først henimod Dagningen sov Christian ind, men snart blev han igjen vakt af Peter Wik, som forkyndte, at Vinden havde vendt sig, at Isen var frosset sammen, og at man burde benytte det gunstige Øieblik for at naae Amager. Slæden blev forspændt og Alt ordnet til Afreisen. Driveren drev sit Qvæg foran, thi hvor det kunde gaae over, maatte Isen ogsaa kunne bære den lette Slæde med Gouvernanten og Naomi.

Toget begyndte. Isen knagede rundtom. Paa flere Steder maatte man gjøre en Omvei og saaledes undgaae de gabende Revner, paa andre Steder stod der Vand, som maatte gjennemvades. Naomi præssede af Angst Øinene sammen.

„Vi synke!" sagde hun til Christian, som havde taget Plads bag paa Slæden.

„O nei, Gud vil ikke, at vi nu skulle døe!" sagde han.

Slæden slingrede nogle Gange; Isen ligesom gyngede, Vandet stænkede høit ved Hestens Fodtrin, da knugede Naomi sine Hænder om Christians

Arm. Gouvernanten hældede sig til den modsatte Side af Slæden. Endelig vare de paa en mere jævn og fast Iisflade.

„See, nu ere vi igjen paa den nye Landevei!" sagde Peter Wik. „Der bliver ingen sørgelig Vise gjort over os, uden jeg selv skulde lave den, men det er ikke mit Levebrød! jeg har kun leveret et Skriveri, og det staaer ude paa Holmens Kirkegaard over min kjødelige Ven: „„1801 stod han og blev staaendes, 1807 laae han og blev liggendes.""

„Husker Du mig slet ikke?" hviskede Christian til Naomi, thi Kirken paa Amager syntes at nærme sig, og der skulde de skilles.

„Jo!" sagde Naomi, men ligesaa sagte, og hendes blege Kinder bleve røde. „Du kom jo ind i Salen til os paa min Geburtsdag!"

„Men i Svendborg —?" begyndte han.

„Ja, dengang!" sagde hun. „Jeg husker det godt! det er længe siden!" Hun vendte sig pludseligt til Gouvernanten. „Nu ere vi snart i Land! — Du taler ikke til mig! — Hvor det er koldt!" og hun trak Tørklædet fast om Kinderne.

Christian steg ned og fulgte efter Slæden. Uden at gjøre sig Grunden dertil tydelig, følte han sig saa bedrøvet; han havde Lyst til at lægge sig paa

Isen og sove mange Aar, som Syvsoveren i Eventyret.

Nu saae de Mennesker paa Kysten, og snart var al Frygt endt. De vare paa den faste Grund. Greven bød Peter Wik Penge.

„Nei Herre!“ sagde han, „det var ikke mit Fartøi, De var paa, og skulde der betales, saa blev det nok mig og Hvalpen, der maatte det for Æren at have været i saa stort Selskab!“

Gouvernanten rakte Skipperen Haanden, og Naomi fulgte hendes og Grevens Exempel. Christian stod med Hatten i Haanden og saae anden Gang i sit Liv, hvorledes Legesøsteren rullede fornemt ud i Verden.

„Vi kjøre bagefter paa Støvlesaalerne!“ sagde Peter Wik.

II.

— Wir waren Kinder,
Zwei Kinder klein und froh;
— Vorbei sind die Kinderspiele,
Und Alles rollt vorbei. —

H. Heine.

Det er først i de sidste Aar, at vort Øie er blevet vant til det smukke Skue af Hesten i sin naturlige Skjønhed paa Veddeløbsbanen. Billedet af dens vilde Flugt over Stepperne er saaledes blevet os tydeligere. Een af de meest anskueligtgjørende Skildringer af dette Dyr i sin Naturtilstand have vi i Wasshington Irwings „a tour on the prairies.“ Han fører os ind i urgamle Skove, hvor den vilde Ranke snoer sig fra Træ til Træ, og danner et milevidt Hegn, hvorfra man seer ud paa de uhyre Sletter, hvor det høie Græs bølger som en Sø, og de vilde Heste i store Horder, med flagrende Manke, gnistrende Blik og dristige Spring, jage henover Sletterne. Ønsket at de altid maa blive i denne stolte Friheds-Tilstand paatrænger sig os. Jægerne kaste Slyngen om det stolte, frie Dyr, og det reiser sig med al sin Kraft for at løsrive Baandet, men kraftigere Hænder holde det fast; det første Pidskeslag falder paa Dyrets Ryg, og skummende og dampende forsøger det sidste Gang sin hele Kraft, forgjæves, det kaster sig som død til Jorden; et nyt Slag af Pidsken falder, og taalmodigt reiser det sig; bundet i en Strikke følger det Pakhesten. Steppens Konge er nu Træl.

Der ligger noget Veemodigt i denne Overgang. Fra den vilde Hest paa Steppen til det usleste Arbeidsøg for Bondens Vogn er der et uendeligt Spring, men een Slægt er det, og paa den mest glimrende Begyndelse kan følge en saadan Slutning. Intet Dyr har i Skjæbneomskiftelse mere tilfælles med Mennesket.

Hesten, som engang bar en Konge, blev klappet af hans høire Haand, pleiet paa det Bedste, steg ofte ved et Uheld ned til at blive Dragonhest og endte tilsidst for Rakkerens Sluffe.

Opfyldte med disse Betragtninger, sættes vi i en egen Stemning, naar vi, paa en klar Frostdag, medens Sneen ligger fast og funklende, gaae i Maanskinnet over den store Plads i Kjøbenhavn, som bærer Navn af Kongens Nytorv. Rundt om Kongestøtten til Hest, hvor de colossale Malmfigurer sidde, jager en Række af Kaner, der her holde til Leie. Gadedrenge og den simpleste Almue give her deres to Skilling, for, som det hedder, en Tour to Gange om Hesten. Kanerne ere almindeligviis gamle og høist elendige, men den stakkels Hest foran hver endnu ynkeligere; naar Vognmanden ikke kan bruge den foran Arbeidsvognen, spændes den for Kanen, og udtæret pidskes den nu afsted og kommer skummende og dyndvaad tilbage, forat staae i den sviende Kulde, til en ny Kudsk sætter den i Flugt; det ender ofte med at den styrter, og det er vistnok den bedste Lykke for Dyret.

Det var ud paa Aftenen, at disse omtalte Skillingskaner joge omkring Malmhesten; Bjelderne klingede, Pidskene smældede og Hurraraab og Jublen af de kanekjørende Drenge lød med knaldende Effect. De fleste Gaaende gjorde lang Omvei; kun Faa vovede at lægge Veien midt over Torvet; de Dristige kastede speidende Blik og gjorde raske Spring over de i Cirkler og Ellipser skaarne Baner. Mellem de Dristige var en Herre i en stor Kappe, det var Greven. Et Par Kaner var han let sluppet forbi, nu kom een med to jublende Matroser og en Dreng; forgjæves standsede han, at den kunde jage forbi, den dreiede i det samme lige mod ham, Hesten var saa nær, at Fraaden stænkede paa ham, men i samme Dieblik laae Dyret paa Jorden, og Kanen, der pludseligt standsedes, slingrede om paa Siden, det arme Dyr gispede et Par Gange slog sine Dine underligt, smertefuldt op og laae nu død. Folk strømmede til, et Par af Udleierne med Pidskene i Haanden indfandt sig.

„Det var Sonderling, som lagde sig!“ sagde de, „hun gjør det ikke mere!“

Sonderling, Navnet kaldte en forgangen Tid tilbage i Grevens Sjæl; levende stod for ham den gamle Familiegaard i Byen, hvor den naadige Fru Mama sværmede for Lafontaines Romaner, det smukke Hoppeføl blev derfor kaldt op efter Romanen: „der Sonderling,“ og den unge Greve fik det paa sin Fødselsdag, det var et stolt, et deiligt Dyr; naar han red gjennem Svendborgs Gader, kom alle Folk til Vinduerne og Rytter og Hest vandt Alles Bifald. Den smukke Sara, Jødens Datter, klappede det med sin fine Haand, og

Dyret holdt meget af Gouvernanten, som hun kaldtes paa Gaarden. Det vrindskede høit, naar hun kyssede det paa Hovedet, dog, Rytteren holdt endnu mere af den smukke Gouvernante, og derfor maatte hun bort — Det blev en sørgelig Historie! — Da den unge Greve siden reiste i Udlandet, gik ogsaa Sonderlings Lykkestjerne ned, den blev solgt paa Sanct Knuds Marked.

Kunde og maatte det ikke være det samme udmagrede, piinte Dyr, her laae? Alle disse Tanker slog i een mægtig Erindringsfunke ud fra Grevens Sjæl ved Navnet Sonderling, det eneste, det endnu havde beholdt fra lykkeligere Dage. Derfor dvælede han længere, end han i et andet Tilfælde havde gjort, og mærkede heller ikke til den større Ulykke tætved: Drengen, som havde siddet i Kanen, var vist kommet til Skade, han blev bragt ind til en Barbeer.

Fra den kolde Aftenscene ville vi med Greven træde ind i hans hyggelige Hjem, hvor Skibet laae udenfor med Snee paa Tougværket. En varm Luft, krydret med Røgelse, mødte den Indtrædende. Voxlys i Sølv-Armstager oplyste Værelset, hvis Gulv var belagt med brogede Tepper, som det tykke Underlag gjorde elastiske, bløde. Malerier af Juul og Gebauer smykkede Væggene. Gips-Afstøbninger af den døende Fægter, og Romerdrengen, som tager Tornen af sin

Fod, stod paa hver Side af det Mahogni Bogskab, hvori kun fandtes fornemme Forfattere, det vil sige: Goethe, Racine, Swift, men ikke en eneste dansk Bog, som man tidt finder saaledes hos vor saakaldte høiere Classe en Art Skuebibliothek, der viser Smag, men om denne virkelig findes, læres først ved Conversationen. At der desuden stod en heel Række „Taschenbücher" var just ikke gode Auspicier. Ind til det næste Værelse førte ingen Dør, paa østerlandsk Viis hang her brogede Silketepper, som man slog tilside. Værelset var mindre; underlige Slyngplanter hang fra Pyramiderne mellem de Damaskes Gardiner. Hyazinthens blaae og blegrøde Klokker ringede med Toner af Duft. Ved Theebordet, som Gouvernanten bestyrede, sad Naomi og en gammelagtig Herre; Kammerherre var han. Thorvaldsen begyndte paa den Tid at faae en europæisk Navnkundighed; Kammerherren talte derom

„Jeg har kjendt ham," sagde han. „Da jeg var Kammerjunker, var han Ingenting; men Genie har han, og Aviserne tale om ham. Ja, ved min Gud! læser jeg ikke hans Navn i Journal des debats! Mennesket bliver celèbre, men til Kongens Taffel kan han ikke komme, da han ikke er Etatsraad!"

Paa et Bord tæt ved laae fine Kobbere og Prospecter. Der var de fleste italienske Egne, Greven havde besøgt.

„Magnifique! magnifique!“ sagde Kammerherren. „Det er Genua! der var jeg for syv og tyve Aar siden! deilige Fruentimmer er der! og i Bologna —! ak ja, Bologneserinderne! hvilke Dine!“ Gouvernanten slog sine ned. Kammerherren hviskede halvhøit: deilige Fruentimmer! det er jo dog dem, man reiser for!“

Greven fortalte nu, hvor nær han denne Aften havde været ved at blive kjørt over, og sagde, at den stakkels Dreng vist var kommet til Skade. „Det lille musikalske Genie!“ tilføiede han.

„Her i Huset har han givet Concert!“ sagde Naomi leende. „Tjenestefolkene havde faaet ham ind til sig, han havde spillet, og de havde klappet for ham, men Hans Kudsk havde været vittig og hængt ham en Kløverknægt paa Brystet som et Ordenstegn,“ sagde Naomi, „det forstod han dog, var at gjøre Nar af ham, og han fik Vandet i Dinene, men saa kom Elisa,“ hun pegede paa Gouvernanten, „og Alt kom i den skyldige Respect!“

„Stakkels Dreng,“ sagde Greven, „nu kommer han paa Hospitalet.“

„Men jeg kan høre ham spille paa Violinen!“ sagde Gouvernanten og lyttede. „Det er ganske den samme Musik, vi pleie at høre!“

Tjeneren blev kaldt ind.

„Skaf mig at vide, hvo det er der spiller," sagde Greven. „Spørg om den lille Matrosdreng er kommet til nogen Skade ved Kanekjørslen."

Tjeneren kom snart tilbage igjen og fortalte, at Drengen havde rigtignok vredet Benet af Led, men det var istand igjen, han stod udenfor Døren med Violinen, som han havde sagt, han skulde tage med.

„Ja, det var ikke min Mening!" sagde Greven. „Nu, godt er det, at han er uden Skade!"

„Skulde vi ikke see det lille Kunstværk?" sagde Kammerherren. „Frøken Naomi siger med sine smukke Øine, at hun vil opmuntre den lille Kunstner!"

Greven smilte, og et Øieblik efter stod Christian paa Strømpesokker, og med Violinen skjult bag Ryggen, inde i det oplyste Værelse. Hvor varmt og duftende, hvor rigt og deiligt var dog Alt omkring ham. Blomster og Naomi, ret som da han krøb igjennem Muren ind i Jødens Have. De vilde høre hans Violinspil! han bævede af Glæde.

Da traadte i det samme en høi mager Herre ind med et alvorligt, strengt Ansigt. Mørkt og spørgende saae han paa Christian, som om han vilde sige: hvad gjør den fattige Dreng her!

„Det er et lille musikalsk Genie!" sagde Greven og forklarede nu med faa Ord Bekjendtskabet.

Den Fremmede saae endnu alvorligere paa Drengen, som Greven affærdigede med at ville høre ham en anden Gang; en Sølvdaler blev stukket ham i Haanden, men kun halv lykkelig derved, forlod han de prægtige Værelser.

Tjeneren fik ham ind i Pigekammeret, og nu maatte han der, som igaar, spille for Folkene. Alskens Vittigheder faldt, men hans Forfængelighed blev dog smigret, og ogsaa her fik han Penge. Han var meget glad, da han gik ned af Trappen. Den alvorlige Herre med det strænge Blik mødte ham. „De have Dig jo til Nar!" var Alt hvad han sagde, og det faldt som ædende Gift i hans Glædes Bæger.

Paa Skibet modtog Peter Wik ham med et alvorligt Ansigt.

„Hvor Satan følter Du hen?" spurgte han. „Er Du blevet Stadsmusikant? Gnide kan Du dernede i Kassen, men ikke oppe for Tallerkenslikkerne, ellers faaer Du en Vinge! See, det er Peter Wiks Mening!"

Stille og bedrøvet gik han ned til sin lille Køie.

III.

Blum.

Nu, ist sie da?

Brand.

Die Feenköniginn — nun ja die Feenköniginn.

Das leidende Weib, Trauerspiel von Linz.

Prie! pour les vierges voilées:
Pour le prisonnier dans sa tour,
Pour les femmes échevelées,
Qui vendent le doux nom d'amour!

Victor Hugo.

Extremer ere som Cirkelen: hvor de mest skilles fra deres Udgang, der mødes de. Ved en kjær Afdøds Grav troe vi just paa Udødelighed.

Just her, hvor Virkeligheden greb forstyrrende ind mellem alle Christians Forhaabningsbobler, blev hans Tillid til disse stærkest. Hine Kunstnere, om hvem Greven, den Nat, de vare sammen paa Saltholm, havde fortalt ham, spøgede i hans Hjerne.

To Bøger havde han læst denne Vinter: Albertus Julius og det gamle Testament; begge vare ham Sandhedens ufeilbarlige Ord, og i begge blev Kamp og Hindring lønnet med Lykke. Albert Julius fandt den paa sin Klippeø; Bibelhistorierne, der jo vare Guds egne Ord, sang den sämme Trøst. Hyrdedrengen, den fattige David, blev Israels Konge, Job fik Sundhed og Rigdom som før, den onde Haman kom i Galgen, medens Esther bar Guldkronen ved sin kongelige Herres Side.

„Det sande Genie baner sig altid Vei!“ havde Greven sagt. „Gode Gud!“ bad Christian med barnligt Sind, „giv mig sandt Genie, jeg vil kun bruge det til Din Ære!“

Mangen Time stod han i de stjerneklare Aftener og saae med Andagt og Fortrøstning paa de glimrende Punkter deroppe. Astrologerne meente, at Stjernerne havde Indflydelse paa os, som vandre under dem. Den Tro har nu tabt sig, det er kun Stjernen paa Menneskenes Bryst, der kan vise en saadan Kraft. Christian haabede Hjælp fra begge, fra dem deroppe og fra Greven, hvis Stjerne blinkede ligesaa prægtigt, ak, men den udeblev.

En Aften sad han saaledes tankefuld i den mørke Kahyt; han faldt i Søvn og drømte da forunderligt levende om Een, vi næsten have glemt, eller de Fleste maaskee vilde glemme: Steffen Karreet. Hun førte ham ved Haanden over et udtørret Øde, hvor Jorden havde slaaet dybe Revner, saa de ved hvert Skridt vare nær ved at falde, og de kom ind i en deilig, blomstrende Have, hvor Alt var Musik og Glæde. Hun gav ham en Violin af Sølv, og da Buen gled over Strængene, klang den høit over de tusinde andre Instrumenter; Han vaagnede op ved den stærke Klang og fandt Trøst og Glæde i sin Drøm; hun, hvis Billede Greven havde fortrængt, foresvævede ham igjen som en god Engel. Hun havde vel ikke givet ham Penge som Greven, men hun havde anderledes hjerteligt trykket hans Haand og kjærligt seet ham ind i Øiet. Det greb ham forunderligt, i samme Øieblik at høre paa Kahyttrappen en Stemme, der ganske klang som hendes! Kom hun alt, som en god og mægtig Fee, for at føre ham til Ære og Lykke. Han vilde have styrtet hende imøde, men hun var ikke ene; Matrosen fulgte med. Denne spurgte høit, om her var Nogen inde; men en forunderlig Angst bandt Christians Tunge.

„Hvad har Du at sige mig?" spurgte Matrosen.

„Det vil komme an paa Dig," sagde hun, „om en Krop og en Sjæl skal gaae i den evige Slamkiste."

„Er Du blevet en af de Hellige?" spurgte Matrosen leende.

„Jeg maa sige Dig Alt, hvad jeg har paa mit Hjerte!" sagde hun med en underlig brudt Stemme. Christian lyttede, thi om ham var det vist hun vilde tale.

Vi ville ikke vende os bort og behøve det ei! See vi i Havens Gange en af de hæslige store Skruptudser med deres slimede Krop tungt hoppe henad

Jorden, da væmmes vi ved denne Skabning, men naar den forfølges af en Fjende eller mishandlet udstøder sit eensformige Skrig, da røres vi, Væmmelse bliver Medlidenhed, hvor mægtige maae ikke disse to Extremer være, naar det er en Skabning af vor egen Art, de udtale sig over. Vend Dig ikke bort, fordi det ei er i de dandsende Odalisкers Række, under Palmernes Skygge, ved den svulmende Ganges jeg viser Dig hende. Vend Dig ikke bort, fordi det er i den lave Kahyt i et Koffardiskib, og ei ved et glimrende Hof, hvor Grever og Hertuger beile til et Blik af den kongelige Bolerske. Det er Lasten paa sit nederste Trin, fordi Armod er dens Klædebon; ikke i Guld og Silke skal Du see den, men i sin Elendighed, see den, naar den som Basilisken skuer sig selv i Speilet, og hver Nerve brister. Der er noget tragisk-rystende i at see den menneskelige Natur nedværdiget til Dyret, og der i sin Undergang begribe, at den var skabt i Guds Billede. Lyksalig Du, som fik et Hjem, hvor Bluferdighed ikke forlod Dig. Det havde hun ikke. Hvilken Gift kan ikke Mandens søde Ord dryppe i en Qvindes Sjæl, og hun indvies til Skjændsel. Havde Du for atten Aar siden seet den slanke, fjortenaarige Pige, med den rene Livslyst i de klare Øine, da vilde Du have tænkt paa Semele — Ja Semele ventede Jupiter i al sin Majestæt, og Elskeren kom, — men ikke som Solen, der varmer, men som Ilden, der brænder, og hun blev Støv i hans Arme, fortæller Mythen. Støv, Jord blev Skjønhedsbilledet.

Vi troe ikke længer paa Spøgelser, vi troe ikke paa, at de Døde svæve ved Midnat i deres hvide Liin om os Levende. I de store Stæder see vi dem. I Maaneskinnet, naar den skarpe Vind blæser over Sneen, og vi svøbe os tættere ind i Kappen, see vi qvindelige Væsener, hvidklædte, i Sommerens lette Dragt, svæve vinkende forbi. Gravens giftige Dunst aande disse Skikkelser; tro ikke Sundhedsrosen paa Kinden, Dødninghovedet er malet; Smilet er Fortvivlelsens eller den Berusedes. De ere døde, men skrækkeligere døde end vore Døde. Sjælen jordede de, Legemet gaaer og spøger; som Vampyren søger det efter Menneskeblod for at næres, derfor klynge de sig fast til den berusede Almuesmand, til den raaeste Karl, ved Synet af hvem selv Manden væmmes. De ere frygtelig ulykkelige Aander, der ikke ved Daggry stige i deres Grav, nei, da komme Fortvivlelsens Drømme og sidde som en Mare paa Brystet og synge om Menneskenes Foragt, om et bedre Liv alt her paa Jorden, og Taarerne strømme over de malede Kinder, og for at jage Drømmene bort, gribe de Bægeret; Giftens Dødsmærker staae da tydeligere næste Nat, naar de atter spøge. „Red mig! endnu er jeg kun skindød, enkelte Dieblikke føler jeg endnu, hvor min Sjæl lever i mig!" raaber tidt en af de Ulykkelige, men skrækkede flye de bort, som høre Stemmen fra Graven, og hun, den Halvdøde, har ei Kraft til at hæve Forholdenes Kistelaag og Syndens tunge Jord, som trykker.

„Red mig!" var ogsaa det første Ord, Christian hørte i Kahytten af hende, i hvem han saae en formuende, ædel Dame, og hvem vi kjende som et af hine Nattens Syner. „Jeg er i Dyndet!" sagde hun, „Ingen agter mig! jeg gjør det jo ikke selv! red mig, Søren! jeg har ærligt givet Dig af mine Penge! fyrgetyve Daler eier jeg endnu! gift Dig med mig! tag mig bort fra den Elendighed her, før mig et Sted hen, hvor Ingen kjender mig, hvor Du ikke skal have Skam af mig! jeg vil trælle for Dig, saa Blodet springer ud af mine Neglerødder! O, tag mig med Dig! om et Aar kan det være for sildigt!"

„Dig skulde jeg føre til mine gamle Forældre?" sagde Matrosen.

„Jeg vil kysse deres Fødder, de maae slaae mig, og jeg skal taalmodigt taale hvert Slag! Jeg er allerede gammel, veed jeg nok, snart de otte og tyve, men det er en Barmhjertighed, jeg beder Dig om! Gjør Du det ikke, saa gjør Ingen det, og da maa jeg drikke, til mit Hoved brister, og jeg saaledes glemmer, hvor elendig jeg har gjort mig selv!" Hun klyngede sig til den smudsige Matros.

„Er det det Vigtige, Du vil fortælle mig!" og han stødte hende bort.

Disse Taarer, disse Suk, forenede med Fortvivlelsens Ord, trængte gjennem Christians Hjerte; et Drømmebillede slukkedes, og han saae Skyggesiden af en Virkelighed.

Han var igjen ene.

Nogle Dage efter skulde Isen hugges løs i Canalen. Matrosen og Christian hug Øren dybt i den faste Iis, og den sprang i store Flader. Noget hvidt Tøi hang fast i Iismassen. Matrosen gjorde Aabningen større, og der laae en Qvinde, hvidklædt, som til Bal, Ravperler om Halsen, Guldringe i Ørene, og Hænderne foldede, knugede fast over Brystet: det var Steffen-Karreet.

Christian kunde ikke glemme dette Syn; det var Slutningsbilledet af hiin Aftens Historie. Hvad havde ikke Gudfaderen lært ham den sidste Time, de i Svendborg vare sammen: „Tag for Dig af Glæden, mens Du kan, at Du ikke som Gammel skal græde over, at Du ingen Synder har! bedre er det, at have nydt Livet formeget, end siden i Eensomhed at maatte sukke over, at man ikke nød det, mens man kunde!" Han begreb nu det Dæmoniske i Ordene, klyngede sig til sin Gud og bad et: „Frels os fra det Onde!“

Hiin Aften, efter Besøget, havde hun ladet sig glide ned i Furen mellem Isen og Skibet. Fortvivlelsens Brand var slukket i den kolde Strøm. Christian haabede ikke mere paa sine Drømme. I Verden var ingen Feer, som i Eventyret.

IV.

Leb wohl, — ich wandre von hier!
Vergebens! Es regt sich keine Gardine;
Sie liegt noch und schläft und träumt von mir.

H. Heine.

Gjennem Blomstens tætte Blad bryder Lyset frem i Farver, her rødt, der blaat, hver Farve, vi kjende; med samme Kraft lyser Guddommen fra alt det Skabte; som Lyset i Blomsten straaler dens Almagt frem i den hele Skabning. Alt er et Underværk, som vi ikke begribe, men vænnes til og da finde almindeligt. De digtede Eventyr faae deres Overnaturlighed kun ved Kjædens Overbrydning, ved Mangel paa den vise Orden, vi daglig have for Øie i det større, guddommelige Eventyr, hvori vi selv leve.

„Her i Verden er det ikke som i Historierne, man har fortalt mig!" sukkede Christian. „Her ere ingen mægtige Feer!" Men her er en Gud, som er mægtigere; om hans Viisdom fortæller det Skabte omkring os, om hans Godhed det Skabte i os.

„Om fjorten Dage," sagde Peter Wik, „skal vi see at faae Mutter igang igjen! nu har hun havt Vinterfornøielse nok i Kjøbenhavn!"

Tilbage til Svendborg skulde de; det var alt den første Marts. Christian følte en sælsom Angst, en brændende Ulyst ved Tanken om at skulle see Hjemmet igjen. Erindringen derom syntes ham en hæslig Drøm. I Kjøbenhavn maatte han blive, her kom dog vist engang Lykken ham imøde. „Naar jeg gaaer i Land og ind i den Hvirvel af Gader, hvor skal man da kunne finde mig? Det maa være den sidste Dag jeg gjør det, da bliver der ikke Tid til at søge. Men hvem vil tage sig af mig? Dog, naar jeg er reent forladt, kan man jo dog ikke lade mig døe, og det vil Gud heller ikke!"

Medens denne Beslutning alt mere og mere modnedes i hans Sjæl, følte han tillige ret nagende, hvor utaknemmeligt det var imod Peter Wik, der havde været saa god og kjærlig imod ham; denne Anger bragte ham til at vise en endnu større Iver for at behage Manden.

„Maaskee Greven venter alene paa, at jeg skal gjøre et saadant Skridt, for ret at overtydes om, hvor stor min Lyst er! Gjør jeg det, da vil han hjælpe mig." Denne Tanke var en vigtig Fornuftgrund. Saaledes kom han da til den Beslutning, at Natten før Skibet skulde hales ud, vilde han forlade det. Vor Herre sørgede nok for Resten.

Det var den sidste Eftermiddag Skibet laae i Havnen; Christian stod ved Ankeret og saae op paa Huset, hvor Naomi boede. De prægtigste Foraarsblomster fyldte Vinduet. Sydafrikas Pragtværter have ikke rigere Farver for den Fremmede, end disse havde for vor lille Søfarer. Midt i sin Armod, i Begreb med at blive endnu mere forladt, end han var, udmalede han sig, hvilket prægtigt Slot han vilde bygge, naar han blev rig, hvorledes hvert Vindue, som disse, maatte prange med Blomster, og Naomi skulde sidde paa Silke og Guld midt i al denne Deilighed. Nu tænkte han igjen paa Peter Wik, og at det var den sidste Aften de vare sammen. Det laae ham som en Steen paa Hjertet.

„Har Du faaet Pip, ligesom Hønsene?" spurgte Peter Wik. „Nu kommer Du jo hjem til Svendborg! Og Luzie vil tage fornøiet imod Dig. Hende holder Du jo dog af?"

„Ja, meget!" sagde Christian, og den Spænding, hvori han var, gav sig Luft i Graad.

„Hvad Satan græder Du nu for?" spurgte Peter Wik. „Du er nok ladet med Saltvand! jeg kan ikke have Dig paa Fartøiet, det har jeg tidt nok tænkt paa!"

Christian blev brændende varm. Forlade Peter Wik havde vistnok været hans Tanke, men at denne vilde forlade ham, give slip paa ham, nei, det var aldrig faldet ham ind. Ordene indjog ham derfor en stor Forskrækkelse.

„Jeg kaster Dig ikke overbord!" sagde Peter Wik og trak ham venligt hen til sig. „Du er en god Dreng! Jeg er kommet til at holde af Dig, men Søen har Du ikke Lyst til, det har jeg for godt mærket!"

Christian ønskede at kunne modsige ham.

„Du skulde nu egentlig have en Vişter!" sagde Peter Wik, „for Du kunde gjerne sige til mig, hvad Du gaaer og brygger paa! Jeg har længe tænkt paa at tale med Dig om det, men jeg har ikke været oppe! nu skal Du faae det saa varmt, som jeg har det!"

Vidste Peter Wik Alting? Vidste han, at Christian denne Nat vilde liste sig fra Skibet. Synderen med den tunge Samvittighed saae mod Jorden.

„Den Nat vi vare paa Saltholm," blev Peter

Wik ved, „da Du sad og pirrede i Ilden og havde Passiar med Greven om at blive en Fandens Karl, da sov Peter Wik ikke, fordi han lukkede Øinene. Jeg hørte nok alt det Brøvl, han satte Dig i Hovedet, og som Du var dum nok til at troe paa! jeg hørte ogsaa nok, hvordan Du holdt Skriftemaal og gav Ansøgning. Det var inderlig simpelt af Dig! Da fik Du ogsaa Din Afsked af mig. Jeg kan ikke bruge Dig! men derfor skal Du ikke gaae for Lud og koldt Vand. Sende Dig til Dine Forældre bør jeg ikke, nei! jeg vil sætte Dig til Hr. Knepus i Odense, han er en Mand, som kan lære Dig Noget, han forstaaer sig paa Musik, og saa skal vi see, hvad Du duer til."

Christian trykkede hans Haand.

„Naar Du bare vil lade være at pibe!" sagde Peter Wik. „Kan der blive Noget af Dig, saa skal det fornøie mig, men Matros duer Du ikke til!"

Christian kunde græde ved Tanken om, hvad han denne Nat vilde have gjort; det laae ham tungt paa Hjertet, men han vovede ikke at skrifte sin Synd. Musik skulde han lære, Musik skulde han leve for! hans høieste Ønske skulde blive opfyldt, og Hjælpen kom fra Peter Wik, just ham, hos hvem han aldrig havde søgt den. Han knælede i den mørke Krog, kyssede i Luften og takkede den gode, kjærlige Gud.

Ved Daggry skrabede Tonget hen af Bolværket,

Luzie halededes ud af Havnen. Christian saae med et glad og dog veemodigt Blik op til Naomis Vinduer. „Idag taler vist hun, Greven og de Alle deroppe kun om, at vi ere borte!“ tænkte han. „Den stakkels Steffen-Karreet, som saa gjerne vilde seile hjem med os!“

Og Skibet gled ud af Havnen. —

— „Vor Skipper er borte!“ sagde Gouvernanten, da hun saae ud af Vinduet. „Der ligger en ny med bornholmske Uhre.“

„Det er godt!“ sagde Naomi, „saa er da Drengen borte med! han var saa paatrængende, saa næsviis —! jeg har som lille Barn seet ham, hans Forældre boede tæt ved os, da legede han engang med mig. Nu er der gaaet mange Aar siden, og saa styrter han lige her ind i Stuen. Han er bestemt ikke rigtig klog! Du veed ikke, hvorledes han plagede mig paa Isen, da vi kom fra Skaane! Det har virkeligt bedrøvet mig Noget, at jeg har maattet være saa uvenlig imod ham, men jeg kunde ikke Andet!“

„Det var dog interessant, om han var et stort Genie og kom til at vise det! Claus Schall, som har componeret den smukke Musik til Galeottis Balletter, var en fattig Dreng, der kom paa Theatrets Dandseskole, blev Figurant og er nu en berømt Componist!“

„Det er som i en Roman!" sagde Naomi, „men jeg vil have, at de skulle blive ulykkelige i Slutningen af deres Liv. Det er saa interessant!"

V.

Og er det ikke smukt, saa er det ganske sandt.

Wessel.

Vi ville nu begive os til Fyens gamle Hovedstad Odense; den havde da noget mere Eiendommeligt, end vi nu see. Her var dengang flere gamle Gaarde med tykke Mure, Basreliefs over Vinduerne, solide Trapper med Graasteens Rækværk og et klodset Kobbertag over, spiget fast i Muren. Paa et Huus saae man de tolv Apostler udskaarne i Træ; paa et andet, characteristiske Hoveder, som vrængede med Tungen fra hver fremstaaende Bjelke; adelige Vaabener prydede Muren; rigtignok manglede Byen da een Eiendommelighed, den nu frembyder, og som vist er ganske egen, nemlig Maaden, hvorpaa de pynte deres Afdødes Grave. Træder man ind paa St. Knuds Kirkegaard, da kan man ikke bruge Digterens Ord: „let bølge Græsset over vore Grave!" Alle Grave her ere brolagte, ganske som man brolægger en Gade. De Efterlevende, som ret ville vise

Omhu for, deres Døde, sørge for at Brolægningen holdes vedlige og hvert lille Græsstraae bliver bortluget.

Som sagt, denne Eiendommelighed manglede endnu 1816, det Aar, vi for Christians Skyld besøge Odense; men flere af Husene havde da deres gammeldags Udseende temmelig ubeskaaret; Karnapperne tittede romantisk frem med de spidsborgerlige Madamer, og da flyttede Laugene endnu Skildt med deres Harlequin i Spidsen; hver Paaskemorgen gik Almuesmanden ud paa Nonnebakken, for at „see Solen lege, fordi Christus var opstanden." Næsten altid var der rigtignok en Sky for, saa at man ikke fik Legen at see, men Enhver troede i Hjertet, at Solen havde leget bag Skyen.

Een af de mindst anseete Kirker i Odense, er St. Hans's, og dog er det om denne, at Almuen lader Sybille, der besøgte Kong Salomon, have spaaet, at den engang, naar den var mest fuld af Mennesker, skulde synke; et Galleri forbinder den med Slottet, hvis Have grændser op til Kirkegaarden; paa denne ligge endeel beboede Huse, af hvilke eet var beboet af Hr. Knepus.

En rødbruun Dragt, bestaaende af Knæbuxer, Vest og Kjole, hvori prangede en Rad store Metalknapper, var hans sædvanlige Klædning; Paryk med Pidsk, en lille trekantet Hat og en stor Stok med en prægtig Ravknap udgjorde Emblemerne. Paa den Tid havde Odense endnu et Par saadanne udmunderede Skikkelser fra et foregaaende Aarhundrede. Hr. Knepus tillod ikke, at man bankede og børstede Tøiet; det kunde nok blive ødelagt alligevel, sagde han; ved første Møde fik man strax Begreb om disse hans Anskuelser.

Det var sidst i April, at Christian, med sin lille Byldt under Armen, og med et Anbefalingsbrev fra Peter Wik, stod her paa Steentrappen og bankede med Jernhammeren paa Døren, som altid holdtes lukket.

En slank Madame med flagrende, men noget smudsige Kappebaand lukkede op; det var Madame Knepus.

„De er nok Peter Wiks Pleiesøn!" udbrød hun, trykkede hans Haand og med en Strøm af Veltalenhed førte hun ham gjennem Gangen, hvor Kosten havde gaaet over, men ikke ganske taget bort; dog var der strøet frisk Sand ovenpaa. To gamle Epitaphier, kjøbte ved Graabrødre Kirkes Nedbrydelse, og nogle Liigstene, pyntede den nøgne Muur; man vidste ikke ret, om man kom ind i et Capel eller i et Vaaningshuus.

„Vi leve et stille Liv!" sagde hun, „Skyttelauget og Kongens Fødselsdag ere de to eneste Feste, Knepus tager Deel i, han har sin egen Morskab, som De vil see!"

Nu kom Manden selv; han havde en smudsigguul

Nathue paa det aldeles skaldede, spidse Hoved, og en noget snever Frakke med Slag, der gjorde Tjeneste som Slobrok og blev ved et Læderbelte holdt fast om Livet; kun et Par Underbeenklæder bedækkede hans tynde Been.

Ægteparret sagde gjensidigt De til hinanden.

Madame Knepus havde for Christian arrangeret Qvistværelset ud til Slotshaven. Det var jo rigtignok Husets Bibliothek og Forraadskammer, men man maatte hjælpe sig, som man kunde, thi at lade ham sove i Værelset op til hendes, fandt hun gik ikke an, da han var et ungt Menneske, som kunde voxe, og man skulde aldrig give Anledning til Folkesnak. Altsaa maatte han op i den ene Qvist; Hr. Knepus sov i den anden.

Alt Klokken otte, Vinteraften, som det endnu blev regnet for at være, gik han tilsengs, for, som det hed, at staae tidlig op. Madamen og Pigen maatte et Qvarteer efter indfinde sig, Christian var alt denne Aften med og indviedes i det Originale.

Væggene rundtom vare overklinede med Carricaturer og behængte med alleslags Instrumenter; paa et Par Hylder laae Bornelegetøi, men den, for hvem dette var bestemt, Barnet, Hr. Knepus selv, laae i Sengen; foran denne stod et Bord med et Fyrfad, hvorover dampede en lille Bolle. Alt som han drak af sit Glas, kigede han i et Perspectiv; Pigen maatte passe, at Billederne skiftede om, naar han nikkede; Madame Knepus læste imidlertid høit af en tydsk Classiker. Det kaldte Hr. Knepus sine „kindische Stunden," og disse havde han hver Aften. Først naar han træt lagde Hovedet tilbage i Puderne, og Madamen under Oplæsningen intet Svar fik paa sit: „Schläffst Du, mein Lämmchen?" listede hun og Pigen sig ned, og man var sin egen Herre.

Hr. Knepus laae, som sagt, i Sengen, og da de nu i Aften vare saa mange, foreslog han, at de skulde lege Panteleg, han i Sengen og de Tre paa Gulvet, og det var inderlig morsomt. Christian blev dømt til at kysse Madamen under et stort Teppe, som Hr. Knepus kastede over dem; Christian lukkede Øinene og gav sig Gud i Vold. Herefter fik han sit Glas Punsch og gik tilsidst i den gladeste Stemning til sit lille Soveværelse. Dette var et lavt Kammer under det skraae Tag, som ret godt var panelet; det erindrede betydeligt om Peter Wiks Kahyt. Det største Rum herinde indtog en stor Reol med Bøger, hvoriblandt fandtes Wielands Værker og Schulz's Handbuch der Physik, de øvrige gave sig kun af med det Musikalske. Et gammelt Epitaphium med alle sine udskaarne Helgener, som havde pranget i en Begravelse i Graabrødre Kirke, men ved dennes Nedbrydelse var kjøbt, stod som et Slags Skjærmbrædt for Enden af den temmelig korte Seng, der syntes sammensat af et Deigtrug og en Lænestol. Bag Epitaphiet hang en røget Lax og nogle Bundter Spedelys, tæt ved stod en Fjerding Smør. To Stole og et Bord udgjorde det øvrige Ameublement.

„Nu har jeg gjort det saa nydeligt!" sagde Madame Knepus. „I Bordskuffen kan De have Deres rene Tøi og her under Sengen er et Tornister til det Skidne. For Orden er en god Ting. Hr. Knepus gaaer nu alletider ned ved Posten, naar han vil vaske sig, men et ungt Menneske skal have det, som det er Skik og Brug! Her er en Ølflaske med Vand; De kan helde det over Hænderne ud af Vinduet! Siden skal vi nok faae et Vandfad. Vore Speile ere for store til Værelset, derfor maa De hjælpe Dem med denne Æske; der sidder et Glas i Laaget. Klokken sex faaer De Kaffe paa Sengen, før skal De ikke staae op!"

Christian var nu ene i sit nye Hjem og følte sig saa glad og rolig; nu var han paa den slagne Vei til sin Lykke. Han aabnede Vinduet og saae i det klare Maaneskin over den lille Gaard ind i Slotshaven. Mellem de tykke, gamle Træer laae en grøn Plads med en stor Dam, hvorpaa flød to Svaner; yndigt bøiede de deres lange, hvide Halse tilbage over Ryggen. Alt var saa uendeligt stille, Maanen skinnede paa Vandet, hvor Svanerne svømmede. Han saae paa dem, han erindrede, hvad han allerede havde oplevet, og Verden syntes ham igjen et Eventyr; Svanerne paa Vandet i den stille Eensomhed vare Feer, som kjendte hans Lykke og Taknemmelighed.

Fra næste Morgen blev Christians Tid inddeelt paa det allerviseste; udenfor Huset nød han med nogle andre Drenge den almindelige Skoleunderviisning, og hjemme maatte der studeres i „Tørks Generalbasschule". Orden maatte der være i Alt, meente Hr. Knepus, og Orden var efter hans Anskuelse Sjælen i hele Huset. Kun paa bestemte Tider kom han ind til sin kjære Halvdeel, og da spandt, bandt eller syede hun; det vil sige: hun spandt, bandt eller syede netop kun i de Minuter, han var der, thi saasnart han forlod Stuen laae Sytøiet, og standsede Rokken; en fattig Kone spandt da det Garn, som Madamen siden viste frem som sin Huusflid; men hvorfor skulde hun, som hun sagde, ikke unde den fattige Kone det Par Skilling? Hvorfor skulde hun tage sig Livet saa haardt? Hun læste imidlertid Romaner fra Limkildes og Hempels Leiebibliothek og fulgte med Literaturen, saa godt det lod sig gjøre i en Provindsby.

Christian var i fuld Virksomhed, og til denne hørte at følge Hr. Knepus paa Fiskeri og i al Hemmelighed at hjælpe Madamen med at stille Straa for Døren; saae hun siden at Straaet var vendt, da vidste hun, Pigen havde været paa Lystighed. Selv havde han faaet op paa sit Kammer et gammelt Claveer, paa hvis indvendige Laag man saae Hyrder og Hyrdinder dandse til Fløite og Skalmeie. Ak, hvor gjerne vilde han ikke, selv kun med een Haand, have spillet en rask, jublende Melodie, men Choralnoderne viste deres store Hoveder og sagde som Hr. Knepus: „immer langsam! immer langsam!“ Bach og Händel, Navne, han aldrig før havde hørt, klang nu ideligt som musikalske Helgener for hans Øre. O, hvor der var meget at høre, meget at lære.

I Juni Maaned indtraf den ene Fest, i hvilken Hr. Knepus tog Deel, dog kort iforveien skabte Tilfældet en ny, som ikke maa forbigaaes, da den laae udenfor Regelen, ja udenfor alle Regler: det var et Slags Renselsesfest, som gjorde Epoche der i Huset, ja i hele Nabolaget. Der blev, efter flere Aars Hentyden herpaa, gjort reent i Hr. Knepus's Værelse, og Udbyttet var saa stort, at det gik i flere Truge, hvilket vakte stor Latter hos Herskabet selv, ja Madamen inviterede to Nabokoner ind for at see Snauset, og ved denne Leilighed fik de Kaffe.

Men det var om den større Fest: Skyttelauget, vi ville tale; det har endnu til vore Tider beholdt i Odense al sin Eiendommelighed. I den tidlige Morgenstund marcherer med tyrkisk Musik de respectable

Borgere ud af Byen. Æreporte ere opreiste, Byens saakaldte Vesterport bekrandset og smykket med Indskrifter. Alle Skoler og Værksteder have Frihed, og mod Aften, naar Indtoget skeer, findes alle Vinduer i Hovedgaden opfyldte med Tilskuere.

Just paa denne Festens Dag kom Peter Wik til Byen, for at besøge Hr. Knepus og Madamen, eller egentlig for at see, hvorledes det gik Christian.

„Jeg har fra Stettin," sagde han, „et lille Anker Øl til at forgylde indvendig med, og saa lidt Knas i Bøtten til Madamen! Det er nok tolv Aar siden, jeg var her sidst, og ikke endnu en lille Knepus her i Huset! han kan vel komme, men da skal han ogsaa hedde: Hurra for Mutter!"

Madamen lo høit.

„Knepus er i Dag til Skyttelaug!" sagde hun, „der maa De ud med mig!"

„Der gaaer nok flere Huller paa Flasken end paa Skiven!" sagde Peter Wik. „Hvor staaer man sikkrest derude? Jeg tænker op til Skiven, udenom faaer man nok alle Kuglerne ind i Tyndstegen! Men siig mig engang Noget om Drengen! han fører sig vel godt op?"

„O, han er saa god og dertil saa inderlig uskyldig! det mangler ikke!"

„Manglede det, saa skulde jeg mangle ham med Manglestokken!" sagde Peter Wik.

„Nu er han paa Skyttelauget! De skal see, hvor pænt den grønne Sløife klæder ham paa Kasketten! Han er den af Drengene, maa jeg sige Dem, som bærer Kongegevinsten, Sølvpokalen, foran Toget. Der har været en stor Strid, for en Søn af Kronprindsen fra forrige Aar, det vil sige, en Søn af den, hvis Skud var nærmest Kongeskudet, søgte ogsaa om at bære Pokalen, men Knepus har seiret; hans Eleve bærer den!"

I samme Dieblik kom Pigen aandepustende ind i Stuen: Vaskerkonens lille Dreng havde været der, for at sige, at hans Moder havde hørt af Vægteren, som gik derude ved Snoren, at Hr. Knepus havde skudt lige ved Siden af Prikken, og at Ingen uden Bøssemageren kunde skyde ham over, og Bøssemageren havde skudt udenfor; Hr. Knepus blev Konge.

„O nei!" sagde Madamen inderlig glad, „han maa heller blive Kronprinds, for det koster saa meget at være Konge, da skal han traktere! Kronprindsen faaer en Potageskee, og den trænge vi til!"

„Saa maae vi derud!" sagde Peter Wik. „Jeg fører Dronningen!" han tog Madamen under Armen. „Vi gaae saa smaat! mit Beentøi er just indrettet paa at følge Processioner!"

Henimod Aften saae man alle Vinduer opfyldte med Mennesker. Skydningen var forbi, og ved een eneste Auction blev nu den gjennemskudte Skive solgt og derpaa, efter gammel Skik, overladt Byens Gadedrenge at bære hjem. Sex af de største og stærkeste toge, efterat have drukket deres Snaps, Skiven paa Skuldrene, to modige Kammerater sprang ovenpaa, plyndrede Æreportene, og, smykkede med Guirlanderne og Inskriptionerne, bares de i Triumph; hele den øvrige Vrimmel af Drenge fulgte jublende efter med grønne Grene i Hænderne; tilsidst sluttede de sig i dobbelt Række for at modtage det respectable Borgerskab. Dette nærmede sig med fuld Musik.

Skivekongen og de to, som efter ham havde skudt bedst, Kronprindsen og Arveprindsen, med store Baand, besatte med Sølvplader, over Skuldrene, gik forrest. Drenge bare Gevinsterne foran dem. Christian holdt stoltelig Pokalen foran Hr. Knepus.

„Det er min Mand!“ mere kunde Madame Knepus ikke sige.

„Ja, nu har han Pokalen!“ sagde Peter Wik, „nu maa han skjænke i for de Andre.

Christian saae fornøiet op til alle Vinduer og ud over den bølgende Menneskevrimmel.

Paa Steentrapperne stode Folk pressede sammen som Humlekopper, og alle Ansigter straalede af Glæde. Ved et Hjørne var Trængselen meget stor, og midt i den ragede en Mand frem med et blegt, sygeligt Ansigt, han stirrede stift paa Christian og nikkede bekjendt til ham.

„Herre Jesus!“ aandede Drengen og slog Dinene mod Jorden. Det var jo hans Fader, han saae, hans Fader, der var faldet i Krigen! Endnu engang stirrede Christian derhen. Ja, høit paa Hjørnetrappen, ragende ud over de Andre, stod hans Fader, der var begrædt som død. Drengens Hænder skjælvede, nær havde Pokalen faldet ham af Haanden. Jubelen rundtom klang ham nu afskyeligt.

Toget gik til Klubben, hvor Festen skulde sluttes med et Gilde, som varede i tre Nætter. Skaal paa Skaal skulde drikkes, og Trompeterne blæse ud af de aabne Vinduer, mens En af den laveste Almue, klædt som Harlequin, med sværtet Ansigt og Brix i Haanden, gjorde sit for at holde Lystigheden vedlige.

Saasnart Toget havde betraadt Klubben, vandrede Drengene med Skiven, hvorpaa endnu de lystige Dioskurer stode, gjennem Gaderne til Fuglekongens Dør, hvor Madamen neiede for dem; derpaa gik de til Borgermesteren og til Stadshauptmanden, fulgte af hele Flokken, der svingede de grønne Grene. Det var den vandrende Skov, som Macbeth saae den.

Under al denne Lystighed var Christian i selve Festens Midte, Klubsalen. Hundrede Jævnaldrende vilde have misundt ham denne Lykke; han stod umodtagelig for Glæden; det blege, smilende Ansigt, han havde seet i Brimmelen, forstenede som et Medusahoved.

„Det var min Fader jeg saae! og dog er han jo død! min Moder er gift igjen! Det var ingen tilfældig Lighed; nei, det var ham! han saae paa mig, tilvinkede mig! o, det er skrækkeligt!“

Klokken var Elleve, da han kom hjem paa sit lille, eensomme Værelse. Med en usædvanlig Angst saae han til hver mørk Krog. Det gamle Epitaphium, der for Enden af Sengen tjente som Skjærmbrædt, havde for første Gang noget Uhyggeligt. Den afmalede Præst med sine tre Koner og Børnene perspectivisk opstillede, stirrede fra Lærredet stift og spøgelseagtigt paa ham. De udskaarne, brogetmalede Helgenbilleder i Rammen havde det samme dæmoniske Udtryk; derfor hang han sine Klæder hen over dem. Lyset blev slukket, og han syntes, at endnu fra Væggen og gjennem det tillukkede Vindue tittede de hæslige Gestalter. Han kunde ikke sove; han hørte hvert Qvarteerslag, Klokken slog i Kirketaarnet. Det var Midnat.

Da hørte han en underlig skrabende Lyd udenfor Vinduet; havde det været paa en anden Aften, da havde han neppe lagt Mærke dertil, men nu —! han saae paa Ruderne. Et Hoved viste sig udenfor.

„Det er min Indbildning, som gjør det!“ sagde han til sig selv og reiste sig halv op.

Nu saae han tydeligere Skikkelsen, og den var hvid. Det bankede sagte paa Ruden, og Christian hørte sit Navn nævne. Haarene reiste sig af Skræk paa hans Hoved, som forstenet sad han opreist i Sengen.

„Sover Du?" spurgte Skikkelsen. „Luk op!"

Nu kjendte han Stemmen; det var Madame Knepus.

Qvistværelset, han sov paa, var jo rigtignok ikke høiere fra Jorden end den lave Stueetages Høide; paa en lille Stige kunde man let komme op til ham, men alligevel? Hvorfor kom hun ad denne Vei og paa denne Tid?

Han sprang ud af Sengen og aabnede Vinduet. Ja, det var Madamen, som stod paa Stigen. Det hedder i den gamle Vise om Agnete, „foroven som en Qvinde, forneden som en Fisk!" men om Madame Knepus's Drapperi maatte man synge: „foroven hvidt Kattun, forneden Bommesi!"

„Jeg skræmmer nok Livet af Dig!" sagde hun med dæmpet leende Stemme. „Hjælp mig bare ind!"

Christian skjød Stolen hen under Vinduet, tog Madamen i Haanden, uden at begribe, hvad det Hele vilde betyde.

„Jeg skal stjæle!" sagde hun og balancerede nu dristigt ind af Vinduet til vor Helt, der stod i det samme natlige Costume, som Gil Blas og andre Helte have staaet i.

Den lette Overfeining i Gangen, hvor Sandet var strøet ovenpaa det gamle; Madamens Huusflid de faa Minuter Ægtemanden var tilstede, med de flere smaa Træk af samme Art have vel givet et Slags Begreb om, hvorledes det stod til i Huusvæsenet. Denne Nattevandring maa være et fyldelstgjørende Supplement.

Pigen kunde ikke komme ud af det med det Smør, som hun ugentlig fik; Madamen sagde, det var Snak, og for at vise det, havde hun gjort et Væddemaal om tre Mark, at hun i en Uge skulde bestride det med det Givne; for at Madamen nu ikke skulde hente fra Forraadet, der, som vi vide, stod paa Christians Værelse, fik Pigen Nøglen hertil, saasnart han var i Seng. Nu var det imidlertid sluppet for Madamen, men tabe Væddemaalet vilde hun ikke, det var jo tre Mark og Æren, og derfor voltigerede hun nu ind af Qvistvinduet for at stjæle fra sig selv.

„Det er en skrækkelig Situation!" sagde hun. „Saae Verden mig stige ind af et Qvistvinduet til et ungt Mandfolk! men jeg gjør det for Ærens Skyld, og for den Rene er Alting reent!"

Og Madamen fik Smør.

VI.

— „Troer Du, jeg drager bort med saa fornøiet et Sind, som jeg kom med? — — Jeg har Intet mere — ingen Hustru, intet Barn, Ingen, som kan sørge for mine gamle Dage! — — endnu et Kys — det er det sidste... Afsted! — Jeg skal da aldrig see Dig mere, aldrig! — O Gud! vaag Du over mit Barn!“

Skuespillet Matrosen.

Det var lys Morgen, da Christian vaagnede ved at høre sit Navn nævne; han slog Øinene op. Peter Wik stod foran ham og bagved kjendte han Skikkelsen fra igaar. Ja hans Fader var det. Hans Fader, som var død.

„Det er mig,“ sagde Peter Wik, „og hvor Du seer mig, der komme ingen Spøgelser! Din Fader er ikke død, her har vi ham lys levende. Jeg turde ikke lade ham komme alene ind til Dig, Du er ingen Helt, der stikker Skrædderblod i Dig! Jeg beder om Forladelse —!“ sagde han til Skrædderen og tog hans Haand.

Faderen trykkede Sønnen til sit Hjerte og græd, som hiin Morgen, da de skiltes ad.

Ved Middagsbordet hørte man først ret i Sammenmenhæng Tingenes Gang i det Hele. Besætningen ved de to Kanoner var virkelig faldet, som Commandeersergeanten havde skrevet til Maria.

„Ingen vidste,“ sagde Skrædderen, „at jeg i

Trængselen blev reven fra min Plads og presset op imod en svensk Hest, der havde mistet sin Rytter; jeg stod saa indeklemt, at jeg kun kunde røre Fingrene ved Saddelgjorden, Alt rundtom var eet Legeme. Det begyndte at sortne for mine Øine, da var det, at de Svenske søgte at faae Luft ved en Tilbagegang, jeg var ved at synke i mine Knæe; var jeg faldet, havde jeg været vis paa at blive søndertraadt; al min Kraft maatte jeg anvende, og jeg kom op paa Hesten. Nu, Rytter har jeg aldrig været, det var Driften til at leve, som bragte mig dertil. De svenske Ryttere sprængte afsted langs Grøften, hvor vore skjøde paa dem, min Hest fulgte de Andres. Mine egne Kammerater lode Kuglerne pibe mig om Ørene. Før jeg vidste det, var jeg bag Høien mellem de Svenske; mine Landsmænd havde ikke skaanet dem, de skaanede mig hvad Livet angik. Kosakkerne havde gjort nogle Fanger, jeg blev puttet mellem disse; de kneblede os sammen ved Tommelfingrene og dreve os afsted som Slagteqvæg. Ned mod Syden vilde jeg, men jeg kom en anden Vei, maatte prøve Vinterkulde paa russiske Stepper, Kulde, som vi ikke kjende her i Danmark. Ja, der kunde skrives en heel Historie derom, men jeg fortæller kun, hvordan jeg kom afsted; og jeg vil sige, hvordan jeg har faaet det ved at komme tilbage. Jeg lærte derude, hvor godt og prægtigt her er hjemme; ja Danmark er et Sommerland, naar man har frosset i Ruslands Fyrreskove. Ved Krigens Ende fik jeg min Frihed, og jeg skrev det hjem, men mit Brev maa ikke være kommet her. Jeg begav mig paa Vandringen, men Feber bar jeg i Kroppen; næsten ni Maaneder laae jeg i Sygehuset i Mietau. Derfra sendte jeg med en Haandværkssvend Brev til Liebau, for at det derfra kunde komme med den første danske Skipper; men det er ogsaa gaaet galt. Jeg tænkte paa Fyens Land, jeg tænkte paa alle fornøielige Timer der, jeg længtes efter Maria og efter Dig, min Dreng. Jeg følte en piinlig Anger over at have forladt Eder. Tre Aar snart havde jeg ikke hørt et Ord fra Eder. Jeg vandrede paa min Fod fra Mietau til Liebau, der laae intet Skib. Jeg gik til Memel og siden til Königsberg. Det var, som om jeg skulde straffes og ikke komme til Eder; altid, hvor jeg kom, var det sidste Skib afgaaet kort før min Ankomst. Saa gik jeg med det første, der stak i Nordsøen, kom til Helsingøer, vandrede Sjælland igjennem og naaede Fyen. O, jeg var glad som et Barn! de skulde høre hjemme om Slaget ved Bornhøved, om Marchen til Rusland og hvad jeg der havde seet og lidt. O, hvor jeg længtes efter Maria og efter Dig, min Dreng. Jeg naaede Drebæk, var træt og sulten; jeg vilde gaae ind til den rige Bonde, i hvis Broders Sted jeg var traadt i Nummer, han kunde vel ogsaa, tænkte jeg, sige mig hvorledes det stod til i Svendborg. Jeg traadte ind i Stuen, der sad Bonden og vuggede et spædt Barn. „God Aften!" sagde jeg, og han spurgte, hvem jeg var. „En død Mand," svarede jeg, „men naar I føler, han har varmt Kjød og Blod, saa bliver I vel ikke ræd for ham," og jeg fortalte hvor falskt Rygtet var om min Død. „Herre Jesus!" sagde han saa forunderligt, at jeg selv blev forskrækket derover. „Er min Kone død?" spurgte jeg. Da tog han mig ved Haanden, bad mig strax forlade Huset og gaae ud af Landet. „Der har Du Penge!" sagde han, og gav mig halvtredsindstyve Rigsdaler. „Hvor kunde noget Menneske troe, at Du levede!" sagde han. „Maria er nu min Kone! Barnet der i Buggen er hendes og mit! Der kommer hun! lad hende ikke see Dig!" og han trak mig ud af Døren til Haven. Hun fik ikke mit Ansigt at see, thi jeg vendte mig ikke om. Saasnart har hun kunnet gifte sig igjen! Jeg veed, hvad jeg følte, men jeg sagde det ikke! jeg spurgte efter Dig, min Dreng, og hørte, at vor Herre havde gjort Dig godt, for hvad jeg havde lidt. Dig vilde jeg see endnu engang og saa ud i Verden, Syd paa, hvor jeg engang havde følt mig saa vel. Jeg kom her til Odense igaar og søgte Dig, men Døren var lukket, Alle ude paa Skyttelauget. Da jeg gik derud, kom Toget ind i Byen. Du bar Kongegevinsten, sagde de, og jeg saae Dig med Pokalen i Haanden. Kjendte Du mig? Jeg nikkede til Dig. Inat har jeg sovet i Snurren, der traf jeg to Svende; de gaae imorgen ad Tydskland til, og med dem gjør jeg Følgeskab. Vi sees da vistnok aldrig mere, min rare Dreng! herhjem kommer jeg ikke! vær ærlig og flink, gjør de gode Mennesker Glæde, som hjælpe Dig, fattige Stakkel. Faaer Din Moder ikke at vide af Fremmede, at jeg lever, saa siig Du hende det aldrig. Det vilde dog falde tungt paa hendes Hjerte, og jeg holder endnu af hende." Han trykkede Christian i sine Arme.

„Man maa tage Verden som hun er, og ikke som hun skulde være," sagde Peter Wik, „gaaer hun mig saa, da gaaer jeg hende saa! man maa krydse for Vinden! Hvad Drengen angaaer, saa kan der vel nok blive Noget af ham! for min Sø-Luzie duede han ikke, men min Land-Luzie, den velsignede Pige, holder af Knøsen. Jeg vil have en brav Mand af ham, saa kan hun siden tage ham, om hun vil. De skrive allerede Breve til hinanden. Hun har af sin Fader lært baade Tydsk og Historie, og nu skal hun til Skrædder-syning; her i Odense sætter jeg hende i Kost og Lære, om sex Uger er hun her!"

Christian smilede og blev ganske varm om Hjertet. Den gode, kjære Luzie var altsaa hans

Kjæreste, det havde han aldrig før tænkt paa. Hun var dog Skyld i hans Lykke; uden hendes Forbøn havde Alt seet ganske anderledes sørgeligt ud for ham. Faderens Historie bragte ham til at tænke mere over sin egen, men i den gik Lykkestjernen opad, Faderens derimod nedad. Dog Opgang og Nedgang er i Ulykke noget Relativt, ligesom Solens og Stjernernes Op- og Nedgang. Det Hele beroer paa, hvor man i sin Skuen gaaer ud fra.

Dersom Veien til den Salighed, som saavel vor naturlige, som positive Religion lover os, gaaer fra Jorden til en høiere Stjerne og fra denne til en endnu mere udviklet og for os mere skikket, da bliver det hele sig udfoldende Liv en stor Opdragelsesreise, en Vandring fra By til By mod det himmelske Jerusalem. Vore Reiser her paa Jorden er et ringe, men anskueliggjørende Billede af denne større Flugt. Man stifter Bekjendtskaber, vinder Venner, som man med Taarer skilles fra, idet vi føle det saa bittert tungt aldrig at skulle mødes; vi nødes Timer og Dage at være sammen med Mennesker, som ere os til Plage, og siden, efter Skilsmissen, staae de for os som morsomme Originaler; hvad der voldte os de største Sorger og Ængstelser bliver just Glandspunkter. Fra den himmelske Stad, Maalet for vor Stræben, see vi maaskee paa en Stjernehimmel, hvor, imellem de glindsende

Punkter ogsaa denne vor Jord findes; vi kjende den som Hjemmet for vor første Tilværelse, og alle Erindringer, som Barndomsminder, foresvæve os. Hvor mon nu de ere, med hvem mine bedste Timer der vare uadskillelige? Dog, hvor de end ere, de erindre de samme Timer og glæde sig som jeg til Gjensynet. Vi pege mod en anden Klode, en høiere Opdragelses Verden, og mindes Leveaarene der. Saaledes see vi alt her paa Jorden tilbage paa en her saakaldet stor Reise og sige, naar vi betragte Kortet: „Paris! ja, der var jeg fire Maaneder! Rom, der var jeg et halvt Aar!" og vi føle Længsel efter dem, vi der fik kjære og maatte skilles fra, men denne Længsel forstyrrer os ikke i Dieblikkets Lykke. Paa Evighedens store Reise skulle vi ikke lære at elske kun Enkelte paa et bestemt Sted, vi ere ikke Jord-, men Himmelborgere; Menneskehjertet skal ikke være en Comet, hvis Straaler kun pege i een Retning, men en Sol, som straaler lige klart til alle Sider.

Det var disse Tanker, der, kun med mindre Klarhed, opfyldte Christians Fader og gav ham et Slags Resignation.

Silde paa Aftenen sagde han Levvel, Christian fulgte med til Stræbet, hvor Herberget laae.

„Farvel min Dreng! naar Du seer Storken flyve eller komme, da tænk paa mig! hvergang jeg seer det

Dyr vil jeg huske paa vor lille Stue i Svendborg, hvor vi saae op til Reden. Jeg vil bede Storken hilse min Dreng fra mig, hvor saa i Verden jeg er. Farvel, mit søde Barn!" og han kyssede ham med taarefyldte Øine. „Nei, Du skal ikke gaae alene tilbage, jeg vil endnu det Par Minuter, jeg har, være sammen med Dig!" og han fulgte igjen tilbage til Kirkegaarden, hvor Hr. Knepus's Huus laae. Det var den sidste Afsked.

Næste Morgen ved Solopgang gik tre Haandværkssvende ud af Byens Vesterport; de vilde til Assens, for at komme med Færgen til det Slesvigske. Mellem de tre var Christians Fader.

VII.

La jeunesse est le tems des illusions.

Voltaire.

Schön bist Du,
Das weißt Du
Nur leider zu sehr;
O wüßtest
Du's minder,
So wär'st Du es mehr.

F. Rückert.

Udenom Odense Slotshaven slynger sig en Sti, der fører fra et Hjørne af Byen til et andet; denne Vei gik tidt Christian og Luzie, naar de besøgte hinanden. Det var sidst i August, hun havde saaledes, efter Peter Wiks Bestemmelse med hendes Skrædder-syning, været i Byen et Par Maaneder.

Solen stod nær ved Horizonten; man kunde see paa den uden at blændes.

„Det seer ud, som om den kom ned paa Marken til os!" sagde Luzie. „Kom den virkelig og var ikke større, end den seer ud, saa skulde jeg hen at see den!"

„Og jeg løb tusinde Mile derfor!" sagde Christian. „Men jeg vilde være den Første, og Mange maatte der ikke komme efter mig! da vilde den hele Verden tale derom, mit Navn kom i alle Aviser.

„Hvad kunde det hjælpe Dig! sagde Luzie. „Du er i Grunden forfængelig!"

„Nei, det er ikke Forfængelighed! hvor kan Du sige sligt! jeg gad sidde i en Ballon, flyve saa høit, som intet Menneske havde været! jeg vilde gjøre Opdagelser. Var jeg bleven Sømand og selv kunde have bestemt, hvor jeg vilde seile hen, da havde jeg gjort Opdagelsesreiser ude i det store Verdenshav eller trængt ind til Polerne, og gaaet over den evige Iis!"

„Naar Fingrene havde begyndt at fryse blaae paa Dig, var Du nok vendt om!" sagde Luzie.

„Du kjender mig slet ikke. I Smaating er jeg ingen Helt, og det skammer jeg mig slet ikke ved.

Men Du kan troe, naar der kommer noget Vigtigt, saa har jeg Mod. Jeg er rigtignok bange for at sætte over Kanalen i en lille fladbundet Baad, men jeg vil ikke være bange for at seile i den paa det store Verdenshav, naar det gjælder Noget; jeg er bange for en Ko, som vil stange, men kom jeg til Afrika, jeg red med de Andre ud i Skoven paa Tigerjagt, for det var Noget at vove Livet for. Han er druknet i Odense Kanal! der er en Ko, der har stanget ham ihjel! see, det er der slet ikke noget Stort i. Jeg bryder mig ikke om at vove Livet, naar der kun er noget Usædvanligt deri!"

„Men hvorfor vil Du være anderledes end andre Mennesker!" sagde Luzie og standsede i sin Tale, da de vare komne til Forstaden paa den anden Side af Byen; Stien dreiede sig, og de saae paa Stenten en gammel Kone med en almindelig Mandfolkehat, hvori var stukket en Fjer af en Soldaterchacot, desuden var Hatten pyntet med gamle Tøiblomster. En Flok Børn raabte efter hende og lo.

„Det er den gale Skomagerkone," sagde Christian. „Hun har faaet Drengene efter sig!"

„Den Ulykkelige!" sukkede Luzie og blev rød; Erindringen om hendes tidligere Sindstilstand paatrængte sig hende, dog uden at det faldt hende ind, at den var Christian bekjendt.

„Den stakkels Kone!" sagde han, „men hun føler vist ikke sin Ulykke!"

Luzie rystede med Hovedet. „Lad os takke Gud for, hvad han har givet os!" sagde hun, „lad os bede, at vi aldrig maae miste det! det er vigtigere end at flyve mod Solen eller komme til Nordpolen. Vor Herre har givet os Alle saameget, at det vist er Synd at ønske mere end hans almindelige Gave!"

„Men det vil dog jeg!" sagde Christian i ungdommeligt Lune. „Jeg vil være berømt, ellers bryder jeg mig ikke om at leve!"

„Hvor Du dog er et Barn!" sagde Luzie, og de bad hinanden Levvel.

Christian vandrede tilbage; da trak En ham i Ærmet; det var Skomagerkonen. „Er De ikke en Søn af den hellige Lazarus?" spurgte hun, og vor Helt, som ikke er Helt, men som nok vilde gaae paa Tigerjagt i Afrikas Skove, gjøre Opdagelsesreiser over Skyerne og oppe ved Polerne, blev brændende varm ved den gamle Kones Nærhed, saae et Øieblik paa hende og — løb. Det var godt, at Ingen saae det!

Dristige Ideer høre Ungdommen til; forvoven styrter den sig i Strømmen, lærer at svømme, og naaer ofte Maalet; den Ældre derimod grunder, undersøger, og kommer for silde; han bærer sig ad som

Manden i Parabelen, der gravede de betroede Penge ned af Frygt for at tabe, medens den Dristige vover og vinder. Lykkelige Ungdom, for Dit Øie ligge hundrede Veie til Ære og Lykke.

Mange sælsomme Tanker fødtes i Christians Sjæl, men hver ny, hver dristig Idee lod han som Væddeløbshesten først passere forbi Luzies Beskuen, dog til egentligt Løb kom den naturligviis ikke. Sædvanligviis rystede hun smilende med Hovedet og sagde, at han var et Barn, og hun fortalte ham, hvorledes hun selv som Lille havde tænkt paa at finde en uhyre Skat, hvorved hun kunde blive den rigeste i Verden; og derfor havde hun taget Spaden og gravet, snart i Haven, snart paa Marken, i den Tanke, at hun da muligviis kunde støde paa en Skat. Ligesaa barnagtige fandt hun alle hans høitflyvende Ideer.

Efter en saadan Samtale gik altid Christian bort mindre venlig stemt imod hende, men efter nogle Timer var Alt igjen ved det Gamle. Han indsaae, at hun dog havde Ret i Noget, og det ærgrede ham. Hver overmodig Tanke han havde udtalt; „jeg vil være berømt, eller ikke leve!" laae ham som en Synd paa Hjertet. I Eensomhed bad han Gud om Tilgivelse, og følte da ogsaa et Slags Beroligelse, men saa begyndte han igjen, ligesom mangen Catholik efter erholdt Absolution, at fornye de gamle Synder.

En Glæde var ivente. Hele Maaneder forud var der talt om den. „Grevereisen," som Madame Knepus kaldte den, forestod denne Vinter. Det var fem Aar siden den høifornemme Herre havde tilbragt en Vinter paa sit Gods i Fyen, og saaledes fem Aar siden Omegnens Kunstnere og Honoratiores havde feiret dennes festlige Fødselsdag paa den prægtige Gaard.

Hr. Knepus og Madamen havde begge det Oeconomiske for Øie, og dette blev der taget Hensyn til. Man leiede en gammel, udlevet Karreet; i denne stoppede man først Provianten ind, derpaa Violinkassen, og endelig kom Herren og Madamen; Christian fik Plads midt imellem dem; ligeoverfor sad en Embedsmand med Frue, Barnepige og Barn, og over Skjødet af dem Alle laae for at holde Varme en Fjærdyne. En lille Lygte blev hængt op inde i Vognen ligeover Christians Hoved, saa han var nær ved at faae Nakken brændt. Paa Dynen laae en Gnavpose, thi man vilde forkorte Tiden ved at spille Gnav. Natten havde man valgt at kjøre i, da var man i Morgenstunden paa Gaarden, og efterdi man den følgende Aften tog bort igjen, saa var der jo ingen Liggenover om Natten, derved sparede man Drikkepenge og havde jo Vogn og Heste tolv Timer kortere. Det var altsammen Oeconomie.

I en lukket Vogn sov man jo deiligt, og ved en saadan natlig Kjørsel mindedes Hr. Knepus om sine Reiser med Fahrposten gjennem Nordtydskland for mange Aar tilbage.

Om det andet Ægtepar i Vognen var der intet Characteristisk at sige, naar man undtager, at Fruen engang havde ligget af Nervefeber, og derfor skrev sig alle hendes Erindringer fra „før" og „efter min store Sygdom." Om Manden var der ikke engang saa meget at sige; vi maae springe flere Aar frem i Tiden, for dog at finde et Træk, og dette er, at han blev en Beundrer af Nicolais Reise: „Italien wie es wirklich ist."

Sneen laae høit og varmede Bondens Agre i det strænge Frostveir, men Landeveiene vare, efter det gængse Udtryk, ligesom et Stuegulv. Rask rullede de afsted i den dæmrende Nat. Christian var høist lyksalig.

I Landsbykroen, der laae et Par Mile fra Herresædet, bedede man flere Timer, for dog ikke, som Gjest, at komme altfor tidligt paa Morgenstunden.

De røde Dagskyer, Sneen og Granplantagen frembøde et oplivende Skue. Tæt ved Smedien, paa Toppen af en oversauget Poppel, stod en tom Storkerede; Eieren drak maaskee nu sin Morgendrik af Nilens Kilder i Afrikas varme Solskin. Christian skottede til

Reden med den Erindrings Veemod, man føler ved at see i sin Psalmebog den hentørrede Blomst, som vi for Aar tilbage afplukkede paa et kjært Sted.

Nu laae foran dem Herresædet med alle sine Udbygninger og Længer. Det deelte sig i to Dele, den gamle Gaard og den nye Bygning. Veien snoede sig udenom de gamle Voldgrave, der nu vare tilfrosne, men alligevel viste, at de holdtes i god Stand. Den gamle Gaard med sine tykke, røde Mure, faa Vinduer, Taarnet og Kighullerne tydede ikke paa at frembyde mange Beqvemmeligheder; desflere lovede derimod den nye Bygning med sine to moderne Etager. Man traadte ind i denne opad en bred Steentrappe, paa hvis nederste Trin laae to mægtige Sphinxer. Hovedgangen lignede et stort Drivhuus; sydlige Vexter, Træer og Blomster stode paa begge Sider, og over det kolde Steengulv laae uldne Tepper; her var saa varmt og saa duftende.

Alt hvad man regner med som Reqvisiter for en dansk Herregaards Vinterglæder var her bragt tilveie. Paa Voldgraven dreiede Kanerne sig i Ring om den høie Stang, hvorpaa det danske Flag vaiede. I den smalle Hasselallee ned af den steile Banke var en prægtig Rutschbane, og paa den store Græsplet stode to kolossale Sneemænd med Øine af Kul og Skjolde af Iisstykker. En vægtig Humlestang overgydt med

Vand var det glindsende Iisspyd. Midt imellem begge afbrændtes Kanonen, da Velkomstskaalen blev drukket.

Dilettanter, hvoriblandt var baade Præster og en Borgemester, spillede under Hr. Knepus's Anførsel i et Sideværelse, skjulte bag et prægtigt Dørtæppe. Paa Bordet laae rige Presenter, og midt imellem disse stod et Blomsterstykke af Naomi, det vil sige componeret, ikke efter Naturen, men efter tre andre Blomstermalerier, et Fif, som ikke er saa ganske originalt hos os; Naomi selv var ikke i Værelset, hun stod ude i Gaarden og dannede der Hovedfiguren i et langt interessantere Maleri. Den fine, sylpheagtige Pige, der var i Overgang fra Barn til Dame og alt i Besiddelse af begges Skjønhed, stod ved den ene Lænkehund, et stort, glubende Dyr, som havde hendes særdeles Kjærlighed; den lagde sine sorte Poter paa hendes hvide Skuldre, den lange, røde Tunge hang den ud af Munden; hun syntes kun at være et Par Bid for Dyret, men det logrede med Halen, og hendes lille, fine Haand klappede dets lodne Side, medens hun lo; hun og Dyret vare de bedste Venner!

„Den vilde Pige!“ sagde den gamle Grevinde, „hun skrækker dog Livet af mig engang, det hænger saa kun ved en Traad! Snart løser hun det vilde Dyr, det kan æde Mennesker! snart jager hun uden Saddel paa den kaadeste Hest over Mark og Eng! Vor Herre er hende god, ellers havde hun for længe siden været en Krøbling! Havde jeg en Fjerdedeel af hendes Natur, det vilde være mig bedre end alle Mixturer og Draaber!" og den blege, gamle Dame satte sig i Sophaen og talte med Fruen fra Odense, hvis Erindring kun skrev sig fra „før" og „efter min store Sygdom."

„Nu skal der være kommet en ganske ny Sygdom," sagde hun, „den kaldes de røde Hunde."

„Jeg har vist havt den," sagde Grevinden, „ganske vist: jeg har havt alle Sygdomme, og det i en Grad, som ingen andre Mennesker; jeg kan Apotheket udenad. Jeg kan vise Dem et heelt Skab fuldt af Krukker og Flasker. Jeg smager kun paa det, thi det hjælper ikke! — Ak! endog paa de Smaatoure, jeg svage Menneske kan gjøre, maa jeg have Medicamenter med. Jeg var forrige Uge ved den store Soirée hos Amtmandens, distraherede mig, men jeg forsikkrer Dem, jeg var kjørt derhen med Suurdeig under Fødderne, saadan sad jeg ved Spillebordet. Jeg er meget syg, og alligevel smiler Lægen —! han veed nu, jeg kan ikke helbredes, og derfor har han ikke den Attention, han skulde. Jeg bliver svindel, naar jeg seer en Veirmølle gaae rundt!"

Under denne dæmpede Samtale spillede Musiken fort; Naomi var ogsaa lokket ind og stod ved Vinduet, beskæftiget med at blæse Grevindens Tulipaner fra Knop til Blomst. En Violinsolo begyndte; de forunderlige, dristige Buestrøg vakte Opmærksomhed.

„Charmant!“ raabte den gamle Grevinde og glemte, hvor syg hun troede sig.

Naomi trak Dørtæppet tilside, og midt for, ved den lave Pult, stod Hr. Knepus's Eleve, Christian, med Violinen under Hagen.

„Vi have nok seet hinanden før!“ sagde Greven. „Men hvor?“

„I Kjøbenhavn,“ svarede Christian med dæmpet Stemme.

„Man har betroet ham til min Veiledning!“ sagde Hr. Knepus.

Rundtom lød Bifald og Opmuntring. Naomi selv smilede saa usigeligt indtagende, og hun talte længe med ham, kun ikke om gamle Dage.

Hvilken Glædens og Lykkens Dag var det dog ikke for ham.

Man spadserede til Rutschbanen i Haven; Naomi var dristig som en Dreng; Christian holdt sig tilbage.

„De tør ikke?“ sagde Naomi til ham; og han steg i Kanen, men væltede da ogsaa uden videre Følger, end at han hørte Naomi hviske til Naboen: „han er klodset.“ Det gjorde ham taus, han vovede ikke at tale til hende, men desmere hang hans Øine ved hende.

Endnu engang før Bordet maatte han spille, og det satte ham igjen i hans rette Lys. Den gamle Grevinde underholdt sig med ham, og da hun hørte, hvem han var, vidste hun god Besked med hans tidligere Sygdomstilfælde, der nu syntes hævede; ogsaa om Luzie talte hun. „Ja alle Syge, flere Mile heromkring," sagde hun, „ere mig ikke fremmede. Jeg vil nu gjerne indrømme, at der kan findes Enkelte, som have prøvet Smerter, der i og for sig ere større end mine, men det er haardføre Naturer, de lide mindre ved det, end de Empfindtlige lide ved de ringere Smerter! og jeg er saa uendelig empfindtlig!"

Man tør næsten troe, at Interessen for Christian var mere vakt ved Tanken om hans tidlige Sygelighed end ved hans Violinspil; han maatte og skulde blive paa Gaarden hos dem tre, fire Dage. Der var jo en god Leilighed for ham til igjen at komme hjem til Odense, Hr. Greven skulde om fire Dage derhen, idet han reiste til England.

Bordet var festligt dækket; de blændende hvide Servietter stode som Vifter i de lange Champagneglas. Lysene straalede fra solide, prægtige Sølv Armstager. Enhver af Herrerne tog sig en Dame; Naomi flagrede som en Fugl fra dem; hun nærmede sig Christian.

„Vil Kunstneren være min Cavaleer?" spurgte hun, stak sin Arm ind under hans og førte ham tilbords. Blodet brændte ham i Kinderne; han bar sig keitet ad.

Naomi hviskede til Gouvernanten: „Saaledes skulle vi sidde i den anden Verden, Paradiisfugl og Krage ved Siden af hinanden! — Men De maa underholde Deres Dame!" sagde hun til Christian, „eller vil De være Dame, saa er jeg Cavaleer!" og nu sørgede hun for hans Glas.

Han følte, at hun var ham overlegen i Frihed og Munterhed, ja i Alt. Der laae Spot, men dog et Slags Hengivenhed i hvad hun sagde til ham. Med hele sin Sjæl var han hendes, og meer og meer blev det ham bevidst. Bestandig skjænkede hun i for ham, og uden Tanke drak han Glas paa Glas! Blodet løb ham raskere gjennem Aarerne, han fik nogen Veltalenhed, „han tog sig op," som Naomi kaldte det. Nærved dem sad den blonde Ludvig, Politimesterens Søn, og i Skinsygens Qvaler spiste han for Tre, det fornuftigste Middel mod ulykkelig Kjærlighed, og Naomi lod ham ret føle, hvor hun hyldede Christian.

„Hendes Skaal, De mener!" hviskede hun til ham, og stødte sit Glas mod hans.

„Det er Deres!" sagde Christian; Vinen havde løst hans Tunge.

Man reiste sig; Naomi smuttede fra ham. Forlegen trak han sig tilside, han vovede ikke at nærme sig hende; dybt følte han, at der manglede ham meget i at kunne være med i Verden.

Der blev dandset; heller ikke heri kunde han tage Deel; ikke eet Trin forstod han at gjøre. Naomi fløi som en Sommerfugl gjennem Salen; Bevægelsen gjorde hende dobbelt smuk; Blodet skinnede gjennem de fine Kinder; hendes mørke Teint vandt ved Belysningen. Hun var meget smuk: en deilig Mignon, kun for fiint bygget for et Sydens Barn.

„Hun dandser sig en Feber til!“ sagde den gamle Frue.

Hr. Patermann, Godsets Sjælesørger, med det væmmelig søde Smiil om Munden, var af samme Mening som den naadige Frue. Det gik dem begge med Dands, som det gaaer Hundene med Vandet: de undvære det saa længe, at de tilsidst faae Afsky for det.

Naomi syntes ei at lægge Mærke til Christian, den blonde Ludvig var den Lykkelige, men Christian kunde jo heller ikke dandse. Pludselig stod hun for ham, hun lagde sine Arme paa hans Skuldre, og de fløi i den hvirvlende Valts. Alt løb rundt for ham, men slippe hende kunde han jo ikke. Han traadte hende paa Fødderne, han stødte sine Knæ imod hendes.

„Jeg faaer saa ondt!“ sukkede han, og hun lod

ham synke ned paa en Stol, lo af ham og svævede med en ny Dandser gjennem Salen.

En amerikansk Forfatter fortæller os, at naar Elsdyret er saaret tildøde af Jægerne, forlader det sine Ledsagere for at døe afsides; et lignende Instinct drev Christian bort; han var jo en vingeskudt Fugl mellem de andre høitflyvende.

Tjeneren ledte ham med tændt Lygte over Gaarden til den gamle Bygning; i den nye vare alle Gjesteværelser optagne. Gjennem en smal Port traadte de ind i den lille firkantede Gaard, som engang havde været hele Herresædets Gaardsplads; op af den spiralformige Taarntrappe, gjennem flere høie, gammeldags Værelser kom de til et lille Kammer, der i Hast var indrettet til at sove i. Geværer af høist forskjellig Form og en uendelig Mængde Ridepidske hang rundtom paa Væggen.

„Her er Sovekammeret!" sagde Karlen og tændte Lyset. „Og der hænger Stamfruen, som vil passe paa Dem medens De sover!" tilføiede han leende, idet han belyste over Døren Portraitet af en Dame i Middelalderens Costume; men det Forunderligste var, at hun om Halsen bar en Jernlænke, der hang hende ned over Skuldrene og Brystet.

„Det var en mandhaftig Frue!" sagde Karlen, „hun havde nok ikke saa stor en Apothekerregning som vor gamle Grevinde! Hun laae i sin Tid i Strid med en Naboherremand, og han fik hende til Fange, gav hende Lænken om Halsen og lod hende smede fast til Hundehuset. Det var i de Tider! saa drak og svirede han, men Fruen kom løs imens; hun slap hjem, fik sine Folk paa Benene og kom bag paa Fjenden. Derfor har hun ladet sig male af med Hundelænken!“ Karlen gik, og Christian var alene med sine Tanker og Billedet af den mandhaftige Frue.

Hun havde mørke Øine som Naomi. Saa kjæk og dristig kunde vist Naomi ogsaa være. Han saae ud gjennem Vinduesruden; Glasset var tykt og solbrændt, han kunde kun see de oplyste Vinduer i den nye Bygning, og han tænkte paa hiin Aften i Kjøbenhavn, da han som Matrosdreng hang i det vaade Tougværk, da Naomi ogsaa svævede i Dands og Glæde; han tænkte paa den nylig endte Time, paa alle sine Mangler, alle sine knuste Forhaabninger.

Endnu efter Midnat var han vaagen; han hørte Hr. Knepus og Madamen kjøre bort og var slet ikke lykkelig ved at blive.

Men hvilken Lægedom eier ikke Søvnen, naar det er et Ungdomshjerte, der skal helbredes!

Sollyset skinnede ind paa Stamfruens Billede, da Christian vaagnede. Den tunge Jernkjæde om hendes Hals beskæftigede hans Tanker.

„Ogsaa jeg bærer en saadan Lænke! jeg er ei bedre end lænket til Hundehuset, medens de Andre ere lystige i Salen! Men ogsaa jeg skal sprænge Lænken, engang skal jeg som en stor Kunstner træde frem for dem, og de skal bøie sig for Geniets Magt. Som i Josephs Drøm alle de Andres Neg bøiede sig for hans ene, skal det gaae med mig, og da vil jeg ogsaa lade mig male, men ikke med noget Tegn paa Aaget, jeg har baaret, nei Haand i Haand vil jeg staae med Naomi. Hun er saa smuk, saa smuk som de gode Engle hos Gud, men ikke saa god — men hvo kan ogsaa være det!" og han bøiede sine Knæ, læste sin Morgenbøn og bad, at hans skjønne Drøm maatte opfyldes.

Opad Formiddagen vilde den gamle Grevinde see alle de tilbageblevne Gjester hos sig. I den gamle Gaard, som kun hun og de til hendes Opvartning bestemte Tyender beboede, ventede Chocoladen.

Gjennem Taarnet, opad Vindeltrappen kom man til hendes Værelser, der idetmindste i det sidste Aarhundrede ingen væsentlige Forandringer havde undergaaet. Vævede, grønne Tapeter, en Urskov, hvor hist og her mellem Grenene et Hjortehoved tittede frem, smykkede Væggene. En stor Flisekakkelovn var opreist foran den tilmurede Kamin, som var prydet med store Sphinxer, hugne ud i Graasteen. Gjennem et stort

Skab, hvis Døre bedækkedes med Tepper, var Nedgang til Værelserne neden under. Stole og Divan havde samme gammeldags Snit, det eneste moderne var en Gips-Napoleon, der havde Plads i en gammel Pyramide, paa hvilken hver Affsats bar Mixturflasker, Krukker, Pilleæsker og lignende Trophæer fra Sygdomme, den naadige Frue havde overvundet. Helten, opstillet mellem Fruens Trophæer, var slet ingen uheldig Idee. Man gjør det saa godt man kan.

„Her er min Residents!“ sagde hun. „Hele Vinteren staaer den nye Bygning øde; Alt er da under den gamle Regjering, og da skinne Lysene her, desværre Lysene ved en Sygeseng!“

Gjesterne vare endnu ikke komne. Naomi stod paa en Stol og undersøgte den øverste Stuffe i et gammelt, kunstigt udskaaret Skab.

„Du er en Uglspil!“ sagde den gamle Frue, „stig dog ned, Gjesterne komme.

„Det er ikke hver Dag,“ svarede Naomi skjelmsk, „at det Allerhelligste kommer op. Du har tilladt mig at kige deri!“

„Det er Skramleri!“ sagde Fruen, „halvhundredaarige souvenirs!“

„Og dette Dameportrait,“ spurgte Naomi, „hvorfor ligger det her? Hun er deilig! men hun ligner en Jødinde!“

Den gamle Frue fæstede sit Øie skarpt paa Billedet, vendte sig derpaa til Naomi og sagde alvorligt: „Det er Din afdøde Moder!"

De bleve begge tause. Naomi var den Første, som tog Ordet.

„Min Moder? Hun skal ikke ligge mellem Skrammeleriet!" og hun stak Billedet ind paa sit Bryst.

„Stig dog ned, faae Skuffen lukket, Gjesterne komme!" sagde Fruen, „Du faaer mit Blod i Bevægelse, og det kan jeg ikke taale, veed Du."

„Fortæl mig Noget om min Moder," sagde Naomi alvorligt.

„Hvad tænker Du paa, Barn!" svarede den Gamle. „Det vilde heller ikke være noget morsomt for Dig!" hun vendte hende Ryggen. De Fremmede traadte ind, og denne Samtale var afbrudt.

Christian maatte spille for dem; det var egne Phantasier, thi Hr. Knepus var jo borte. Naomi stod tankefuld, hendes Øine syntes drømmende at hvile paa ham. Saaledes havde han aldrig seet hende. „Hun beundrer mig" tænkte han, og det gav ham Begeistring. Aldrig havde man heller seet Naomi saa lidet talende, saa forunderlig tænkende, som i Dag.

Der skulde spilles Fjerbold ovre i den store Sal i den nye Bygning; Selskabet begav sig derhen. Naomi blev tilbage hos den gamle Frue, greb hendes

Haand og sagde med en Bestemthed, der var over hendes Alder: „Fortæl mig om min Moder! jeg maa vide det, jeg vil vide det!"

„Du strækker Livet af mig med Din Hæftighed!" sagde den Gamle. „Jeg veed ikke Noget. Gaa Du over til de Andre og spil Fjerbold."

„Du behandler mig altid som et Barn, og det er jeg ikke længer! derfor vil jeg vide noget mere om mig selv. Jeg er ikke en Fremmed, som I af Naade har gjort godt imod! jeg er, hvad jeg kun skal synes at være, Din Søns Datter! Du er min Bedstemoder. Letsindig er jeg, og derfor har jeg kunnet glemme at spørge om min Moder. Kun to Gange har jeg nævnet hende for min Fader, og begge Gange blev han heftig og gik bort fra mig. Heller ikke Du har villet sige mig Noget, og jeg har i min Barnagtighed ladet det gaae og siden næsten glemt det; men i Dag har jeg faaet min Moders Portrait! i Dag vil jeg vide mere, og Du skal sige mig det!"

„Naomi, Du veed hvor svag jeg er!" sagde den gamle Frue. „Plag mig ikke! jeg hverken kan eller vil føie Dig! Desuden er det slet ikke nogen Historie for Din Alder. Nei, om et Par Aar, naar jeg rimeligviis længe har ligget i Jorden, vil min Søn nok sige Dig det. Gaa nu ud i Forværelset og hent mig min brune Kaabe —!"

„Du vil have mig udenfor," sagde Naomi, „saa skyder Du Skodden for Døren, og jeg kommer ikke ind! Det har Du før gjort! Bedstemoder, Du kjender min Bestemthed. Ude paa Voldgraven er hugget et Hul i Isen, der springer jeg i, fortæller Du mig ikke strax, hvad jeg vilde!"

„Du forfærdelige Pige!" sagde den gamle Grevinde, „Du er ond mod mig svage Menneske! jeg skal føie Dig, men Du trykker kun Braadden i Dit eget Hjerte!" Den gamle Dames Kinder, som ellers vare sygelige, blege, fik en stærk Feberrødme, Talen blev hurtigere: „Du er ikke mit Blod, ikke min Søns! en Taabelighed er det, en Svaghed, at han imellem troer det!" Den Gift, Bitterheden skaber i vort Blod, gik som electriske Funker frem i Ordenes Betoning. „Den gamle Jøde i Svendborg er Din Bedstefader!" sagde hun, „hans Datter var smuk, smukkere end Du vil blive. Hun var Gouvernante her paa Gaarden, hun tjente her, Du forstaaer mig, hun tjente! men hun havde Forstand, hun havde Læsning, og vi behandlede hende som een af vore Lige! Min Frits forelskede sig i hende, hans Fader kom efter det, og Din Moder maatte bort, hjem til sin Fader. Frits kom paa Reiser, vi gjorde vort; men de skreve til hinanden, sværmede for hinanden, skjøndt visse Folk ikke talte godt om Din Moder. Der var en Musikant, en Nordmand i Svendborg, han kom der i Huset og var Fortrolige, ja, han var overmaade fortrolig! Frits kom hjem; vi tænkte, at alting var glemt, han gik flittigt paa Jagt, og Jagten var Besøg i Svendborg. Jeg fik at vide derom, vidste, hvilket syndigt Liv de førte, værre end Du begriber det! Taabelighed er det at tale med Dig derom. Jeg sagde Frits hvad jeg vidste, men han stolede paa Din Moders Kjærlighed, indtil han selv engang traf den Fortrolige! Af dansk Adel er Du ikke, maaskee af norsk! Min Frits var overtydet og blev et fornuftigt Menneske. Da Du blev født, skrev Din Moder elegiske Breve over Dig og tilsidst tog hun Livet af sig, fordi Frits ikke vilde gaae ind paa Fictionerne; det var Effect! det hjalp: hun kom i Graven og Du til os; selv har jeg hentet Dig i Svendborg By."

„Tak for Deres Fortælling!" sagde Naomi rolig, men bleg, som hun aldrig havde været. „Jeg er altsaa af norsk Adel og ikke af dansk! Oehlenschlægers Hakon Jarl har ogsaa altid behaget mig mere end hans Palnatoke! Skal vi nu gaae ud og spille Fjerbold!"

„Barn!" sagde Grevinden, „bliver Du ikke exalteret? Din Lige har jeg aldrig kjendt! men Du begriber ikke det Hele! O, der vil komme en Tid, at Du vil græde Blod over, hvad Du har hørt i denne Time!"

„Jeg hørte, at min Moder var smuk!" sagde Naomi, „jeg hørte, at hun havde Forstand, og at hun havde Mod til at døe, da man krænkede hende for dybt! — Hendes Portrait skal hænge i mit Værelse, pyntes med Blomster og have alle mine Kys! — Nu gaaer jeg ud og spiller Fjerbold!"

Med et leende Ansigt forlod hun Grevinden, men paa Trappen i Taarnet stod hun stille og græd tunge, bittre Taarer. Fem Minuter efter saae man den overgivne, leende Naomi ved Fjerboldspillet. Instinctet lærte hende, at Taarer kun finde Medfølelse hos den, som troer, at man lider som han selv.

VIII.

Hon satt bredvid hans hufvudgärd —
Och fäste på de bleka dragen
Ett Blick, ett kungarike värd. —
Men ack! hur går det med ditt hjerta.

Tegnérs Axel.

„Den gamle Grevinde har bedraget mig!" tænkte Naomi. „Hun har villet krænke mig! Opdigtet er hele Historien, eller hun har grebet et løgnagtigt Rygte! Jeg maa vide det, vil vide det!" Og hun hang indsmigrende ved Greven, der talte om, hvor snart de nu skulde skilles.

„I to Aar faae vi ikke hinanden at see, men naar vi saa sees, da flyver Du med mig til Paris og London, det levende, prægtige London!"

„Du er god imod mig!" sagde Naomi, „Du er ogsaa den Eneste, som mine Tanker, min hele Villie bøier sig for. De andre Mennesker, jeg kan lide, lider jeg dog kun for min egen Skyld, for den Morskab, de gjøre mig, og fordi jeg ikke kan undvære dem, de ere mig tidt utaalelige!"

„De føie Dig ikke som jeg!" sagde Greven.

„Du?" gjentog hun og saae ham ind i Øiet. „Du føier mig? Nei, ikke i min uskyldigste, min mest brændende Bøn! og derfor lider jeg Krænkelser, som jeg ikke engang tør sige Dig, thi da er Du haard og kold!" og hun lagde sin Kind til hans, snoede hans Haar om sine Fingre og syntes at holde sit Aandedrag tilbage — „Du skammer Dig ved for Verden at sige, at jeg er Din sande Datter! er jeg det ikke, saa siig mig i det mindste hvem jeg skal elske som min Fader!"

„Mig!" sagde Greven, „mig! Du er mit Barn!" men hans Blik blev mørkt, Panden rynkede sig, som vilde Blikket nægte, hvad Tungen sagde.

„Og for Verdens Øine, hvem er da mine Forældre?“ spurgte hun. „En Jødes Datter, en —?“ hun taug, og Læberne bevægede sig krampagtigt.

„Et Menneske, Du aldrig skal høre nævne!“ svarede Greven, „fra Norge var han! — han er død! død paa den Maade, han fortjente!“

„O fortæl mig!“ sagde Naomi.

„Nei!“ svarede Greven og gik bort.

„Ogsaa han er grusom!“ sagde Naomi. „Menneskene pine hinanden. Normann alene er mig tro og god og holder mere af mig end af Nogen, og ham have de sat i Lænke!“ og hun gik ud i Gaarden til Hunden, klappede og kyssede den, løste Lænken og førte Dyret omkring i Gaarden; det væltede sig af Glæde, logrede med Halen og sprang høit iveiret, mens den røde, dampende Tunge hang den ud af det vide Gab.

„Du kjære Normann!“ sagde hun. „Ha, Nordmanden maa jo holde af mig! for Dit Navns Skyld kunde jeg alene gjøre Dig fri!“

Christian havde just endt sin eensomme Vandring gjennem Haven. Den ene af de prægtige Sneemænd, som igaar kneisede saa stolt, havde det indtrufne Tøveir bragt til at synke i Knæ, saa Landsen var som fældet. Middagsklokken ringede; Christian traadte ud af Haven! han havde netop aabnet Laagen, da han blev Naomi og Hunden vaer, den gjøede og viste sine skarpe Tænder. Naomi lo høit af Christians Skræk. Hunden gjorde en Bevægelse henimod ham, han sprang igjen tilbage i Haven, idet han bad hende binde Hunden.

„Cujon!“ raabte hun.

Hunden rev sig i det samme løs, sprang mod Laagen, som gik op, og foer nu hen imod Christian, der udstødte et Skrig, idet han saae det store Dyr med det røde, dampende Gab og de skarpe, hvide Tænder. Instinctmæssigt søgte han at springe op paa Sneemanden og greb derfor med begge Hænder om den fældede Landse, da han i det samme følte Hundens Bid. Sneeklumpen styrtede med dump Lyd til Jorden, og det var en Lykke, thi Larmen heraf og den rundtomflyvende Snee jog Hunden bort.

Nogle af Gaardens Folk kom løbende til. Naomi stod taus ved den aabne Laage.

„Han bløder! Hunden har bidt ham!“ raabte man.

„Der seer Du Følgerne af Din Vildhed!“ sagde Greven med et strængt Blik paa Naomi.

Man løftede Christian op.

„Hunden skal skydes!“ sagde Greven.

Da styrtede Naomi grædende frem, bad for den, greb Christians Haand, og med en sorgfuld Sjæls bedende Blik anraabte hun ham at bede for Dyret. Hendes

Læber rørte ved Drengens Kind, og han bad, som hun vilde det.

Lægen fra nærmeste Kjøbstad blev hentet. Christian var farligt bidt; særdeles Pleie og Omsorg savnede han ikke. Naomi besøgte ham; stille og alvorlig satte hun sig ved Sengen, han rakte hende tilgivende Haanden, og for at sige hende noget kjært, gjentog han sit Ønske, at Hunden maatte beholde Livet.

„Jeg troer, jeg kunde elske Dig!" sagde Naomi med en forunderlig Heftighed, idet hun med sine funklende Øine saae ham ind i det blege Ansigt.

Greven skulde reise, men det var ei at tænke paa, at Christian kunde følge med ham til Odense. Herr Knepus blev i et Brev underrettet om det Skete.

„Skræk og Sorg tage Livet af mig!" sagde den gamle Frue. „Nu reiser Du fra os! jeg føler det godt, at vi aldrig mere faae hinanden at see! Naar Du om eet eller to Aar kommer tilbage, da maa Du søge til Landsbykirken, lukke det lille Capel op, og Du finder een Kiste mere!"

„O Mama, det staaer i en Roman!" sagde Greven leende.

„Det staaer i Din Moders Hjerte!" svarede Grevinden alvorligt.

Grevens Afreise var en stor Begivenhed paa

Gaarden, en vigtig Begivenhed, og dog vilde vi kun give den med: han reiste.

Naomi sad i Værelset hos Christian. Alt sagde hende, hvor kjær hun var ham, og det gjorde, at hun for første Gang fik nogen Interesse for ham. Hun spurgte, af hvem han havde lært at spille.

„Af min Gudfader, Nordmanden i Svendborg!" og nu fortalte han det Særegne ved denne Mand. „Jeg hørte engang en Historie om en Troldmand, der spillede Violin igjennem Gaderne, og alle Børn kom løbende ud af Husene og fulgte med. Han gik ind i Bjerget, og Børnene forsvandt med ham. Ligesaadan, syntes jeg, min Gudfader kunde spille. Han havde lært det af Nøkken, sagde vor Nabo. Jeg har ogsaa tænkt paa, om det ikke var om ham selv, hvad han engang fortalte mig. Der var i Norge en fattig Bondedreng, som havde saa megen Lyst til at spille Violin; hans Fader kunde ikke lide det, men vilde have, at han skulde arbeide; saa stjal han sig en Aften med Violinen ud til Elven; Nøkken kom op og lovede at lære ham at spille endnu smukkere, tog ham da om Fingrene og klemte saa Blodet sprang ud af dem, men fra den Tid kunde Ingen gjøre prægtigere Musik end han. Alle vilde høre ham; han fortjente mange Penge, og derfor lod hans Fader ham have Lov til at spille, Men en Morgen, han kjørte fra Bryllup, sad Nøkken ved Broen og sagde, han skulde nu komme ned i Vandet til ham, blive hos ham, thi ham hørte han til. Da løb han hurtigere end Hestene vilde løbe, og Nøkken bagefter; han maatte søge ind i Kirken, op til Alteret, ellers havde Nøkken taget ham.

„Men maaskee har Din Gudfader været Nøkken selv!“ sagde Naomi leende. Hendes Øine funklede, Blodet brændte i hendes smukke Kinder. Altid spurgte hun om mere; det var jo hendes Fader, hun hørte ham tale om; Christian saae derimod kun Deeltagelse i hans Skjæbne, og derfor greb han gjerne ved hvert nyt Besøg Traaden til at fortsætte. Hun fik at høre om Reisen til Thorseng, Mødet ved Glorup og Morgenen, da Gudfaderen hang paa Træets Green, og Naomi smilede forunderligt og lagde sin fine Haand over Panden.

„Han har været et ualmindeligt Menneske, men ulykkelig, dog det er langt interessantere, end at være et lykkeligt Hverdagsmenneske. Du har ogsaa tidlig oplevet et heelt Eventyr; nu er det Interessante forbi med Dig, nu er Du i den kjedsommelige Ro, hvor den ene Dag springer naturlig ud af den anden. Noget Udmærket i Verden bliver Ingen paa den jævne, rolige Vei; idetmindste blive de da stødte til det, de skyde ikke selv ret ud. Var jeg som Du, da bandt jeg Violinen i mit Tørklæde og listede mig bort fra alle de kjedelige Mennesker, som ligne hinanden lige til Sløifen paa Kjolen og Bindet om Halsen!"

„Hvad skulde der saa blive af mig?" spurgte Christian. „Jeg er fattig —!"

„O, det var Du jo endnu meget mere, da Du gik hjemme fra Dine Forældres Huus! Da kunde Du ikke spille som nu, og den Vandring blev jo dog Veien til Din Lykke. Om Du ogsaa maatte sulte en Dag, eller ligge Natten over i en Lo; hvad var det? Det var just høist interessant! Tænk Dig hvor glimrende det vilde staae for Dig, naar Du, efter at være blevet en stor Mand, tænkte tilbage derpaa. Verden vilde just beundre Dit raske Skridt, og jeg, ja da troer jeg, at jeg kunde elske Dig! Men ellers ikke! nei! nei! Du maa blive noget Udmærket!" Hun greb hans Haand og udmalede meer og meer sine romantiske Anskuelser af Livet, hun ikke kjendte. Det smigrede det stolte, egenraadige Barn at kunne lede en Anden, Christian var blevet hende i Dukkens Sted. Ved ham vilde hun realisere sine romantiske Drømme. Der opstod saaledes hos hende en stærk Følelse, der dog var meget forskjellig fra Kjærlighed. Hun fortalte ham om fremmede Lande, om berømte Mænd og Qvinder og sukkede da over, at hun skulde være en Pige, „men jeg vil da idetmindste," forsikkrede hun, „ikke ligne de Andre!"

Meer og meer gled Christian ind i den Trolddoms Kreds, hun havde draget; alle hans Tanker, alle hans Drømme dreiede sig kun om Eventyr, Berømthed og Naomi.

Der var Feber i hans Blod. Natlampen, som brændte ved Sengen, var ved at slukkes; Luen sad kun som et tegnet Punkt paa Væggen.

„Kan jeg nu læse mit „Fader vor" ud, før Lampen slukkes, da faaer jeg engang et berømt Navn, og Naomi bliver min Kone, men slukkes den, da er jeg fortabt her og hisset!" Han foldede sine Hænder og læste mechanisk Bønnen; Øiet var heftet fast til Lampen, Luen zittrede, hurtigere læste han Ordene; Bønnen var endt, og Lampen brændte endnu.

„Men jeg har sprunget over: frels os fra det Onde! saa gjælder det ikke! endnu engang maa jeg læse Bønnen, det gjælder da dobbelt!" og han læste, og Lampen brændte. „Jeg bliver lykkelig!" jublede han, og Lampen slukkes.

Det var midt i Ugen.

„Paa Søndag forlader Du os!" sagde Naomi, „Lægen siger, at Du meget snart vil være saa rask, som alle vi Andre. Tænk da paa Dit Løfte! jeg veed nok, Du elsker mig, men et almindeligt Menneske kan jeg ikke elske, og Du bliver kun noget ganske almindeligt i det spidsborgerlige Odense hos den naragtige

Hr. Knepus! Gjør et dristigt Skridt ud i Verden! Der har Du, hvad Ingen veed og Ingen skal faae at vide Noget om, hundrede Rigsdaler af mine egne Sparepenge! Husk paa, som Du har fortalt mig, vort første Møde i Haven, da jeg tog Dine Øine og Din Mund i Pant; Du tilhører mig endnu, jeg har Part i Dig! Saasnart Du føler Dig fuldkommen rask, da vover Du et dristigt Skridt! Underret mig om det, og den Nat, Du gaaer paa Vandring, vil jeg vaage og tænke paa Dig!"

„Alt vil jeg!" udraabte han og slyngede sin Arm om hendes Hals; hun sad stille med det stolte Smiil og lod ham kysse sin glødende Kind.

Som Livsfarven er i Hjertet, saaledes afspeiler sig der Verden. Skulde vi denne Aften have examineret Christian, Naomi og for Exempel Grevinden, da vilde hver have givet sin bestemte, men høist forskjellige Dom over den. For Christian var den et Guds Tempel, hvor Hjerterne oplades for Kjærlighed og Gud, hvor Tilliden voxer, og Forvisningen grundfæstes. Naomis Kys var hans Daab, Tonernes Magt den Orgelklang, som gav hans Sjæl Vinger.

Verden er en stor Maskeradesal, meente Naomi. Man maa vide at give sin Rolle med Værdighed; man maa imponere! kun det, man ret forstaaer at repræsentere, det er man! Jeg vil være en Amazone!

en Staël-Holstein, en Charlotte Corday, ja en saadan, hvilken Omstændighederne nu bedst tillade!"

„Verden er et Hospital!" meente den gamle Grevinde. „Idet vi fødes, begynder vor Sygdom! ved hver Time, som gaaer, komme vi Døden nærmere! Man kan læse sig endnu sygere i Doctorbøger; i et uskyldigt Glas Vand kan findes et lille Dyr, der voxer inden i os! man kan faae Kræft, Koldbrand, Cacherie og de forskrækkeligste Sygdomme, der ende med Døden, og det er derfor man lever. Alle ere syge, men Mange skjule deres Sygdom; Andre foragte den, og „verstümplede" Mennesker, uden Nerver, med usundt Blod, som gjør Kinderne røde, gaae med den Sindssvaghed, at de ere sunde!"

IX.

Les passions sont les vents, qui font aller notre vaisseau, et la raison est le pilote, qui le conduit. Le vaisseau n'iroit point sans les vents et se perdroit sans le pilote.

Esprit des esprits.

En deilig Vinterdag, naar Rimfrosten ligger paa Trægrenene og de sorte Krager flyve over den hvide Snee i det klare Solskin, kan vække Reiselyst; et ganfte andet Udseende havde den den Dag, da Christian rullede til Odense; en vaad Taage laae over Egnen; sorte, afpillede Hække med store Vanddraaber stak frem af den smudsige Snee, og dog hævede just dette hans Reiselyst, hans Higen efter romantiske Eventyr. En magisk Kreds af Slud og Kulde forekom ham Hjemmet, kun afsted derudenfor, og da var Alt Solskin og Varme.

„Her vil min Lykke, lig Sommeren, kun langsomt udvikle sig; jeg vil flyve fra Hjemmet, flyve Lykken imøde!"

En Nats Søvn under Hjemmets Tag, hvor ingen Naomi begeistrede ham, bragte igjen Rolighed i Blodet. Han tænkte paa Peter Wik, erindrede sig, hvormeget denne Mand havde gjort for ham, og følte nu, hvor hæsligt han lønnede ham.

„Dog, naar jeg nu engang kommer tilbage som en udmærket Mand, hvilken Overraskelse, hvilken Glæde! men hvorledes begynder jeg det? — Bibelen skal være mit Orakel!" Han slog op i den hellige Bog og læste i Mathæi Evangelium Jesu Ord til den Værkbrudne: „staa op og tag Din Seng og gak til Dit Huus*)". „Ja, Gud vil det! gjennem hans hellige Skrift taler han til mig! Jeg har jo ogsaa Naomis Penge;

*) 9, 6.

hvilken uhyre Sum! jeg er rigere, end jeg nogensinde var. Jeg gaaer til Tydskland!“

Mindst tænkte Hr. Knepus paa, hvad der beskæftigede hans Eleve, naar denne spurgte ham om Goslar, Braunschweig og hans Reiser gjennem Nordtydskland. En Art Plan blev lagt, men der manglede de to væsentlige Ting, nemlig, at vide hvor han nu egentlig først vilde hen, og saa, at blive forsynet med et Pas, som tillod denne Reise; dog, hvad Pas angik, havde Naomi mere Omløb og større Klogskab; et Pas tænkte hun paa at bringe tilveie.

Den blonde Ludvig, Politimesterens Søn, hvis Blik til hende omtrent udtrykte Noderne, hvorefter Persiens Nattergal synger sine Sange til Rosen, han maatte skaffe et Pas; han var jo den venstre Haand paa Contoiret, hvor Faderen var den høire, og hvorfor skal den høire Haand vide, hvad den venstre gjør. Han maatte skaffe Pas, og det skulde lyde paa „forskjellige europæiske.“ Det var Naomis første Bøn til ham, og den blonde Ludvig maatte opfylde den. Han havde jo Kjærlighed, han havde Ungdomsblod —! dristige Slyngplanter, der vilde bære og ikke briste; men mellem Raadstue-Archivets Folianter, under Forhørkammerets støvede Bjelker voxte en tredie Urt: Forsigtighed, og denne tænkte hun slet ikke paa; den blonde Ludvig drak den hver Aften og hver Morgen i sin Thee, og derfor gav han hende vel i al Hemmelighed et Pas lydende paa „forskjellige europæiske Lande“ og gyldigt for en ung Musikus paa 16 Aar; Christians Navn stod deri, men for at gjøre det Hele dobt og magtesløst, var det Naomi, som var beskrevet; de brune, funklende Gazeløine, den fine, slanke Bygning, de kulsorte Haar; — Ingen uden hun kunde reise paa dette Pas. At hendes og ikke Christians Udvortes stod deri, kunde han jo undskylde med, at hun havde foresvævet ham, at hun alene opfyldte ham, og derved var hun, og ei den det egentlig var bestemt for, blevet beskrevet. Med dette Pas kunde Christian saaledes ikke engang slippe over til Jylland.

Paaskeferien havde han ansat som Tiden for sin Flugt, og denne vilde han dække ved at udbede sig Tilladelse til at turde besøge sin Moder og Stedfader, som han jo ikke havde seet siden sin Flugt fra Hjemmet. Herrens Lidelses- og Fængselsdage skulde for ham være Glædens og Frihedens.

Hvad kunde han vel ogsaa lære hos Hr. Knepus? Hvad skulde hans Ophold her føre ham til?

Han skrev til Naomi og underrettede hende om Dagen, paa hvilken han vilde begynde sin Vandring, bad hende dernæst paa det Indstændigste om et Møde Vertshuset, der laae en halv Miil fra Grevens Gaard; der skulde de samles sidste Gang og sige hinanden Farvel. Brevet blev sendt bort, og nu var han fast i sin Beslutning, som Cæsar ved Rubikon. O, at han dog turde betroe sig til Luzie, men hendes Tanke flagrede ikke saa høit; hun vilde lee ham ud, eller søge at forhindre ham i at udføre sin Beslutning.

Den vigtige Dag nærmede sig, og han snørede sin lille Bylt sammen, men løste den igjen op; altid var der Noget, han endnu maatte have med, og derfor maatte de tidligere indpakkede Sager vige Pladsen. Violinen og Bibelen kunde han slet ikke stille sig ved.

Alt hvad Peter Wik havde gjort for ham paatrængte sig meer og meer hans Taknemmeligheds Følelse; Taarerne strømmede ham ned over Kinderne; han greb Papir og Pen, skrev sit Farvel og bad ham om Tilgivelse; men neppe var det skrevet, før det igjen blev sønderrevet. Pludselig fik han en ny Tanke; Øinene funklede, Hænderne foldede sig, en Beslutning var taget. Hurtigt skrev han et langt Brev; læste det igjennem og jublede: „Ja, saaledes! nu har jeg Ro i min Sjæl! Naomi vil ogsaa være tilfreds! Den gode Gud har indgivet mig det!" Han lagde sig glad til Hvile og sov uden Drømme.

I den tidlige Morgenstund rullede han med den gode Leilighed ad Nyborg til.

Naomi havde modtaget hans Brev og var ganske opfyldt af det raske Eventyr, hvis Ophav hun jo var, derfor vilde hun møde ham i Vertshuset, men Ingen maatte vide Noget derom. Hun kunde let komme bort, hun behøvede kun at gjøre en Ridetour, men det var hende dog ukjært at blive kjendt i Vertshuset, eftersom det kun var en simpel Dreng, hun der skulde støde sammen med.

I Hast aflagde hun en Visit hos Gartneren, en spinkel, lille Mand, der efter sin Stand gik pynteligt klædt.

„Jeg har en Spøg for!" sagde hun, „laan mig Dine Søndagsklæder!"

Hun sneg sig ned i Stalden, sadlede selv Hesten, og et Qvarteer efter jog, i Gartnerens Skikkelse, gjennem Poppelalleen, en lille, dristig Rytter; han svingede med Hatten for Røgteren, der, ifærd med at sye Saaler under sine Strømper, aabnede Markledet.

„Sørg for min Hest og lad mig faae Storstuen!" sagde Naomi i Vertshuset.

O hvor mange Gange saae hun ikke op ad Veien, om han dog ikke kom! hvor nøie studeerte hun ikke alle Navnene, der vare ridsede i Rudeglasset! over tre Timer maatte dette være hendes eneste Morskab.

„Man skal see, han kommer slet ikke! han har intet Mod!"

Og dog kom Helten, men seent, meget seent; træt og varm var han af den lange Vandring.

„Endelig kommer Du!" sagde hun. Han studsede ved at see den forklædte Pige, men snart begyndte de gjensidige Meddelelser. Han fortalte, hvad der ret havde opfyldt og beskæftiget ham, rakte hende derpaa det Brev, han havde skrevet, for at sende Peter Wik. Det var intet Farvel, det var en ærlig Tilstaaelse af hele sin Plan, dog uden at Naomi blev nævnet. Han udtalte deri hele sin phantastiske Anskuelse af Verden, sin faste Overbeviisning, at han maatte prøve sin Kunstnerlykke ude, og hvilken stor Mand han da kunde blive. Han bad Peter Wik om Tilladelse til at reise, uden denne vilde hans Samvittighed ikke unde ham Ro. Brevet skulde Naomi først læse, derpaa vilde han sende det afsted og hjemme hos sine Forældre oppebie Svar.

„Er det Dit Alvor?" spurgte Naomi. „Det kunde jeg have ventet! Du bliver aldrig nogen stor Mand!" og hun gik ud af Værelset, vilde ikke mere tale med ham, forlangte sin Regning og jog hjemad i den mørke Aften.

Christian stod alene tilbage; uden Afsked havde hun forladt ham; hendes Penge havde han endnu; de brændte ham som Ild.

Nattens Slør gjennemvæver Drømmeguden med

Arabesker, de sælsomste, Phantasien kan skabe; de eie baade Michel Angelos Kraft til at male de synkende Sjæle paa Dommens Dag, og Raphaels bløde Skjønhed i at fremstille det Himmelske. Den samme Dristighed i at udmale Extremerne: Fortvivlelse og Forhaabning ligger i Ungdomshjertet, og Overgangene her ere ligesaa bratte, kun at Ungdomshjertet holder sig mest til det Lyse; maler det endogsaa et Øieblik, i sin dybe Smerte, en sort, fugtig Gravhvælving, hvor kun Salpeter-Svampe skyde frem, og kalder dette Jordelivet, ja, for end stærkere at beskueliggjøre sin Liden, viser os en paa Gulvet henslængt Rosenknop, der maa visne og opløses, som et Billede paa sig selv, saa see vi lidt efter lidt, hvorledes den fæster Rod, aabner sig, skyder Grene og Knopper, og hele Hvælvingen bliver en Rosenhytte, hvor snart, mellem Knopper og Grønt, den varme Foraarssol skinner, og den blaa Himmel titter frem.

Saaledes var ogsaa denne Nat Overgangen i Christians Sjæl, medens han paa Lykke og Fromme vandrede de labyrinthiske Biveie, som gik i Retningen mod Drebæk.

Det Grønne er Haabets Farve. Billedet har man laant af Foraaret, hvor da det opvaagnede Liv saaledes aabenbarer sig paa Mark og i Skov. Men er ikke Morgenens Gjenfødelse af Natten langt mere allegorisk? Her er Forhaabningens Farve Purpur! den røde Stribe i Østen forkynder Livets og Lysets Gjenfødelse, dersom den ikke, som Menneskets Haab, kun er et falsk Skjær, Skinnet af en brændende By.

Christian saae, hvor det lysnede i Øster, Morgenen vilde komme, men ihvor lys Horizonten blev, steg Solen dog ikke.

Det var Brand. Der var Ildløs i Ørebæk; Ild i Stedfaderens Gaard; men Alle sov derinde, og derfor strakte den røde Flamme dristigere sine Polyparme ud igjennem Tag og Luger. Luften og Sneen rødmede derved; de indespærrede Heste vrinskede, og de dorske Køer og Tyrene brølede i den tause Morgenstund. Menneskene sov, og de som sove ere jo lykkelige.

Christian vidste ikke, hvis Gaard der brændte; han betragtede Ilden med den Interesse, hvormed Ungdommen seer fremmed Mands Gaard brænde af, men siden —? Ja, i Dagningen var det forbi; det sidste Aars Avling var brændt, Qvæget var brændt, og Eieren —? med knust Hoved laae han under en nedstyrtet Muur. To faldefærdige Skorstene ragede frem i den rygende Dynge. Bønder og Sprøitefolk larmede og skrege imellem hverandre.

Herhen kom Christian med Byldten i Haanden, Violinen indpakket, hængende over Ryggen. Det var Hjemmet, han stod ved.

X.

— Man läser sig till prest; — Nu väl, kallar ej en sprucken klocka Guds Församling jemväl til andakt.

Spader Dame.

Han skal være død i den fulde og faste Tro, at hans Folk dog var det herligste paa Jorden og, trods at dets Vanslægtning og alle dets Trængsler, dog Guds eneste udvalgte Eiendomsfolk.

„Den gamle Rabbin," Novelle af B. S. Ingemann.

Naar et Herskab tager En i sin Tjeneste, see de ikke blot hen paa hans væsentlige Brugbarhed, men ogsaa, om han intet Latterligt har i sit Ydre eller i sin Udtale. Den, som offentligt træder frem paa Scenen, maa have et Udvortes passende til de Characterer, der skulle fremstilles, for paa en værdig Maade at give Digterens Værk. Organet især bliver af Vigtighed. Derimod Præsten, han, der er Organet for Gud selv, kan hos os faae Lov at træde frem med den mest elendige Talestemme, det latterligste Foredrag. Syngende, snøvlende, affecteerte Præster have vi, der sædvanligt have grebet Feilene hos Hovedstadens Præster, som glimrede i deres Tid. Ligesom man i gamle Dage ikke troede, at Bibelen kunde oversættes i Landets eget Sprog, saaledes troe mange af Almuen paa Landet, at Bibelen ikke tør læses høit uden med den affecteerte Betoning, hvormed de have hørt Præsten give det kjære Guds Ord. Istedenfor at tale naturligt ud af Bryst og Hjerte, see sin Menighed, som Mand, Ansigt til Ansigt, staae de som en kalkunsk Hane og kaste Hovedet til den ene Side og Dinene til den anden. Guds Ord skal, som den hellige Alterviin, rækkes os af den rene, aabne Sølvpokal.

Alle disse Egenskaber, som en Geistlig ikke skulde besidde, fandtes hos Godsets Præst, Hr. Patermann, der efter den gamle Grevindes Ønske skulde confirmere Naomi. Ikke for Intet laae der Honning og den krybende Slanges Hvislen i hans Ord; noget væmmeligt, sødt, indsmigrende hvilede der paa de altid smilende Læber; han vendte, som Elverkongen, sin Deilighed frem, men var som han en huul Broder*). Gouvernanten fandt, at han havde et Apostelansigt, fandt, at hans Omgang var, som hun kaldte det, Poesie i Livets Prosa. Vi kunne ikke være af hendes Mening. Høist curieust anvendte han gode Indfald, da disse aldrig fødtes hos ham selv ved Dieblikket. Han forstod ikke at multiplicere Andres Tanker med sine og give Productet, snarere subtraherede han sit Minus fra et givet Plus. Denne Mand behagede ikke Naomi.

„Hr. Patermann skal altsaa gjøre et Menneske

---

*) Efter den danske Folketro ere Elverfolkene bagtil hule som et Deigtrug.

af mig!" sagde hun og gjennemløb i Tanken alle hans fremtrædende Egenskaber. Latterlig var han hende, og og det maa den, som frembærer det Hellige, mindst være. Hun agtede ham ikke, og her var altsaa rig Leilighed for hendes medfødte Oppositionsaand. Confirmationsforberedelsen blev saaledes Disputatsøvelser, men Alt i passende Ydmyghed mod den herskabelige Frøken, derimod gik det ud over den syndige Landsbyungdom; han bar sig ad som hiin Lærer, der læste med den Riges Søn og med sin egen, og naar hiin gjorde ham imod, slog han sin egen, med den Forsikkring: „Du er mit eget Kjød og Blod, Dig tør jeg banke!"

Sædvanligviis red Naomi ned til Præstegaarden, og den ærværdige Lærer hjalp selv den naadige Frøken af Hesten. Røgterens Dreng sprang idag til for at holde den, idet han havde det Ærinde fra Huusmandskonen, at bede Frøkenen see lidt ind til hende, thi der laae en Mand for Døden, som bad derom.

„Hvad er det for Snak!" sagde Præsten. „Hun er jo Enke. Det er Tiggeri, Løgn og Paafund!" og han førte Naomi ind i Storstuen. Det traf sig, at de læste om den barmhjertige Samaritan.

„Det var en skjøn Handling, som vi skulle efterligne!" sagde Præsten.

„Altsaa burde jeg strax idag have gaaet til Huusmandskonen!" svarede Naomi.

„Saaledes maa man ikke anvende det!“ sagde Hr. Patermann. „Hertillands er Fattigfolk lumpent Pak, sammensat af Løgn og Kneb. Her kan man ikke handle som i de østerlandske Historier!“ og han lo, thi han havde sagt noget morsomt.

I Huusmandskonens fattige Baghuus, hvor den eneste Ko stod bunden til Krybben, laae en Døende paa Straaknippet; en gammel Sæk laae over hans Fødder. Ingen var hos ham uden Koen, som strakte sit Hoved over Rækværket. De magre Fingre legede kraftløst med hverandre.

Døren gik op, og Huusmandskonen kom med en lille Potte Vand, stillede sig foran ham, og halv skjændende, halv grædende klagede hun: „Herre Jesu dog! nu ligger han og døer for mig, elendige Menneske! Det har jeg, fordi jeg lod ham faae Lov til at ligge her inat. Døden stod ham jo ud af Øinene, da han kom iaftes. O Gud hjælpe mig!“

Den Døende løftede Hovedet lidet og ligesom smilte; han lukkede derpaa Øinene igjen.

„Frøkenen vil ikke komme!“ sagde Konen. „Det vidste jeg nok, og Præsten blev gal over det! jeg faaer nok det at høre!“

Den Døende sukkede dybt. Med eet reiste han sig halv op, pegede paa den sammenbundne Kramkiste og saae paa Konen.

„Skal jeg lukke den op?“ spurgte hun.

„Ja!“ hviskede han.

Pludseligt bleve hans Øine klarere, han strakte Hænderne fremad, thi Naomi stod foran; hun var traadt ind af den aabne Dør.

„Jeg har seet Dig før!“ sagde hun, „altid naar vi mødtes, hilsede Du mig saa ærbødigt. Altid saae Du saae underligt paa mig. Er det Vand, Du giver ham?“ spurgte hun Konen. „Skaf noget bedre!“

„Ja, han kunde have godt af en Taar Brændeviin!“ sagde Konen, „men der har ikke været Draabe i mit Huus hele fjorten Dage!“

„Kjøb Viin!“ sagde Naomi og gav Konen Penge. Hun saae med forvirrede, dumme Øine paa hende og blev endnu nogle Øieblikke.

Graaspurvene fløi ind paa Steengulvet, qvidrede og fløi igjen. Den kolde Vind blæste gjennem Muursprækkerne. Det var, som om den Døende oplivedes, og der kom Ord fra hans Tunge!

„Maa jeg see paa Dig, Naomi!“

„Du veed mit Navn!“

„Jeg vidste det, før Du selv kjendte det!“ han saae paa hende med den Sørgendes Smiil. „Jeg har baaret Dig paa mine Arme, men Du kan ikke huske den gamle Joel!“

„Jeg saae Dig før!“ sagde Naomi. „Men Du kom aldrig op paa Gaarden!“

„Jeg maatte ikke,“ sagde han, „og jeg vilde ikke!“

„Hvad har Du at sige mig? spurgte hun.

Han pegede paa den aabne Kramkiste. Hvad gjemte han deri? Hvad havde han at sige? — Kunde Du forstaae den foragtede Graaspurvs Qviddren, da hørte Du, hvad den og Naomi fik at høre! fattede Du Tonerne, som den kolde Foraarsvind blæser paa sin Pansfløite, den faldefærdige Pindemuur*), da vidste Du, hvad der gjorde Naomi tankefuld, hvorfor hun paa Tilbageveien kun red Fod for Fod gjennem Kratskoven til Herregaarden.

„Er ikke Jødedommet Christendommens Fader, en omvandrende Oedip, der spottes af den yngre Slægt!“ Mon det var det hun grundede over, eller maaskee Præstens Foredrag idag om den barmhjertige Samaritan. Hendes fine Fingre vendte Bladene i en Bog, og Øiet stirrede deri med en Begjærlighed som Guldmagerens, naar han stirrer i Smeltediglen, hvor Pulverne blandes. Var det Balles Lærebog, eller Psalmebogen, den nye, forbedrede Udgave, hvoraf prosaiske Hænder have plukket Poesiens duftende Blade? Formatet var for stort,

*) I Bondens Udhuse er der tidt hele Stykker af flettede Stave og Pinde.

Bindet for gammelt og Bladene kun Papir med afbleget Skrift. Det var den høifornemme Frøkens Arvepart paa Mødrene Side. Der stod Vers og Tanker deri, og mellem Bladene laae nogle løse Papirer.

„Er det en Skam at tilhøre et verdensberømt Folk!“ var hendes Tanke. „Min Moders Fader har været rig. Joel var hans Tjener, hans gamle, tro Tjener. Da jeg var forladt, da Alt laae i Ild og Aske, gav han mig et Hjem, her hvor det er og maa være. Det gamle, trofaste Hjerte!“ Taarerne trængte frem i hendes Øine, de knustes mellem de mørke Øienhaar.

„Frøken, han er død!“ raabte Bondekonen, som paa Strømpesokker kom løbende efter hende.

Naomi holdt stille.

„Er han død!“ sagde hun. „Siig mig, hvad sagde han til Jer, da I sendte Bud efter mig?“

„Han sagde kun det, at jeg maatte hente Jer, før kunde han ikke døe! jeg vidste, at I var idag hos Præstens —“

„I har ikke forstaaet ham!“ sagde Naomi med Kulde. „See, derfor har I baaret Eder saa taabeligt ad! I sender Bud efter mig, som aldrig har talt med ham før. Jeg kjender ham ikke! I vil faae megen Utak derfor, dersom man faaer det at høre paa

Gaarden! men jeg skal tie, det lover jeg Eder, vær bare selv taus! Siig Fogeden, at Manden er død."

„Herre Gud, kjendte I ham ikke?"

„Jeg!" sagde Naomi og saae paa hende med et iiskoldt Udtryk, „Hvorfra skulde jeg kjende den gamle Jøde?"

Og hun red bort, men hendes Hjerte slog voldsomt.

„Stakkels Joel! Gud har jo fornægtet Dit Folk, saa kan vel jeg ogsaa fornægte Dig!" og hun tog Bogen frem, som hun havde skjult, og læste i den, sporede derpaa Hesten og jog afsted til Hjemmet.

Den fattigste Bonde har sin Grav i Kirkegaardens indviede Jord; kan hans fattige Slægt ei skjænke ham et Kors paa Graven, saa spænder den dog et Stykke Linned ud mellem Vidieqviste og skriver med Blæk derpaa hans Navn og Dødsdag. Den ærlige Joel, som bar Spaanæsken med sin Herres til Kul brændte Legeme, for at give det en indviet Grav, fik selv en udenfor Kirkegaardens Steengjærde, hvor den fattige Huusmandskones Ko græssede ved Stien. I fire Dage saae man endnu Spor af det hvide Sand, hun havde strøet paa Graven, men siden kastede Ungdommen, i hvem endnu det onde Dyr stikker, Stene paa den, thi de vidste, at der laae en Jøde. Og de foragtede Graaspurve satte sig paa Stenene og qviddrede deres

Sang, og de kolde Foraarsvinde blæste paa deres Pansfløite: det faldefærdige Gjærde.

Der er noget magnetisk i Læsning; vi see paa de sorte Bogstaver, og gjennem Øiet stiger et levende Billede ind i Sjælen; det griber os som den mægtige Virkelighed. Naomi læste i Bogen og Brevene, og Huset, som engang sank i Kul og Aske, stod atter opreist med de gamle, snirklede Skabe, Indskrifterne paa Dorkarmen: „Jerusalem, glemmer jeg Dig, min visnede Høire jeg glemmer." De deilige Levkoier duftede, og Solen skinnede ind igjennem Lysthusets røde Glas, hvor Strudsægget hang under Loften.

Den gamle Grevinde havde dog talt Sandhed om hendes Moder, men hun havde ikke fortalt om Nordmanden, der aflurede deres Stevne og selv i den mørke Nat i Grevens Sted sneg sig ind til den Ventende, og der var tyst, som naar Ormen overgnaver Stilken, der holder den modne Æblefrugt. Da kom den rette Beiler, og Bagvaskelsens Sange bleve gyldige Beviser. Vel er Kjærligheds Lykke stor, men Kjærligheds Smerte er større. Den smukke Sara græd, som Susanna, Hilkiæ Datter, men ingen Daniel vidnede: „jeg er uskyldig for hendes Blod." Der stode mange indholdsrige Commentarer derover, men egentlig Læsning for en Confirmand var det ikke.

„Nordmanden er Naomis Fader!" stod der med

zittrende, bleg Skrift; den gamle Joel havde skrevet det. „Det var et Snigmord paa Dit uplettede Rygte, stakkels Sara! Forskudt, med Had til Dit Barns Fader, havde Du dog kun ham, i hans Arme faldt Du med Forbandelser, og han har trykket Dødsstilhed paa Dine Læber; men Dine Klager have vakt den onde Aand i ham; Du er dræbt af ham! Israels Gud er en streng, en hævnende Herre paa Børnene i fjerde Led!"

„Nordmanden er min Fader!" sagde Naomi. „Det er jo en Vished? O min Moder! ja ved Dig hører jeg hiint forskudte Folk til! Den Vished kan Intet rokke!" Hun stillede sig for Speilet. „Jeg har ikke Nordboens blonde Haar og blaae Øine, jeg har Intet, som betegner, at jeg er født under Nordlys og Taager. Mit Haar er sort, som Asiens Børn eie det! mit Øie og mit Blod sige, at jeg tilhører en varmere Sol!"

Og hun læste i det gamle Testamente med en Begjerlighed, som den Adelstoltes, der læser i sin Stamtavle. Hendes Hjerte slog stærkt ved de kjække Qvinder, som Skriften taler om: den modige Judith og den forstandige Esther.

„Min Moders Folk var et oplyst, seirende Folk, da Norden kun eiede Horder af Vilde. Hjulet har dreiet sig!"

„Den naadige Frøken er en Antichrist i Troen!"

sagde Hr. Patermann ved Timeunderviisningen, og virkeligt kunde hendes Spørgsmaal sætte en bedre Geistlig, end han var, i stor Forlegenhed. Overladt til sig selv, skjøde hendes Tanker dristigt, tidt altfor dristigt, frem. Sin Omgivning overſaae hun, og det var hende en kjær Glæde at opponere mod den fromme Sjælesørger og bringe ham ud af det, som tidt var Tilfældet. Hun vilde vide, hvad Mohammed havde lært sit Folk, hun vilde høre Braminernes Viisdom, som den forkyndtes ved Ganges Bredder. „Alt bør man kjende for at vælge det Bedste!" sagde hun. „Den Syge og Svagelige tør man ei give uden hans bestemte Ret, men jeg er stærk nok til at nyde af dem alle!"

Ved slig en Tiltale neiede Hr. Patermann og tænkte i sit Hjerte: „kommer Nogen i den evige Ild, saa bliver det hende!" Og Alt hvad der ikke var godt ved Naomi blev forebragt den gamle Grevinde; og hun meldte igjen Sønnen Alt. Gouvernanten, der slet ikke passede til at lede og udvikle Naomi, var ogsaa gaaet over i Grevindens Tjeneste, som Forelæserinde, Pleierinde og Conversationsperpendikel. Længe havde hun ogsaa holdt paa Naomi, men da denne gjorde sig lystig over hendes tydske Poesier, gik hun over til Modpartiet. Hvad Herrens Engel spaaede Hagar om Sønnen, hun skulde føde, syntes at hvile over Naomi, som det hvilede over

Ismael: „han skal blive et vildt Menneske; hans Haand skal være imod Alle, og Alles imod ham!“ Hvad Grevinden, Præsten og Gouvernanten angik, da stode de haardt nok imod. „Jeg veed vel,“ sagde Naomi, „at, damper-Mosen, kan der let samle sig mørke Skyer. Men jeg finder just Interesse ved Uveir, ved et saadant arrangeret Uveir! Mine Herrer ville de være! Greven alene er min kongelige Herre! blive de mig for utaalelige, spille de Hamans onde Rolle, saa er jeg dristig som Esther, og naar man mindst venter det, træder jeg frem for ham. Det var en mægtigere Haand end den blonde Ludvigs, som førte Pennen, da min Person blev beskrevet paa Passet, som den Klynkepeer, den Dreng i Odense, skulde have havt!“ Og hun læste igjen om Abrahams rige Hjorder, om Davids Seire og Salomons Pragt.

Paa Roms Forum staaer en Ruin af et hedensk Tempel, og midt i dette, mellem de høie Marmorcolonner, er bygget en christen Kirke; det Gamle og det Nye holder her gjensidigt paa hinanden, men Beskuerens Blik dvæler især ved Tempelets Rester, saaledes ogsaa Naomis Tanke ved Jødedommet, idet hun betragtede det som sammenbygt med Christendommen. Medens i Almindelighed hos Ungdommen Phantasien forvandler hver Mythe til Virkelighed, begyndte hos hende den straussiske Fordunstning, som opløser alt

Historisk i Myther. Der udviklede sig hos hende en Anskuelse i Religionssager, som den i vor Tid begynder at udtale sig hos Enkelte i Tydskland, en Art Fritænkeri. Skulde man forresten nøiere bestemme hvad hun i Confirmationsaaret egentlig var, da vilde man rigtigere kalde hende Jøde, end give hende Navn af Christen. Prægtigere stod for hende den tordnende, strængtdømmende Jehovah end den milde Aand, som vi kunne tilraabe et „Abba, Fader!“ Hvad hun læste om i det gamle Testamente knyttede hun sammen med sine Barndoms Erindringer, og hun tænkte paa Joel, paa den sidste Samtale med ham.

Paa hans Grav græssede Huusmandskonens Ko, da hun første Gang gik forbi Stedet. Hun saae ind over Steenhegnet og smiilte.

„Derinde eller herude —? Ormene gnave dem dog lige godt! Bibelen forkynder Opstandelse, og Bibelen er Guds egne Ord, siger man mig; men i den samme Bog staaer ogsaa: „En Sky farer hen og forsvinder, ligedan skal ei heller den, der nedstiger i Graven, komme op igjen!“*) Det maa jo ogsaa være Sandhed, thi det staaer i Bibelen! Jeg maa troe det Ene, saavelsom det Andet. Der er ingen Udødelighed, staaer der. Jehovahs fuldkomneste Skabning maa,

*) Job 7 Cap. 9 V.

som Menneskets Værk, falde hen i Støv, ophøre tidligere end selve Statuen, Støv har formet; alle Skabninger, alle Kloder henfalde, om end Millioner Aar hengaae, de maae falde! eensom svæver Jehovah over sine Værkers Ruiner, eensom over et Chaos, som han jo fra Evighed gjorde det! „Som Skyen farer hen og forsvinder, skal heller Ingen opstaae af Graven!" har Bibelen sagt mig: „mine Dage flyve hen som en Væverskytte og ere forsvundne uden Haab!" altsaa leve hurtigt, men leve! indaande Glæde og briste i et Nu!" —

Søndagen derefter raslede Atlasset henover Gulvet af den pyntede Kirke, hvor Granerne hang i Guirlander, og de røde Altarlys brændte. Naomi stod øverst; hun var den Første af Confirmanderne, altsaa den Bedste. Ingen svarede som hun, Ingen gav bedre end hun Beviset paa at have lært sin Christendom.

Karreten rullede fra Kirken; Hjulsporet gik over Joels Grav.

„Idag har jeg svoret til de Christnes Fane!" sagde Naomi tankefuld. „De have opfødt mig dertil, de have givet mig at spise og drikke, for at jeg skulde være En af deres. En Overløber bliver straffet, veed jeg. Nu, om man staaer ved Rytteriet eller ved Fodfolket, bliver vel eet og det samme, naar det kun er een Konge man tjener!" Hun blev tankefuld. „O

Gud, jeg er ogsaa saa ene i denne Verden!“ sagde hun, og Vandet trængte frem mellem de mørke Øienhaar.

Tjeneren kaldte hende til det festlige Maaltid. Hr. Patermann førte den gamle Grevinde tilbords. Naomi var i Atlas, med den røde Rosenknop ved det bankende Hjerte.

XI.

Schöne Bilder, schöne Sachen,
Halb zum Weinen, halb zum Lachen,
Wie sich's dreht und steht und geht;
Kommt und seht.

F. Rückert.

Ligesom den fattige Kone altid for Nemhedens Skyld har siddende paa Tenen en lille Traad, som hun kan knytte sit nye Spind til, saaledes har Almuesmanden i sin Brevstiil altid en bestemt Traad at begynde med og udspinde videre: „Jeg er frisk og vel og ønsker at høre det samme fra Dig!“ skjøndt denne Begyndelse tidt aldeles modsiges ved det Følgende i Brevet. Saaledes begyndte da ogsaa den ærlige Peter Wiks Svar paa Christians Skrivelse; Resten lød, som følger:

— „Naar tog Du ind at blive gal paa?“ skrev han. „Sæt mig ikke alle Klude til, før der er Ladning ombord! See vel til, at Du bevarer den Smule, Du har i øverste Etage! forresten er jeg Din indtil Døden tro Ven.

Peter Wik,

Eier og Fører af Skibet Luzie.“

Vennens Haand slaaer haardere end Uvennens! og havde Peter Wik dog ikke nogen Ret? Christian kunde ikke ganske nægte det, og han var saaret, men ikke krænket, som da Naomi i Vrede forlod ham, fordi han ikke blindthen fulgte hendes eventyrlige Planer. Hans Selvfølelse var bleven vakt, og det fortrød ham dybt, at han ei havde kastet hendes Penge til hende. Nu havde han hundrede kjække Svar, han vilde have givet! Morgenen efter var det, at han kun saae en Gruushob, hvor Hjemmet var, han hørte den forladte Moders Klage og gav hende det Halve af Pengene, de kunde vel erstattes igjen ved Gunst eller Gave, ved egen Flid; det var den øieblikkelige Tanke. Tag et Raad af Din Ven, men aldrig en Gave, som Du ei kan give igjen. Sandheden heraf følte han dybt og tilbagekaldte i sin Erindring, hvor ofte Naomi var traadt ham kold og haard imøde. „Jeg elsker hende ikke mere!“ sagde han. „Hun er smuk, men det er det Hele!“ og dog dvælede hans Tanker altid ved hende, dog drømte han, hvorledes hun havde siddet ved hans Seng, rakt ham Haanden, og hvorledes han engang trykkede sit Kys paa hendes Kinder. Det var en deilig Drøm. Halvdelen af Naomis Penge havde han givet sin Moder, det var Lænken, som trykkede, og dobbelt tung laae den, thi hans Moder var jo dog ikke bleven lykkeligere.

I Huusmandens fattige Kammer sad hun med sit lille Barn. Mandens rige Slægt havde aldrig været hende god, nu var jo Baandet hævet, meente de; Barnet vilde de tage til sig, men det vilde hun ikke slippe, og derfor talte hun haarde Ord i sin Fattigdom. Niels sad ved Bordet og hørte derpaa.

„Saa kan Du jo tage Din Skrædder igjen!" sagde han. „Hundrede Rigsdaler løb han da af med — !"

„Han fik mange flere!" sagde Maria, „men han gav sit Liv og Blod derfor!"

„Han tog sig nok iagt!" sagde Niels. „Du skal ikke troe, at han er død, jeg har seet ham for Aar og Dag siden. Han kom jo om Aftenen til Gaarden, og Fa'er gav ham en Hundred- eller Halvhundreddalerssedel, for at faae ham ud af Landet! Klynk derfor ikke for ham! Du kan blive Madame endnu!"

„Herre Jesus, hvad siger Du, Barn!" sagde Maria med foldede Hænder.

„Jeg siger, at Du skal ikke tale ondt om min Slægt, fordi den ikke vil føde Dig! Du har jo Ingenting bragt i Huset, saa kan Du vel ogsaa gaae bort uden Noget! Din første Mand er ilive, Du kan vel nøies med ham!"

„Vor Herre være os naadig!" sagde Maria og lyttede med tungt Aandedrag til hvad Niels fortalte. „Du er et ondt Dyr!" sagde hun. „Ikke et sandt Ord gaaer fra Din Tunge!" og hun brast i en hæftig Graad.

I Odense var ankommet en Beridertroup, der vilde gaae til Kjøbenhavn. De smukke Mennesker, de prægtige Heste bleve meget omtalte; Christian og flere Dilettanter assisterede dem.

Naomi og den gamle Grevinde vare i Odense. De vare Begge fyldestgjorte. Den eneste Dame i Selskabet havde noget saa anstændigt, som Grevinden kaldte det, at man slet ikke blev forlegen ved at see paa hendes smukke Lemmer; hun stod med vaiende Fjer i Hatten og Faner i hver Haand, medens den sorte Hest syntes at flyve. Naomi misundte hende dette Øieblik. Mændene vare Alle saa herligt udviklede, muskelstærke og kraftige; de sværeste Kunster syntes en Leg, og dog sagde man, at der var En endnu mere udmærket imellem dem: Ladislaus, en Polak paa 21 Aar. Hans Mod skulde gaae til Forvovenhed, forsikkrede man; nylig var han kommet op af en svær Sygdom, derfor kunde han endnu ikke vise sig for Publikum. Han ledte en af Hestene frem, og Alles Opmærksomhed var henvendt paa den virkelig idealsk-skjønne Mand, hvis Ansigt Sygdommen havde gjort magert og guulblegt, men Trækkene vare saa kjække, overmodige kunde de kaldes. De sorte Øienbryn forøgede just det dristige Udtryk, men Øinene vare saa uendeligt sorgfulde, muligt Spor endnu af den lidende Tilstand, han havde været i. Han var dem Alle interessantest, skjøndt man slet ikke havde seet Prøver af hans Kunst. Rygtet glemte da ikke at udsprede Historier om ham, at han var af Adel, at han havde ved et Vaadeskud dræbt sin Brud, Andre vilde vide, at han for en Duel havde forladt sit Fædreland; en Tredie sagde, at han af Kjærlighed til en smuk Beriderske havde forladt sit rige Hjem, og at hans Brud var nylig død! Alt var Gisninger, som Rygtet gjorde til Vished, men hvorledes det nu stod eller ikke stod, interessant var den blege, alvorlige Kunstberider.

„Ja, han har været meget syg!" sagde Grevinden, „og hvad Pleie kan det stakkels Menneske have havt! jeg føler det, som veed hvad Sygdom er! det maa være et skrækkeligt Liv, saaledes intet Hjem at have, jage afsted fra Land til Land; ikke engang at kunne faae en Smule Havresuppe!"

„Det er et lyksaligt Liv!“ sagde Naomi. „Jeg kunde misunde hende med de vaiende Faner og bølgende Fjer!“

„Tilsidst knække de dog en Arm eller et Been!“ sagde Grevinden, „de blive ulykkelige Krøblinge, hvis de ikke døe!“

Naomi rystede med Hovedet og tænkte meget paa den smukke Berider Ladislaus. Med Christian havde hun ikke talt siden hiin Aften, da hun i Vrede tog bort fra Vertshuset; naar hendes Dine hvilede paa Berideren, fæstede han sit Blik paa hende; „Amor et melle et felle est fecundissimus!“ siger Plautus; i Christians Hjerte stod Sandheden heraf.

Naomi og den gamle Grevinde havde faaet Plads tæt ved Orchestret, Hr Knepus talte med den naadige Frue, Christian maatte gjøre sin Compliment, men til Naomi sagde han ikke et Ord. Forestillingen var næsten forbi, da bøiede hun sig halv over mod ham. „Følg med denne Troup som Capelmester!“ hviskede hun. „See nu er der en Leilighed!“

„Hvad vandt jeg derved?“ spurgte han med haard Stemme, thi hans Hjerte var alt blødt som Vox, han kunde have bøiet sig i næste Nu, for at kysse hendes Haand og bede om Tilgivelse for hver vred Tanke.

„Du vandt i det mindste, at Du skiftede Climat!“ sagde hun koldt og talte ei mere til ham.

Ja Climatet, det var Hjælpethemaet i Conversationens evige Stridsconcerter i det grevelige Hjem. Lad Poeter og Patrioter synge og sige saameget de ville om Danmarks Deilighed, Naomi erklærede dog, at vi leve i et usselt Clima. „Havde Himlen tænkt paa,“ sagde hun, „at vor Beundringssands for Naturen skulde have hævet sig til denne Potens, da vare vi ganske vist, som Sneglen, blevet skabte med Huus paa Ryggen, og vi havde været frie for den evige Passen paa Kapper, Kaaber og Paraplnier, som nu udgjøre en kostbar Deel af vor Person. Vort Aar bestaaer, som i de tropiske Lande, af den tørre og den vaade Tid, kun med den Forandring, at den tørre hos os er om Vinteren, og det er Kulden som binder, den vaade Tid derimod kalde vi Sommer, og den giver os friske, duftende Skove, som vi med Ret ere stolte af; den skaber de deilige Skyformationer, som ikke nok blive beundrede, da Mængden ikke seer saa høit. Vi kunne endnu faae deilige Sommerdage, hedder det ind i September, men kommer der da heller Ingen, saa trøster man sig med, at nu er det for seent paa Aaret til at kunne forlange stadigt Veir. Det er godt, at det Onde kommer ned. „Naar bare vor Herre vil give os en god Regn, det seer ellers sørgeligt ud for Landmanden!“ Denne vor egentlige Nationalsang synges hver Sommer, naar Jorden ikke staaer i en Velling. Mennesket, som to eller tre Gange i sit Liv bedrager sin Næste kalde vi, og med Rette, et slet Menneske; Sommeren derimod, som lumskelig gnaver paa vor Sundhed, Sommeren, der ikke et Par Dage er at stole paa, saa man altid maa føre sit Sneglehuus med sig, tør vi derimod ikke kalde slet. Vi skulle tænke paa Bondens Fordeel, ikke paa vor Glæde! siger man altid til mig, men Bonden er jo heller ikke fornøiet; er det virkelig for ham et daarligt Aar, da siger han, og har Grund dertil: Herregud, iaar faae vi Ingenting! men er Høsten velsignet, da sukker han ogsaa: Herre Gud, ja nu er der saa meget, hele Landet over, at man faaer Ingenting for det! Han klager og klager! skulde vi da ikke have Lov dertil, vi, som have Sands for Naturskjønhed; ak, den er hos os flygtig som Regnbuen, i det mindste see vi dem begge under samme Betingelser — altid med en Byge over Hovedet!"

Det var Naomis Anskuelser. Fædrelandskjærlighed eiede hun ikke, sagde den gamle Grevinde, og Christendom havde hun ikke heller, forsikkrede Herr Patermann. Kunde han end ikke gjøre hende til selve Antichristen, saa erklærede han hende dog i Forhold til denne som en qvindelig Jean Baptist, der tydede paa hiins snare Fremtræden. I religieus Henseende var hendes Anskuelse hverken ascetisk eller hellenisk, snarere var hun en forudsflyvende Partigængerske af „det unge Tydskland;" man vil indvende herimod, at hun intet Indblik havde i Philosophien, men man behøver kun ganske homøopathisk at have nydt den, for at være saa god som største Delen af denne Skole, kun at man eier Veltalenhed, samt veed og tillige følger det saakaldte ellevte Bud.

Hr. Patermann brummede den gamle Vise: „ein schlechter Christ!" og den gamle Grevinde sang sit: „Danmark, deiligst Vang og Vænge!" og meente, at intet andet Land overgik vort; hun kjendte rigtignok intet uden det.

„Jeg er ingen Digter, som synger for at faae Dannebrogsorden!" sagde Naomi, „jeg er ingen patriotisk Taler, som vil have Plads i de Danskes Characteerbog: Statscalenderen; hvad der er smukt erkjender jeg, og gjorde de Andre ikke formeget deraf, vilde jeg maaskee ogsaa være begeistret!" Det var Sandhed, hun beundrede maaskee mere end hine den grønne, duftende Skov, de dristigt formede Skyer, Havet og Kæmpehøiene med de blomstrende Brombærranker, men hun vidste ogsaa, at der fandtes større Skjønheder i Guds Verden, og at Climaet hos os er elendigt.

„Du skulde rigtig reise hen, hvor der var bedre!"

blev saaledes altid Grevindens Omqvæd til Naomis Climavise.

„Jeg tænker ogsaa paa det!" var Svaret.

Saaledes gik Sommeren 1819; en Reise, rigtignok en ganske lille, et Vinterophold i Kjøbenhavn forestod. Naomi skulde være i et med det grevelige beslægtet adeligt Huus, hvor alt Rigt og Prægtigt mødtes, hvor naturligviis ogsaa Landets skjønne Aander kom, hvis Humor og Aand oftest i slige Kredse betragtes som et Slags offentligt Springvand; de blive indbudne for at lade det springe for de andre Gjester. Naomi glædede sig især til denne aandige Skueret, ja var alene lykkelig ved Tanken om Overgangen fra Sygestuen til Selskabssalen, fra Hr. Patermanns Taler til Skuespil og Opera. Nu var hun jo Dame, hun saae sin Skjønhed, hun begreb sin Forstand, men det faldt hende dog ikke ind, at hun i det høitfornemme Huus kun havde disse to at støtte sig paa, eftersom Stamtavlen manglede.

„Endelig skal jeg da begynde at leve!" jublede hun. „Endelig slipper jeg da ud af Bastillen!" Om vi for hendes Lykkes Skyld skulde ønsket hende, at hun idetmindste havde blevet det eet Aar endnu — ja, det vil Tiden lære.

XII.

„Hev! hev!“ ein Spottruf, dessen man sich in neuerer Zeit bei tumultuarischen Auftritten gegen die Juden bediente. — Unerwiesen ist es, daß der Ruf schon bei den Judenverfolgungen des Mittelalters angewendet worden sei, und die Deutung durch Hierosolyma est perdita, wovon die Anfangsbuchstaben das seltsame Hep allerdings gebildet wurden, ist eine völlig verunglückte. Wahrscheinlich ist Hep das landschaftliche Wort für eine Ziege und soll auf eine spöttische Weise den bärtigen Juden bezeichnen. Sonderbar bleibt es, daß sich dieser Ruf selbst über die Gränzen unseres Vaterlandes verbreitete, z. B. in Kopenhagen.

Allgemeine Encyclopädie der Wissenschaften und Künste.

Ud paa Aftenen den 4de September 1819 rullede Naomi ind i Kjøbenhavn. Hvilket Liv, hvilken Bevægelse i Gaderne, dobbelt slaaende, naar man kommer fra Provindserne. Saa levende som her var, syntes det heller aldrig før, under de tidligere Besøg, at have forekommet hende. Alle Mennesker vare i stor Bevægelse, som Blodet i en Febersyg. Enkelte Folkesværme stimlede sammen i Sidegaderne, Soldater joge forbi, som vare de Stafetter, der bragte Depescher til det kongelige Sommerslot. Det Hele bebudede noget Usædvanligt.

Naomi lod Glasset i Karreetvinduet glide ned og stirrede ud. Østergade, som de skulde igjennem, var aldeles spærret af Mennesker; vilde Skrig lode,

Ruder klirrede, der faldt Skud. Kudsken maatte dreie af til een af Sidegaderne. Et Par ældre fyenske Damer, som gjorde Reisen med Naomi, kunde neppe aande af Skræk.

„Hvad er det!?" raabte Naomi ud af Vognen; Lygten oplyste ganske hendes Ansigt. En Karl af den simplere Classe stirrede paa hende.

„Hun hører ogsaa til Moses's Familie!" sagde han, „det er nok en heel Jøderede, der kjører bort!"

„Hep, hep!" skreg en vild Skare, som strømmede til; Karlen rev Karreetdøren op og kigede derind; Naomi stødte den modsatte Dør op og sprang i sin første, øieblikkelige Forvirring ud paa Gaden; Kudsken derimod smældede med sin Pidsk og kjørte til; et Par Husarer med dragne Sabler trængte ind paa Skaren, midt i hvilken Naomi stod; hurtigt samlede hun sin Fatning, tilbageholdt sit Skrig og lod Sløret falde for sit Ansigt, idet hun endnu ikke vidste mere, end at her var et Folkeopløb.

„For Guds Skyld kom!" hviskede en Stemme tæt ved hende; en Mand greb hendes Haand, drog hende ud af Brimlen og ind i den nærmeste Forstue.

„Her er smult Vande," sagde han, „nu stikke vi over Gaarden, og saa er Jomfruen som i sin Moders Dragkistesluffe!"

„Hvem gjælder dette Opløb?" spurgte Naomi.

„Det er Deres Folk, de ville have overbord!" svarede Manden og nævnede nu et Navn, af hvis Familie han antog hende at være, og med hvilken han havde et Slags Bekjendtskab. Gjennem Gaarden kunde han føre hende til dette Hjem.

„Jeg er ingen Jøde!" sagde Naomi.

„Saa lyver s'gu' Flaget!" svarede Manden. „Jeg saae Dem jo ogsaa springe ud af Vognen. Mit Navn er Peter Wik, mit Skib ligger i Nyhavn. De kan roligt betroe Dem til mig!"

Naomi smilede. „Vi have engang før reist sammen over Isen fra Sverrig!" sagde hun.

„Javist! da var der ingen Bjælker under!" Nu vare de gamle, gode Bekjendte.

Hun nævnede ham det Sted, hvor man ventede hende, og de gik igjennem en af de mindre Sidegader.

„Det er en god Tid for Glarmestrene!" sagde Peter Wik. „Der gaaer flere Vinduer end Jødernes! ja, de have det godt, som boe paa Qvisten. Der har jeg ogsaa mine Qvindfolk. Ja, jeg har to med, som skal see Byen, eftersom jeg kun ligger her et Par Dage. Drengen er her ogsaa; ja nu er han løbet op og kan bedre knibe paa Violinen! deroppe sidde de!" og han pegede paa een af Sidebygningerne.

„Er det iaften at Urolighederne ere begyndte?" spurgte Naomi.

„Ja det er! men de lægge sig nok ikke saa gesvindt. I Hamborg har de begyndt med Commercen, og det er gaaet som en Løbeild hertil; nu siger man, at der ligger paa Rheden to Skibe med Jødefamilier, som ville nedsætte sig her i Byen. Løgn er det, men Folk troe det alligevel!"

„Idet han talte strømmede en Brimmel af Mennesker fra den nære Hovedgade ind i den, hvor de vare, og spærrede dem Veien; enkelte Skud faldt. Peter Wik stod et Øieblik tvivlraadig. Nu hørte han en Flok Drenge jage lige imod dem. Tæt ved klirrede Ruderne.

„Jeg troer, at vi ere slupne fra Asken og ind i Ilden!" sagde han.

„Men vi maae igjennem!" meente Naomi.

„Ja, naar vi kun ikke faae en Steen i Nakken!" sagde Peter Wik. „Jeg er bange for, at ikke alle Stenene komme fra Gaden. Der kan nu saa grumme let falde een fra Gjenboens Loft. Disse Landorkaner ere værre end de paa Søen! Hvad jeg troer var det bedste er nok, om Frøkenen vil tage tiltakke med mine Fruentimmers Selskab, medens jeg skaffer en Karreet fra Vognmanden."

Trængselen for og bag tog mere og mere til, idet de smaa Stræder, som forenede Hovedgaden med denne, ligesom Canaler afledte her den overvældende Mængde.

„Dersom Frøkenen vil holde mig i Kjoleskjødet," sagde Peter Wik, „saa skal jeg være Lanterne!" og de steg op af den mørke, smalle Trappe. Han bankede paa en Dør, og en qvindelig Stemme spurgte frygtsomt, hvem det var. „Mig, Din Gaas!" sagde Peter Wik, og de traadte ind i det lille Værelse.

Luzie stod med Lyset i Haanden, hendes Moder, halv bondeklædt, sad med Værtinden og Christian ved det tarvelige Aftensbord.

„Visk en Stol af til Frøkenen!" sagde Peter Wik, „nu skal jeg hente Kjøretøiet!" og han sprang afsted fra det lille Selskab, hvor den gjensidige Forundring omtrent var lige stor. Alle Tre havde imidlertid reist sig op, men endnu ikke sagt et Ord.

Naomi bad om Undskyldning for den Uleilighed, hun gjorde, og fortalte sit Eventyr; først da bleve de Andre lidt mere meddelelige.

Alle vare de i Angst, men især Luzie, der med Moderen første Gang var kommet til Kjøbenhavn, for dog ogsaa at see den prægtige By. Enken, de boede hos, var en gammel Veninde af Moderen; de To havde i deres unge Dage tjent i Gaard sammen. Peter Wik havde taget dem og Christian med, eftersom hans

Ophold her kun blev en 8—14 Dage; den halve Tid var alt hengaaet.

Som Paris i Julidagene har forekommet den rolige Nordbo, syntes Kjøbenhavn disse stilfærdige Provindsbeboere; men hvilken Rigdom og Pragt havde de dog her seet! det afgav Stof nok til Tale for et heelt Liv. De kongelige Stalde med Marmorpiller og hvælvet Loft overgik langt hver Landsbykirke, de kjendte. Børsen med alle dens Boutiker, der ordentligt dannede to Gader, var jo en lille By under Tag. De havde seet Kongehuset seile med Musik gjennem Canalerne i Frederiksberg Have; de havde været ombord paa et Linieskib, der var saa stort og vildsomt, at man der ret kunde gjøre sig en Forestilling om Noæ Ark, som rummede alle Jordens Dyrearter.

Alt dette blev meddeelt Naomi i et Slags Takeduet mellem Moder og Datter, men Moderen havde første Stemme, der afbrødes kun ved et enkelt Skrig fra Gaden, eller ved Lyden af Hestenes Hov, naar Patrouillerne rede forbi; da korsede hun sig og udaandede sagte et „Herre Jesus!“ Luzie kunde ikke noksom betragte Naomi, om hvem Christian havde talt saa meget.

Næsten en Time gik, men Peter Wik kom endnu ikke tilbage. Det var vist vanskeligt at faae en Vogn. Alt syntes igjen stille udenfor. Man ventede forgjæves.

Hver Vogn, der lod sig høre, troede man var den bestilte, men de rullede Alle forbi. Forgjæves begyndte man paa en ny Samtale; den vilde ikke ret gaae; uroligt stirrede de til Døren, men Peter Wik kom ikke. Naomi begyndte at finde det uhyggeligt heroppe hos de fremmede Mennesker paa det lille, snevre Kammer.

Vægteren raabte Elleve; endnu sad de i deres Eensomhed.

„O Gud!" sukkede Luzie, „om de har skudt ham. Hvor let kunne de dog ikke skyde feil!"

„Det er jo med løst Krud!" sagde Naomi. „Forresten er jeg ikke længer bange for at gaae, naar kun Christian vil følge med mig!"

„Nei, nei!" sagde de Andre, „det gaaer ikke an! lad os dog endnu vente."

Værtinden bragte et Spil Kort, for at de kunde fordrive Tiden med det.

„Men om Christian gik ned og saae efter ham," sagde Naomi. Han var villig dertil og lovede at komme snart tilbage.

„For Guds Skyld, tag Dig iagt!" sagde Luzie. „O, jeg er saa ängest for ham!"

„Det er jo et vorent Menneske!" sagde Naomi, „kjender jeg ham ret, gaaer han nok ikke længer end ned i Gadedøren!" Det var imidlertid ikke Tilfældet.

Fruentimmerne vare nu alene.

„Hør, Vægteren piber!“ sukkede Luzie. „O, hvor her dog er ængsteligt i saa stor en By! og man boer saa høit oppe; den ene Familie høiere end den anden! Gid vi vare hjemme igjen i vort rolige Hjem!“

„Men der kjeder man sig!“ sagde Naomi.

„O nei!“ svarede Luzie. „Om Sommeren er man jo altid ude i det gode Veir, og om Vinteren er der saa meget at pusle med. Jeg længes nu ordentlig efter igjen at see kun paa Gjenboens Gavl og hans skjæve Vindue, som Aar ud og Aar ind har været Udsigten fra mit Kammer; ja, det længes jeg ordentlig efter, thi der har jeg ikke den Hjerteangst, som her. Strax fornøiede det mig nok, at see alt dette Nye og Prægtige, men selv medens jeg saae det, havde jeg dog en sær, en ængstelig Følelse mellem disse mange Mennesker; ikke En af dem kjender mig! jeg er dem Alle ligegyldig. Det er en underlig Tanke!“

Christian var imidlertid paa Gaden. Alt var for Øieblikket stille; Porte og Døre vare efter Befaling lukkede; men gjennem Vinduerne skinnede allevegne Lysene ud og viste, at man ikke var tilsengs. Hvert Huus syntes en stum Søvngænger, i hvis Indre Liv og Tanke rørte sig. Kun i Dandseboden var mørkt; ingen Straale faldt igjennem de udskaarne Hjerter i Vinduesskodderne. Christian tænkte paa Steffen-

Karreet. Nu laae den kolde Jord alt længe over hendes Kiste. Peter Wik saae han intet til, og hos Vognmanden var lukket, Ingen aabnede Porten, da han bankede. Det blev altsaa kun en sørgelig Besked, han bragte de Ventende.

Naomi opfattede sin Situation fra den romantiske Side, og det var den eneste, hvori den havde noget Behageligt. Luzie var nær ved at græde.

„Kommer Mo'rbro'r ikke til den er Tolv," sagde hun, „da Gud forbarme sig! da er en Ulykke skeet!"

„Vor Herre er god og naadig!" sagde Luzies Moder og lagde Kortene op, for at see, hvad de sagde.

„O, Moder!" udbrød Luzie, „læg Kortene bort! Jeg synes, der er noget Gudsbespotteligt deri, at sidde med Kort en Aften som denne!"

Klokken slog tre Qvarteer til Tolv; de talte hvert Slag. Som Columbus's Mandskab havde de sat en bestemt Tid, paa hvilken Haabet maatte aldeles opgives; hine satte Dage, disse en bestemt Time, og denne var Klokken Tolv.

Den ærlige Peter Wik havde ogsaa talt Qvarteerslagene, men to Timer tidligere end de; nu var han resigneret; forresten befandt han sig i stort Selskab, paa hvilket man i ingen Henseende kunde anvende Goethes Ord:

„Gute Gesellschaft hab' ich gesehn, man nennt sie die gute,
Wenn sie zum kleinsten Gedicht keine Gelegenheit giebt."

nei, godt kunde det aldeles ikke kaldes, men det var særdeles brugbart for Poesien, især den romantiske, og bestod af en Art blandede Characterer, et lille Selskab, som Politiet i en urolig Nat kan samle det. De befandt sig Alle i en stor, rummelig Sal, der om Dagen blev afbenyttet til Forhør; gjennem et Glasvindue over Døren skinnede en Lygte ind til dem. Alle de, der i denne Aften vare grebne som Forstyrrere af den offentlige Rolighed, sade og laae her i forskjellige Grupper.

„Loven maa have sin Gang!" sagde Peter Wik, „det var et lille Feilgreb, at jeg kom herop! men hvad skal man sige. Imorgen vil det nok gi'e sig!" Han tænkte paa dem derhjemme og paa Naomi, som ventede, at Vognen skulde komme! „Ja hun fik længe Lov at vente!" Havde han ikke tydeligt nok sagt det til Husarerne, da de i Trængselen tog ham med. De vare nu altid saa raske paa det! Ingenting vilde de høre! det vilde ikke heller Vægtervagtmesteren. Ind til Krapylet skulde man, og Jernstangen strax for Døren. Der var ikke Andet at gjøre end at sove. Imorgen skulde han nok klare Papirerne.

Da Klokken slog Tolv sov han en god Søvn, men i hans Hjem var Forvisning om, at en eller anden

Ulykke var hændt ham. Hvad skulde de gjøre? Naomi resignerede; hun lagde sit Hoved op til Ryggen af Lænestolen, og træt af Reisen sov hun snart ind. Først da hun sov, lod Luzie sine Taarer frit Løb, til ogsaa hendes Hoved bøiede sig; men hun drømte ikke som Naomi om enkelte Solskinsdage i Fyen, om Kæmpehøie og luftseilende Skyer, hun drømte om den urolige Sø, hun havde seilet over, og om den urolige By, hun var i; derfor drog hun sit Aandedrag saa dybt, og hendes Bryst hævede sig som hos en Syg. Den stille, milde Pige var sovende et Billede paa Lidenskab, medens den vilde Naomi syntes en stille, yndig Skabning, hos hvem Alt aandede Fred og Hvile. Christian betragtede dem begge. De urolige Drømme, som med galvanisk Kraft virkede paa Luzie, tilbagekaldte hos ham Erindringen om hiin Nat ved Kilden, og det forekom ham, som om hun i sin Søvn vugges tilbage i hiin Sjæletilstand. Det var ham ængsteligt at see.

Uvilkaarligt stillede han sig tæt ved Naomi, stirrede paa hende, til hans Blod blev Ild; han følte en Trang, et vildt Instinct til at trykke sine Læber til hendes. I Beskuelsen inddrak han Kjærlighedens stærke Gift. Hun laae ubevægelig; det deilige Medusahoved forstenede ikke, men smeltede hans Bryst, medens Luzie kun indjog Skræk og Angst.

Lyset brændte ned i Stagen; han mærkede det ikke, før det blussede op, idet det sluktes.

XIII.

Rask sporer han sin Ganger
I den dæmrende Sol; — —
Hans Lokker flagre prægtigt,
Hans Blik er kjækt og smukt,
Der ligger noget Mægtigt
I dets raske Ørneflugt.

H. P. Holst.

Hab' ich doch einen Tag gelebt, einen Tag, wie Du Dir nie einen gewähren, noch erschaffen kannst! Hab' ich doch den Traum eines lustigen Daseins gehabt, kurz und anmuthig wie ein Frühlingsmorgen, ein Champagnerrausch! Aber dann — —

Cavalier-Perspective.

Baronens Huus, i hvilket Naomi opholdt sig, var et rigt Huus; Alle gjaldt de for Patrioter og fandt, at Naomi ikke var det, og dog vilde ethvert Lands Armand Carrel have erklæret hende for den Dueligste af dem til at tjene som Recrut under Tidsalderens Frihedsfane. Der blev meget læst, og dog indskrænkede Bekjendtskabet med Landets Literatur sig kun til Addresseavisen og de originale Stykker, som Familien fik at see i

Theatret paa dens Abonnementsaften; derimod hørte man altid her Begeistring over en eller anden engelsk Roman, „o den er ganske superb!“ og tidt stod den dog meget under, hvad vor egen Literatur frembragte. Man huskede ikke paa, at Alt i Verden er underkastet Naturlove, saaledes ogsaa Digteren; hans Berømthed afhænger ikke af hans Værkers Fortrinlighed, men af hans Fædrelands Størrelse, denne og hans egen Storhed multipliceres med hinanden, og Fædrelandet er altid en Tier. Familien var meget religieus, det vil sige, de toge gjerne i Kirke og hørte, hvem Hoffet hørte. Naomi var derimod ganske en Kjætterske. Ligesom i vor Tid Kunstneren Adam har vovet, trods den parisiske Geistligheds Villie, at smykke Pantheon med Voltaires og andre Aandens Helgener, istedenfor med Genovevas og Legendernes fromme Billeder, anbragte hun i sin Religions Tempel Socrates ved Siden af Paulus, Mohammed ved Zoroaster. Smuk, men endnu mere bizar, fandt man Naomi; at de Alle kjendte hendes Slægtregister var temmeligt vist, og saaledes manglede hun et Par Nuller bag efter sin Navneværdi. Alt var imidlertid Høflighed, den fine, iiskolde Høflighed, saa skinnende blank, at en egentlig Opposition blev gjort umulig. Havde Naomi nedstammet fra en eller anden berømt Slægt, da tør vi ganske sikkert troe, at hun vilde have sat Priis derpaa, ligesom det jo altid bliver et medfødt Gode at høre til en Familie, der har fortjent Udmærkelse fremfor Andre; neppe vilde hun have efterlignet hine Adelsmænd, som Historien viser os Exempler paa, der begeistrede over Frankrigs første Revolution, opgave deres Adelsdiplom og kun vilde være borgerlige*); nu hyldede hun derimod disses Mod og erklærede, at de først herved havde viist Aandsadel. Havde den gamle Joel traadt ind i Salen til hende og de adelige Frøkener, vilde hun maaskee nu have sat en Stolthed i at sige: „jeg kjender ham!"

En dansk Forfatter**) har allerede gjort opmærksom paa, at i Danmark findes saa mange Kammerjunkere, at naar en Dansk kommer til Hamborg, og man i Hotellet ikke veed hans Titel, kaldes han Kammerjunker, da dette sædvanligviis slaaer til. Her i Huset kom næsten hele denne Kaste, og En var der, som med Hensyn til Naomi blev betragtet med ganske egne Øine, nemlig som hendes erklærede Tilbeder, det vil sige, han gjorde alle Krumninger, der betegne A, men hun vilde ikke sige B. Han var en Holstener, altsaa en Tydsker, og det med Liv og Sjæl; men derfor kan man ikke dadle ham, meente Naomi, „det er Sproget og ikke den politiske

---

*) I Sverrig gaves ligeledes et Par Exempler.

**) Carl Bernhard.

Grændse, eller Floder og Bjerge, som skiller Nationer. I Norden bliver Norge og Danmark Broder og Søster, Sverrig er en Halvbroder, Tydskland en Fætter og England en Slægtning langt ude."

Kammerjunkerens Fader var nylig blevet Jubeloldling. „Det blev," meente Naomi, „Alle de, som ei havde gjort Andet, end at vor Herre ikke vilde have dem!" men Sligt skulde hun ikke sige.

I Februar kom fra Sverrig en tydsk Berider-troup, der alt i Mai vilde gaae til Wien. Kammerjunkeren tog en Loge og inviterede i den hele Familien. Frøken Emma var især passioneret for Heste, hver fjortende Dag gav hun sine to Rigsdaler for at ride en Tour med en kongelig Berider, Ingen kunde altsaa være gladere ved Indbydelsen, end hun. Som Duenna for de mange unge Damer, Kammerjunkeren førte i sin Loge, var hans Tante, Grevinde Höhn, som, efter den blandt flere af den høiere Classe hos os antagne Maade at benævnes paa, istedenfor Titelen, tilføier ved Navnet Endelsen en, kom til at hedde Höhnen; under hendes Portrait kunde man med Betydning have anvendt Le Sages Ord:

„C'est la perle des duegnes, un vrai dragon pour garder la pudicité du sexe."*)

---

*) Gil Blas.

Kammerjunkeren udtalte sin Trang efter at see et Skuespil; hvad man gav paa vort Theater havde han jo seet bedre i Hamborg, dette egentlige Nordhjørne af vort civiliserede Europa.

Med hvilken Hurtighed rullede dog Vognen afsted gjennem de vinterlige Gader. De fire Karreethjul dreiede sig mange hundrede Gange og med disse det store Skjæbnehjul. Gid dog at Karreten havde væltet, saa at Damerne havde faaet en lille Skræk, og Naomi havde brækket en Arm. Ja, det havde været en skrækkelig Ulykke, men naar hørte man vel, at der skete en Ulykke med Delinqventen, idet han kjørte til Retterstedet: aldrig løbe da Hestene løbsk, aldrig knækkes en Axel.

Tilskuerpladsene vare særdeles godt besatte. Orchesteret spillede en af disse lette, hensvævende Melodier, der ved første Gang at høres, virker paa os, som Skuet af den smukke Baldame selv, idet hun træder ind: Alt er friskt, livsglad og svævende; men siden — ja, saa ligner den ogsaa Baldamen efter en hendandset Nat — Friskheden er borte.

Prægtige Heste bleve førte frem. I det første Ridt deeltoge endnu ikke de mest Udmærkede ved Trouppen, men Naomi havde seet nok til at kjende, at det var de samme Beridere, hun havde seet i Odense; hun greb Placaten og læste Ladislaus's Navn.

Damen med de vaiende Fjær stod allerede paa Hesten, Fanerne svingede i hendes Haand. Det forekom Naomi, som havde hun kun lukket Dinene og drømt en kort Drøm, siden hun sidst saae hende. Det var de samme Bevægelser, det var det samme Smiil og til den selvsamme Musik som sidst, og dog havde Damen siden den Tid været i Stockholm og Petersborg; endnu i denne Sommer skulde hun til samme Musik svinge de samme Faner for de godmodige, lystige Wienere. „O, hvilket lykkeligt, hvilket bevægeligt Liv! Hvor herligt maa det være, altid at tumle sig i fremmede Lande, altid Nyt! aldrig komme tilbage for at blive. „Komme tilbage," ja, det betyder jo ogsaa i vort Sprog intet Godt: Nu er han kommen tilbage i det."

Trompeterne klang; Skranken aabnedes, og Ladislaus paa en stolt, sort Hest jog ind paa Banen. Han hilsede, som en Herre hilser sine Vasaller. Han var i polsk Dragt; en mørk Bræmme af Bjørneskind sluttede sig om Huen, men hans eget Haar traadte sortere frem. Hvert Spor af Sygelighed var forsvundet, men Blodet skinnede dog ikke igjennem Kinderne, en mørk Bronzefarve hvilede over de stolte Træk. Alvor og gjennemtrængende Tænkning laae i de mørke Dine.

Idet han viste sig, havde strax den smukke, ungdomskraftige Mand hele det blandede Publicums Interesse; det hørte man i den mumlende Beundring;

hans hele Opmærksomhed var derimod kun henvendt paa Hesten, ikke eet Blik faldt paa Tilskuerne. Nu svævede han i vild Flugt Banen rundt, legede i Luften med skarpe Sabler og gjorde de dristigste Spring; det syntes en Leg, det var, som om han og Hesten gjorde deres Kunster kun til gjensidig Fornøielse. Der viste sig hos Rytteren en Forvovenhed, som ængstede, medens hans Smidighed og Senekraft bragte den til Udseendet af en Leg. Man betragtede ham med den Ro, hvormed man betragter Fuglen, som svinger sig hen over et svimlende Dyb; vi vide, at dens Vingekraft vil ikke svigte den.

Flere end een Qvinde lagde sin fine Haand for Øiet, medens Hoben tiljublede ham Bifald. Naomi strakte sig frem over Skranken; hendes Øine funklede, han var den første Mand, hun havde betragtet med Beundring, den Første, hun havde skuet op til i Erkjendelse af, at han i Noget var hende overlegen.

Efter Ladislaus viste Andre deres Kunster, men Ingen var smuk som han, Ingen saa kjæk og dristig; han sluttede Forestillingen med at fremstille Mazeppa, der udstrakt hen af Hestens Ryg og med Hovedet nedad, jog i vild Flugt, som Kosakhøvdingen jog over de uhyre Stepper.

Det var en herlig Aften; selv Kammerjunkeren var interessant, han talte kun om Ladislaus. Hele

Natten drømte Naomi om — Christian. Det var ogsaa En at drømme om, meente hun, og tænkte ordentlig med et Slags Bitterhed paa sin Barndoms Ven.

Et Par Dage efter fortalte Frøken Emma, at flere Damer af Stand vilde tage Ridetimer hos Ladislaus.

„Jeg er med!“ sagde Naomi, og da Husets ældste Datter var paa Partiet, kunde det ikke godt nægtes Naomi. Kammerjunkeren syntes dog, at de Landløbere havde for stor Lykke.

Aaret 1820 havde for Danmark en stor Deel Begivenheder. Statsgjælden fik en Læk*); Dr. Dampe med nogle urolige Hoveder vilde give Statsskibet en Læk; Meningsstridigheder udviklede sig i Religionssamfundet, og hvert af disse Partier fandt en Læk hos sin Modpart; under saa mange og saa store Læk tør vi ikke tale om den, som Ladislaus gjorde paa mangt et qvindeligt Hjerte; et saadant er for Statsmaskinen hvad Vandboblen er for Møllehjulet. Imidlertid var Ladislaus sig sin indgribende Magt bevidst, dog yttrede han ikke mindste Tegn paa denne Bevidsthed. I Underviisningstimerne var han den mest chevalereske, men tillige den mest tause Lærer; hans Ord indskræn-

*) Venturinis Chronik 1820.

kede sig alene til de nødvendige, der maatte siges for at kunne belære; kun en enkelt Gang saae man et Smiil spille om den smukke Mund, som de mørke Moustacher beskyggede, og da lynede det mørke Øie. Emma fandt, at der i dette Udtryk laae noget Ondt, Naomi derimod, at det betegnede en undertrykt Smerte; hvorledes det nu var eller ikke var, han blev dem, ved denne Maade at være paa, langt interessantere, end han vilde blevet ved at besidde en Mirabeaus Veltalenhed.

Ingen af de qvindelige Elever kunde sammenlignes med Naomi i Raskhed og i afgjort Talent til at være en fortrinlig Rytter, men Ingen af de Andre havde heller før, saaledes som hun, frit og uden Sadel, jaget over Mark og gjennem Skov.

Middelalderens Gamle ridsede heroppe i Norden Elskovsruner i et Æble, og den, i hvis Skjød Æblet faldt, grebes af en hæftig Kjærlighed; men der kan ridses Runer i meer end i et Æble: paa Panden, i Smilet om Munden og om Øiet kan Runerne staae, siger Digteren*). Et Haandtryk, et Blik kan være Æblet, hvoraf den, som alt er grebet, kan suge Giften.

Naar man elsker for første Gang, da seer man Verden gjennem et prismatisk Glas: paa hver skarp

*) Tragedien „Svend Dyrings Huus."

Kant, paa hver Begrændsning hviler det syvfarvede Haab. Hverdagsmennesket faaer poetiske Tanker, og Digteren giver os sine mest begeistrede Sange.

En Mand paa to og tyve Aar, der allerede er interessant for en ung Pige paa atten, mangler kun et Par Dage i at være elsket af hende.

Midt i April gave Beriderne deres sidste Forestilling. Endnu var Tilskuerpladsen ikke aaben. To af Staldknægtene stode i Stalden, beskæftigede med Hestene i Hjørnebaasen. Ved den smukke Hingst, som Ladislaus sædvanlig red, saae man den athletiske, smukke Mand selv med det bronzefarvede Ansigt; de ravnsorte Øienbryn trak sig frem over de mørke Øine. Endnu var han i sine daglige Klæder: den korte Jakke og de gule Skindbeenklæder, der som en Ham formede sig smukt over hver Muskel. Hans venstre Haand hvilede paa Hestens Bov og fremhævedes desto mere derved; den var stærk og dog ædelt formet. Ladislaus læste et Brev; det var kun et ganske lille Stykke Papir, men det var rosenrødt med forgyldt Snit og en broget Oblat klæbede endnu ved det. Man saae tydeligt, at Brevet var fra en Dame. Derfor spillede maaskee det fine Smiil om hans Læber.

Vor Tids Kunstgrandskere ville paastaae, at i Oldtiden ere flere af Billedhuggernes fortrinligste Værker blevne malede. Den Indvending, at ved

Malningen maatte Billedet faae det Stive i Udtrykket, som findes hos Vorfigurer, besvare de med, at i Almindelighed er ingen Vorfigur et sandt Kunstværk, saasnart det hæver sig til denne Rang, da er ogsaa Farverne af en forhøiet Virkning for de mesterligt givne Former. Om de have Ret eller ei, vide vi ikke, det er ogsaa kun den givne Idee, vi her ville holde os til. Vi ville tænke os den vaticanske Apollo, ligesaa kunstnerisk malet som formet, Ansigtsfarven bronzeagtig, som Napoleon havde den, og Øiet mørkt og talende, som hos Arabiens Sønner, da har vi Billedet af Ladislaus.

Det var den sidste Forestilling, Beriderne gave, altsaa den sidste Aften, man saae dem; Publicum hilsede dets Yndling. Baronens Familie havde to Loger. Naomi og Frøken Emma manglede ikke.

En Tournering blev givet. Ladislaus, ridderligt klædt, traadte i Skranken, han hilsede med Landsen, han hilsede netop mod den Loge, hvor Emma og Naomi sade, de vare jo hans Elever. Emma rødmede, Naomi smilede kun.

O hvilken Nat med Drømme havde dog Emma den kommende Nat, Naomi derimod havde vist først sine Drømme den anden Nat, lange Drømme vistnok, thi Klokken var henimod Ti, og endnu viste hun sig ikke ved Theebordet.

Pigen kaldte, men fandt ingen Frøken, derimod et Brev, der indeholdt en let Undskyldning, et Slags Bøn, at man ikke maatte blive forskrækket over, at hun iaftes var reist til Fyen; det var mere end et løst Indfald, skrev hun, Nødvendigheden bød det, og de skulde med næste Post faae Brev, der vilde opklare dem det Hele.

Det vakte en almindelig Forbauselse; man skrev endnu samme Dag et Brev til den gamle Grevinde med Underretning om denne forunderlige Afreise. Iøvrigt var man ikke urolig; det stemmede jo fuldkommen overeens med Naomis Characteer, pludseligt at faae den flyvende Idee at reise til Fyen, og strax sætte det iværk.

Et Par Dage efter indtraf Brev fra den gamle Grevinde; hun var høilig forskrækket, thi der var ingen Naomi indtruffet hos hende, ei engang en Skrivelse havde hun erholdt fra det forfærdelige Barn.

Det var, som sagt, midt i April; Vaaren var ivente, Storken var ivente — ja Storken, det er en sælsom Fugl! naar den kommer fra Syden til os, føle vi Lyst til at reise derhen, hvorfra den kommer. Det varme Solskin lokker os ud af Stuen; vi have Lyst til at see, hvor store de grønne Knopper ere paa Træerne, og vi gaae da ud paa Gaden; Kjøbenhavneren gaaer til Havet og seer paa Skibenes Flugt. Dampskibet sender sin sorte Røgstøtte iveiret, Hjulene bruse og Skibet flyver; man bliver veemodig af Længsel, sælsom veemodig. Der kan jo være en og anden Sjæl, som siger: „jeg har det saamænd godt nok her hjemme!“ men man reiser ikke for at have det godt, man lever ikke for at have det godt! men det begriber den gode Mand ikke. Dampskibet jager bort, forbi de stolte Seilskibe.

Gutzkow siger i sin Wally: „für die schaalen Gemüther ist nichts genialer, als sich selbst zu zeichnen, wie sie sind; ihre Tante, ihre Katze, ihren Schawl, ihre kleinen Sympathien, ihre Schwachheiten. — Es giebt Kritiker und Literatoren, die sich nur für das Kopieren der Wirklichkeit enthusiasmiren können. — Die Poesie ist jetzt Selbstbefruchtung. Die Wirklichkeit nährt sich von ihrem eignen bürgerlichen, überquellenden Fette.“ Baronens Huus kunde give os et stort Udbytte af denne Art, men vi ville ikke gribe det blot Hverdags i Hverdagslivet og maae altsaa flagre bort fra et Sted, hvor kun dette alene findes.

Naomi tog sig den Frihed pludseligt at reise; vi ville gjøre det samme, vi ville ogsaa reise fra Kjøbenhavn, det er jo Vaar, Dampskibet er seilfærdigt — men det gaaer ikke til Fyen, vi kunne ikke besøge Christian, Luzie eller Nogen af alle vore Bekjendtere der; hen over Østersøen kjører Skibet paa sine to vandkløvende Hjul. Nu vel! for Originalitetens

Skyld ville vi reise med; eet eller andet Udbytte maa der dog kunde gjøres, Noget maa der møde os! Vi gjøre den Aftale, at vi ikke vende tilbage til Danmark, før vi have prøvet et Eventyr, der nogenlunde lønner os Reisen; møder os Intet, da blive vi derude, vende aldrig hjem. Een Bekjendt, Christians Fader, den stakkels Skrædder, have vi jo i fremmed Land, maaskee han i dette Øieblik sender Hilsen hjem til Danmark med Storken, som gjester os.

Vi ere ombord. Dampskibet seiler.

Man siger:

„Hvad i Havet er gjemt,
Det er udslettet og glemt.“

Nei, hvad Fladen har bevaret, det er anderledes udslettet og glemt. Naar Kjølvandet har lukket sig, da er der intet Spor mere af Skibets Vei; hvormangt et Ansigt vilde ellers ikke titte frem i Vandfladen, dersom dens Speil beholdt Indtrykket af hver, som havde seet ned deri. Da vilde det ogsaa vise os Ladislaus, vise os hans stolte, smukke Ansigt. Kun et Par Dage vare jo hengaaede, siden han med hele Trouppen seilede denne Vei. Selskabet var forøget med en dansk Mand, en Knøs, vistnok kun sine femten Aar og det er næsten at være for gammel til at begynde denne Kunstbane, men fine og smidige vare hans Lemmer, Øiet udtrykkede Kraft og Villie, fine Moustacher krusede sig om de friske Læber; — man kaldte ham Hr. Christian. I Passet stod, at han var en Fyenbo. Han havde hvilet sin Arm paa Ladislaus's Skulder; Arm i Arm stode de, da de nærmede sig Meklenborgs Kyster. Den Danske saae mod Nordvest, henover Havet, vor svømmende Alpekjæde, der skiller os fra — fjorten Dage tidligere Foraar.

Ja, hele fjorten Dage vare Træer og Marker fremme, da Landtouren begyndte.

Den danske Knøs trykkede et Kys paa Ladislaus's Læber. „Din!" sagde han, „Din alene!"

Og Ladislaus smilede: „min! — min var Du alt derude paa Søen!" og det var, som om den danske Knøs rødmede, men Ansigtet skjulte sig ved Ladislaus, som gjengjældte Kysset.

„Min var Du alt paa Søen!" — Ja, kunde Bølgerne fortælle, saaledes at vi forstode dem, da kom der vist mange artige Historier. Fiskene vide Besked, men de bleve gjorte stumme. Overalt seer man Viisdom i Naturen! Fiskene ere stumme, for ikke at fortælle, hvad Bølgerne sladdre, og Ormene i Jorden bleve stumme, for ei at fortælle, hvorledes de Døde kjede sig i Gravene. — — Vi ville ogsaa være stumme med Hensyn til Fortolkningen af disse Ord.

Selskabet valgte den korteste Vei, det gik altsaa ikke over Lybeck til Hamborg, men lagde Reisen over den lille By Möln, bekjendt, som Verona og Assisi, ved en Grav*), her ligger Uglspil. Han skal være sat paa Hovedet ned i Graven; en Ugle og et Speil er hugget i Stenen. Engang stod her et Træ, som hver vandrende Haandværkssvend spigede et Søm ind i til Erindring og som en sød Forhaabning. Træet er fældet i Krigens Tid. Man dvæler ved Graven, selv Indskriften Ugle og Speil er jo en Calembourg. Det er gaaet Uglspil som Homer, man har betvivlet hans Tilværelse, tænkt sig at der stak flere Personer under dette Navn. Dog vi ville ei grunde derover, men vandre videre i Uglspils By, søge vor Uglspil og saaledes opsøge Naomi.

Möln er en interessant gammeldags By. Vi gaae hen i en af de snevre Gader, ind i et Huus med tykke Mure, takket Gavl og faa og snevre Vinduer. I den rummelige Dile, vi træde ind i, staaer Beridernes Vogn, Værtens Vogn og en stor Rulle; Bordet er dækket; det seer ud, som om alle Husets Værelser, paa Sovekammeret nær, vare forenede i dette ene, som man kalder Dile.

Trouppen havde siden den kom i Land havt en Reise af 6 Mile, derfor gjorde man sig nu tilgode.

---

*) I Verona Romeo og Julies, i Assisi den hellige Franciscus's.

Den Danske, Christian, som han kaldtes, sad mellem Ladislaus og Josephine, Damen, vi kjende, med de vaiende Fjær og de brogede Faner. Alt var Latter og Glæde, selv Ladislaus saae mindre mørk og alvorlig ud, det stolte Blik var forunderligt talende.

„Noch einmal die schöne Gegend!“ sang Bajazzo og pludrede om „Gefrornes“ og „gebackenes Händel,“ Alt i den veritable Wienerdialect, og da den danske Christian hviskede om Træthed, om at sove og drømme, lo Bajazzo, saae paa ham, nikkede til Ladislaus og sang i østerrigsk Dialect:

„A Trāmbiachl kaffa?
I wißt nid: Zwegn we;
I hā nur dan oanzing Tram:
Den woas i eh*).“

Der staaer i den hellige Skrift en Historie om Frelseren i Templet, man førte for ham en Qvinde, som havde feilet; hun skulde dømmes, og han bød da den, som var feilfri, kaste den første Steen paa hende, da sneg de sig Alle bort.. Lader os tænke derpaa, idet vi i den danske Christian kjende Naomi, lader os

*) „Kjøbe en Drømmebog? Jeg veed ikke hvorfor. Jeg har kun en eneste Drøm, den veed jeg hvad er.“ Denne tydske Folkevise er af Seidl.

erindre hendes Opdragelse, hendes Omgivning og især hendes Anskuelser.

Hun var ene med Ladislaus.

„Jeg har gjort meget for Dig!“ sagde hun med en Veemod i Stemmen, som aldrig før havde ligget i den. „Mon Du vil glemme det.“

„Du vil ellers nok erindre mig derom!“ sagde han med et Smiil.

„Nei aldrig!“ svarede hun, „hvad Ende det endogsaa tog! jeg har handlet med min fri Villie; jeg led ikke de Mennesker om mig, jeg agtede dem ikke! Dig elsker jeg! Du kan dræbe mig, jeg elsker Dig dog! Det er som en Feber, der er i mit Blod! men aldrig har jeg følt mig lykkeligere! Et langt, eensformigt Liv med gode Dage, som de kalde det, væmmer mig! heller leve kort, men leve!“

„Mange Qvinder have elsket mig!“ sagde Ladislaus, „jeg skal fortælle Dig naragtige Historier! Der er ei stort ved den hele Slægt! men Du er mere Mand end Qvinde, og derfor lider jeg Dig! ja elsker Dig, saa at jeg kunde blive skinsyg! — Dine Feil kjender jeg endnu ikke, men før vi komme til Wien have vi vel studeret hinanden. Deilig er Du! varm som en Qvinde skal være det, og Tanke har Du som en Mand!“ Han kyssede hendes Læber og Pande.

„Ved mit Bryst maa Du troe paa Madonna; for hende maa Du bøie Dig!“

Naomi slyngede sine Arme om ham og gjengjældte hans Kys. „Din Kone maa for det første endnu bære Moustacher!“ sagde hun med et Smiil. „Som den danske Christian er jeg ikke bange for at tumle min Hest. Men Du vil altid gjøre større Lykke end jeg, det kan jeg misunde Dig!“

„Og jeg,“ svarede han, „jeg vilde maaskee ikke tilgive Dig, dersom Du vandt mere Bifald!“

Man hørte Fodtrin ude paa Gangen. „Det er Bryllupsgjester,“ sagde Kjeldermesteren; „imorgen skal der staae et prægtigt Bryllup her i Byen. De Fremmede ere Folk fra Lybek; der er et Par Sømænd imellem dem!“

Da Naomi siden med Lyset i Haanden gik over Gangen, kom een af Gjæsterne, en lille, firskaaren Mand med et jovialt Ansigt; han glædede sig vist ogsaa til Bryllupsfesten næste Morgen. Han havde sit Lys i Haanden og kom lige hen imod Naomi; Lufttrækket blæste Lyset ud for ham, men Naomi havde seet nok for at kjende Manden; det var Peter Wik. Blodet steg hende op i Kinderne, men hun trøstede sig ved, at han umuligt kunde kjende hende; hvor skulde han ogsaa falde paa at see den kjøbenhavnske Frøken klædt som Berider og med Moustacher her i den gode By Möln. Rask gik hun ham imødé, tændte ham hans Lys og sagde nok saa kjækt, at hun hørte paa hans Tydsk, at han ingen Indfødt var.

Peter Wik lo og slog hende fortroligt paa Skulderen med et: „Gute Nacht, Bruder!"

Ende paa anden Deel.

Kun en Spillemand.

Kun en Spillemand.

Original Roman

i tre Dele

af

H. C. Andersen.

Tredie Deel.

Kjøbenhavn.

Paa Universitets-Boghandler C. A. Reitzels Forlag.

Trykt hos Bianco Luno & Schneider.

1837.

I.

Isenburg.
— Wie bist Du worden bleich,
Seit ich Dich sah' zum letztenmal.
Faust.
— Ich habe Gift getrunken,
Des Zweifels Gift in starken Zügen,
Und meine bösen Würfel liegen.

Lenaus „Faust."

Kjender Du Hinduernes Fædreneland? Der brænder Solen varmt, men Luften vifter Køling fra Himmalayas Gletscher; de duftende Skove indbyde til Hvile; Figentræet bøier sine Grene til Jorden, skyder nye og danner en Hytte; Cocuspalmen byder Dig Melk, Daddelen rækker Dig Frugt, brogede Fugle omflagre Dig: purpurrøde Papagøier, guldgule Nectarinier. Her er Farvernes Rige! Det seer Du paa Insecternes Vinger, paa Pragtblomsternes Blade. Den svulmende Flod, hvor den blaae Lotus voxer, er hellig som Daabens Vande. Hinduernes Fædreneland! Hvad eier Du mest klart, mest gjennemsigtigt? Din Himmel, eller Dine stille Indsøer, hvor Antilopen og Leoparden lædske deres Tørst?

Her, siger Sagnet, laae Paradiset, hvorfra Adam

og Eva bleve forjagne. Her blomstrer endnu Paradiset, og det er den forskudte, ulykkelige Parias Hjem. Mongolernes vilde Horder bortjoge Landets Børn. Pariaen deler Ahasverus's Skjæbne. Ægyptere, Tatere, Zigeunere, forskjellige Navne fik det omvandrende Folk. Selv mod Norden, paa Jyllands golde Heder vandrer Pariaens yngste Slægt. Taterfolk, Kjæltringer kalde vi dem. Kornageren er deres Sommertelt, den dybe Grøft deres Vinterkammer. Pariaens Børn har ei som Ræven sin Hule, ei som Fuglen sin Rede. De vandre i Slud og i Storm paa den golde Hede. Der føde de, som Dyret, deres Slægt. Fødestedet er Forsørgelsessted, derfor søger altid Landboen at faae den frugtsommelige Qvinde over paa Naboens District, hvorfor hun ofte føres fra Sted til Sted paa den usle, skrumplende Pindevogn, uden Straa til Leie, og føder der sit til Fordærvelse indviede Barn*). Med den første tilbagevendende Kraft maa hun reise sig, binde Barnet paa Ryggen; støttende sig paa Staven vandrer hun med Manden over den usevne Lyngmark; den kolde Havguse blæser, Himlen er graa og vaad; men hun kjender ei bedre!

Kjender Du Hinduernes Fædreneland? Der brænder Solen varmt, men Luften vifter Køling fra Himmalayas Gletscher. De duftende Skove indbyde til Hvile, Figen-

*) See N. V. Dorphs: de jydske Zigeunere.

træet boier sine Grene til Jorden, skyder nye og danner en Hytte, Cocuspalmen byder Dig Melk, Daddelen rækker Dig Frugt. Her er Farvernes Rige! Hinduernes Fædreneland!

Paa Jyllands Lyngheder, som ved Alhambras Mure findes Pariaens adspredte Slægt, dog størst er Skaren i Ungarns Skove og paa de store Stepper. Zigeunerkongens Throne er den mosgroede Steen tæt ved Kjedelen, som koger det stjaalne Lam. Træt af Vandringen strækker Hoben sig i det høie Græs, hvor de sortøiede Børn lege med Blomsterne.

Ingen Troup vover sig ind i Keiserstaden Wien; men Enkelte kan man see dem snige sig gjennem Gaden, endnu mere mistænkte end den fattige Slavonier*). Hyppigst seer man dem i Forstæderne, der hver for sig udgjør en større By end det gamle Wien, den egentlige Stad.

I Forstaden Mariahilf, hvor Alleen fører ud til Schönbrunn, gik i de varme Sommerdage 1820, det Aar Naomi begyndte hvad hun med Rette kunde kalde sin „Løbebane," to Zigeunerne, i deres hvide Dragt, med det store, brune Gevandt; den Ene var en ganske ung Mand med en bred Hat paa, som Slavonierne bære den; den brede Skygge hang ned paa Ryg og Skulder. Den Anden var meget ældre, høi og mager;

*) Denne er det ikke tilladt at blive Natten over inde i Staden Wien.

han var barhovedet. Hans tætte, sorte Haar, som dog havde enkelte graae Pletter, var ham Beskjærmelse mod den brændende Sol. De gik gjennem een af de mange Sidegader, som føre fra Mariahilf til Sommerslottet Belvedere.

„Forstæderne kunde artigt klemme Byen, hvis de vilde!“ sagde den Yngre. „Jeg drømte inat en artig Drøm: at Mariahilf, Josephstadt, ja alle fire og tredive Forstæder vare bevægelige og rykkede ind mod Byen, som blev anført af Stephanstaarnet. De sloges, saa der rullede hvide og gule Penge ud i Donau!“

„Saa havde Du vel drukket for meget af det stærke Vand!“ sagde den Gamle. „Vær forsigtig, Czekles! fortæl ikke saadanne Drømme, Politiet har lange Øren. Er det ogsaa Noget for en ung Karl at drømme? Nei, om Pigerne skal Du drømme!“

„Men jeg drømmer mere om Krig!“ sagde Czekles. „Gid jeg var Soldat! kunde præsentere for Keiser Frands, den gode Keiser Frands! Han har taget til Hatten for mig, da jeg blottede mit Hoved. Det var for mig alene, Ingen uden jeg gik paa Veien. Mig hilsede han. Ellers hvad min Drøm angaaer, den var løierlig nok! Stephanskirken med sin spidse Hue paa Snur var General. Den har brede Skuldre og gamle Kræfter. Trefoldighedsstotten, „am Graben,“ havde den taget som Commandostav. Keiser Josephs

Statuen jog paa sin Kobberhest gjennem „Kohlmarkt“ og „Kärnthnerstraße;“ den raabte alle Billederne ud af Skildtene*), og de fulgte med. Marmorkæmpen fra „Volksgarten“**) stillede sig i Spidsen for Marmorbillederne fra Capucinerkirken, og de stege op paa Volden og op paa Taget af Keiserborgen og saae efter Forstæderne, hvorledes de rykkede nærmere. Byerne Hitzing og Währing vare med; det var en Mylren, værre end i Volksgarten og Prateren paa en lystig Dag!“

„Hvad dog en Menneskehjerne kan brygge sammen!“ sagde den Gamle. „Vogt Dig for Drukkenskab, Czekles! Dunsterne af den stærke Drik slaaer en Trolddomskreds om os. Først seer den deilig ud, men hælder man flere Skaaler i, saa trækker den sig nærmere, spinder os ind, som i Edderkoppens Væv, og viser udenfor kun hvad vi bilde os ind. Den binder sig saa fast om os, at vi ikke ere vore egne Lemmer mægtige; saa sove vi, og da løser Dunsten sig, men Lemmerne føle, naar vi vaagne, at de have været i Strikke, og at Forstanden har sovet for haardt under

*) I Wien er ved hver Boutik et Skildt, efter hvilket den har Navn; saaledes: der Cardinal, Madam Catalani, der König von Dänemark o. s. v.; disse have som oftest Portraitlighed, og enkelte kunstnerisk Værd; saaledes et udenfor Apotheket, der viser den unge Tobias, som kommer tilbage.

**) Canovas Theseus.

Gildet, saa at den ikke ret kan komme sig og gjøre Regnskab for hvad der er skeet, medens den laae paa sit grønne Øre!"

Under Samtalens Løb gik de imidlertid rask frem; først da de naaede den lange „Heugasse," hvorfra de kunde see Slottet, som grændser til Forstadens Barriere, sagtnede de deres Gang.

„Du vilde være Soldat, Czekles!" sagde den Gamle.

„Ja, her i Wien, udenfor Keiserborgen vilde jeg helst bære Geværet!"

„Det blev et tvungent Liv, Czekles! Du vilde længes efter at komme afsted. Uroen sidder i vore Been, som Tyvelysten sidder i Musen under vor Tommelfinger. Løb Du Din Vei, blev Du hængt!"

„Nu vel da!" svarede den Yngre, „at ligge i en Ormemave eller i en Fuglekro, det er vel lige herligt! desuden hvorfor tænke det Værste!"

„Ligge i Fuglens Kro!" gjentog den Gamle. „Du siger noget. Det er en stolt Liigkiste; altid paa Vandring, som vort Folk er det her i Livet. Selv af Ungdommen kan man lære! jeg vil tænke paa Dine Ord, naar jeg gaaer i de ungerske Skove og hører Fuglene synge. Maaskee har jeg hørt den Ravn, som havde i sin Kro Øinene af ham, jeg elskede mest. Tro mig, Czekles! klarere Øine end min Søn, min Bela havde, saae jeg ikke. Du har jo seet hans Dreng? Ladislaus er sin Faders udtrykte Billede, kun stoltere, mere sort Blod. Bela var bedre, skjøndt de hængte ham; Sønnen derimod raabe de Hurra for, naar han jager paa Hesten og foragter dem i sit Hjerte!"

„Han har jo dog forladt sin Stamme!" sagde den Yngre.

„Men han har intet blivende Sted!" sagde den Gamle, „større Reiser end vi gjør han, over det store Hav har han været, det er bredt som hele Ungarerlandet! tænk Dig en saadan Donauflod! Alle de Keisere og Konger, vi saae samlede ved Congressen her, har han seet i deres egne Lande. Han flyver vidt som Trækfuglene, og Lykke har han i alle sine Handlinger.

Under Samtalens Løb vare de komne foran Slottet, hvor det vender ud til den aabne Slette; Soldater sad i Grupper og sladdrede, Fremmede og Byens Folk besøgte og forlode den prægtige Malerisamling, her findes. Zigeunerne stode tause og betragtede Bygningen, der ikke udmærker sig ved noget Særegent; men hvo der var vant til den Gamles Blik vilde have seet, at han søgte Noget ved Vinduerne. De stillede sig ved den aabne Haveport, dog uden at gaae ind; Folk spadserede i de stivt beskaarne Gange, i den hele beklippede Natur, der er accommoderet à la Louis quatorze.

Hele første Etage er smykket med en fortræffelig Malerisamling, ypperlige Sager, især af den hollandske Skole. Her vare mange Fremmede denne Eftermiddag. En Gruppe beundrede Gherardinos mesterlige Basrelicfsmalerier, en anden den rige Samling, her findes af Rubens.

Mærkværdig ved den Flygtighed, hvormed han gik fra Stykke til Stykke og derpaa betragtede, som det lod, den vide Udsigt over Haven, hvor man seer Keiserstaden og Ungarns Bjerge, var en ung Mand med Moustacher, temmelig fine Træk og kloge Øine. Det er en af Beriderne i Prateren, sagde Enhver, som saae ham. Vi ville sige, det er Naomi.

En ganske anden Interesse, end den Malerierne frembyde, havde kaldt hende til Belvedere; derfor var hendes Beskuen saa flygtig, kun eet Maleri syntes at have nogen Interesse for hende, og til dette vendte hun idelig tilbage. Det var van Dyks Samson, som forraades af Delila; et ganske fortrinligt Arbeide. Den smertelige Bebreidelse i Samsons Blik er saa menneskelig talende, at den vil forstaaes fra Grønland til Otaheiti. Delilas Ligegyldighed, Bertindens Interesse — ja, det er Virkeligheden selv. Om det var Malerens Kunst alene, der her fængslede Naomi, eller Sujettet selv vakte Ideeforbindelser af dyb Virkning hos hende, tør vi ikke forraade. Hvert Øieblik gik hun til Vinduet, saae ud over Sletten, men vendte derpaa tilbage foran van Dyks Samson. Urolige Tanker hævede hendes Bryst.

Da hun atter nærmede sig Vinduet, blev hun Zigeunerne vaer; hurtig forlod hun Salen og steg ned af Trappen. Zigeunerne saae hende komme, men intet Tegn blev gjort; kun vandrede de mere langsomt. Naomi fulgte efter.

Tæt udenfor et lävt Huus, hvor Stien snoede sig hen over Marken, blev den Gamle staaende, for, som det syntes, at binde sine Skobaand; den Yngre gik videre. Naomi nærmede sig Gubben. De talte sammen om Ladislaus. Den Gamle talte intet Godt.

„Du lyver!“ sagde Naomi.

„Lyver!“ gjentog den Gamle. „Han er mit eget Kjød og Blod, men det er et ondt Saar, som volder mig Smerte. Hans Fader var min Søn. Ladislaus seer haant til sin Fa'rfa'r og til sin hele Slægt. Han hader ei den, som hader hans. Jeg har sagt ham Sandheden, og hans Pidsk har slaaet en Vable paa min Skulder. Jeg husker det! Mennesket kan glemme det friske, klare Vand, han fik til Lædskedrik, men han glemmer aldrig det muddrede, det bittre! Ladislaus kan elske Dig idag; men imorgen lider han Dig ikke, og fordi han har elsket Dig, vil han pine Dig! Jeg veed nok, at Du ikke er en Mand!

Jeg har faaet Tegn nok til at kunne see det Forbigangne; det Tilkommende vil jeg ikke sige Dig: det er let at gjætte. Hav Die med ham! og har Du en Sjæl, som Du har Klædning, saa straf ham, om Du kan. Derfor har jeg stævnet Dig herud! Iaften kan Du finde ham i Hitzing. Der er smukke Qvinder!"

„Men jeg er ingen Qvinde!" sagde Naomi. „Du har taget feil! Ladislaus er ond, det kan være muligt; men lad ham elske Qvinderne, det gjør ogsaa jeg! Ingen nyder sin Ungdom bedre end jeg! og jeg har Lykken med mig!"

„Alligevel stiger Blodet Dig op i Kinderne!" sagde den Gamle. „Mit Die seer ikke feil, og mit Ord har ogsaa naaet Dit Hjerte!" Han nikkede og gik.

Naomi stod tvivlraadig, om hun skulde følge ham, eller blive; snart fattede hun en Beslutning og gik til Slottet gjennem den gammeldags, stive Have og ind til Byen.

Fra „Petersplatz" rullede „Selskabsvognen" til Schönbrunn og Hitzing*). Naomi tog Plads. Hun smilede med de Andre; Alle skulde de jo ud at fornøie sig. De ærlige Wienere talte begeistret om deres gode Keiser, om „Würstl" og „Händl", om Brødrene

*) Hver halve Time paa Dagen kjøre her de saakaldte „Gesellschaftswagen."

Schuster, Alt imellem hinanden, som det gaaer i Conversationens Tohuwabohu. Ligefor Naomi sad en ung Kunstner med et næsviist Blik. Han hørte paa hendes Udtale, at hun ikke var en Indfødt, han havde seet hende i Prateren og fortalte, at hun vist fandt sin Herre i Hitzing, der kom han tidt. „Hendes Herre!“ gjentog hun for sig selv, og den Fremmede nævnede Ladislaus. De naaede Sommerslottet Schönbrunn, i hvis duftende Alleer Mandens Søn har vandret med sine skjulte Tanker*), hvor Silvio Pellico traadte bag Hækken, for ei at skræmme ved sine sygelige, lidende Træk**); nogle fattige Børn løb langs med Vognen og kastede Bouquetter ind i den, for at faae et Par Kreutzer; Kunstneren greb en Bouquet og kastede den leende i Naomis Skjød; hun gjorde uvilkaarlig en qvindelig Bevægelse for at gribe den, han smilede, og hun følte Blodet brænde i sine Kinder.

Tæt op ved Schönbrunn ligger den lille Kjøbstad Hitzing med sin Kirke og sine smukke Lyststeder. Musiken klang livligt fra Casino, der dengang var ligesaa besøgt som nu, men ikke saa berømt ved Strauß's og Lanners Orchester. Den lille Have, indknebet mellem Husene, og den mudrede Bæk havde samme

*) „Le fils de l'homme“ par Barthelemy.

**) Mie Prigioni.

Bepakning af Borde og Telte, samme Trængsel, som vi kjende den.

Ladislaus sad med to unge Piger ved et Bord, Naomi tog Plads tæt derved; hun havde Sauls mørke Tanker, men den jublende Musik var ei for disse en Davids fredvirkende Harpeklang. De svævende Dandsemelodier aandede Folketheatrenes bevægelige Phantasie, hele Glæden paa Schönbrunn og i Prateren; alle Hjerter maatte synge med: „Es giebt nur ein Keiserstadt, 's giebt nur ein Wien!" men for Naomi klang det som Suk og Spot, det var den kolde Luftning fra Spiegelbergs fugtige Fængsler, det var den trykkende Hede fra Venedigs Blykamre.

Ladislaus saae paa hende med sit stolte, overmodige Blik, hun saae paa ham, men de syntes ei at kjende hinanden, og dog fulgtes de, som Skyggen følger Legemet.

Den menneskelige Tankes Elasticitet har ingen Grændse, den er umaalelig som Verdensrummet, hvis Udstrækning Astronomen har viist os som ubegrændset; Aandens Stormænd udvider os Tankens Synskreds, men ogsaa Lidelser, store Livsmomenter have samme Kraft; og saaledes svæve vi med Tanken ind i en Himmel eller i et Helvede. Naomi skuede som en Newton, men skuede i et diabolisk Dyb.

Da den frie Luft ombyttedes med den oplyste

Salon, mødtes hun og Ladislaus i Dandsen. Hun maatte dandse med en Qvinde, hendes Dragt bød det, og der stod Spot derover paa Ladislaus's stolte Læber; men han talte ei til hende, hun ei til ham. Under de jublende Toner dreiede hun sig rundt som Ixion paa Hjulet. Hendes Bryst hævede sig, hendes Øine funklede, Ladislaus syntes kold, en mandlig Turandot med det stolte, haanlige Smiil. O hvilke Qvaler kan ikke et Menneskehjerte selv skabe sig. Altid slaaer det, altid bløder det — og det er nødvendigt for at leve.

Ladislaus forsvandt i Trængslen; forgjæves søgte hun efter ham. Det var allerede sildigt, den sidste Selskabsvogn var kjørt til Staden, kun et Par Bønder holdt endnu med deres Linievogne*). En Herre med to Damer steg i Vognen; ja det var ham; hurtig fulgte hun efter og fik Plads; de rullede afsted.

Fra Hitzing og Slottet Schönbrunn skinnede Lysene imellem de mørke Træer; et Par skikkelige Borgerfamilier sade i Vognen nok saa glade; de talte om Alfer og Feer, som de gode Wienere godt kjende fra Folketheatrene; de citerede Indfald af Kasperl og

*) De kaldes saaledes, forbi de kun tør kjøre til Linien. Det er sædvanligviis hvad vi kalde Kurvevogne; over hver er spændt et lavt Telt.

Pumpernickel og sladdrede om deres tre Schustere*), især Ignaz, den velsignede, morsomme Ignaz!

Vor Generation kjender ikke Schusternes comiske Kløverblad, kjender ikke Pragttiden for Leopoldstädtertheatret, men vi kunne tænke os det; saae vi ikke Bäurles Muse, da kjende vi Raimunds og Nestroys og kunne vel med de gode Wienere i Linievognene sladdre om Feeverdenen paa Folketheatrene, Feeverdenen, som de ærlige Borgerfolk naivt drømme sig ind i en Sommeraften, naar Lysene blinke mellem Træerne fra Hitzing og Schönbrunn.

I eet af disse nyere Stykker seer man Aandernes Konge sidde i sin Seng, han ringer og spørger Kammertjeneren: „hvad det er for vaade Skyer, han har givet ham at ligge i?“ — „Det er umuligt at faae dem mere tørre dette Aar, her er ogsaa fra Politiet i Wien indkommet Klage desangaaende. Aarstiderne løbe mellem hinanden, det er ikke længer som i gamle

*) Tre Brødre, berømte Comikere paa Leopoldstadts Theater, størst Navn har imidlertid den ene Broder Ignaz. De gave Anledning til Leilighedsstykket „die drei Schuster,“ hvori var følgende Rollebesætning: „Herr Anton Schuster, ein Schustermeister, Herr Anton Schuster; Herr Joseph Schuster, ein Schustermeister, Herr Joseph Schuster; Herr Ignaz Schuster, ein Schustermeister, Herr Ignaz Schuster.“

Dage." — „Kald mig Aarstiderne herind!" Disse komme. Vinteren er en gammel Mand med Stok i Haanden. Kongen kalder ham for sig: „hvad er det jeg hører," siger han, „Du har jo begyndt at blive saa fugtig paa Din gamle Alder! det maa Du vænne Dig af med! Enhver af Eder maa passe Eders Post bedre, end I nu gjøre det, ellers faae I Afsked, og det uden Pension!" Aarstiderne blive forlegne; ærbødigt kysse de Kongen paa Haanden og love at ville forbedre sig. I et andet Stykke seer man en skikkelig Wienerfamilie, som har læst formeget i Ridderromaner og nu anseer Riddertiden for at have været langt herligere end vor. De falde isøvn, og da de vaagne, ere de klædte i Ridderdragter; de ere flyttede tilbage i den forønskede Riddertid. En Røverridder lader sig melde, han frier til Datteren, og de ere høist lykkelige over et saa romantisk Partie. Men snart lære de at føle al hiin Tids Raahed; de maae savne alle vore Beqvemmeligheder, ja føres tilsidst ned i Borgfængslet, hvor de ere dømte til at lide Hungersdød. Da ønske de sig igjen i vore lykkelige Dage, da man faaer gebratene Händl kjører til Hitzingen, og kan komme paa Comedie i Forstaden. Helbredede fører Trylleriet dem igjen til vor bedre, vor glædeligere Tid.

O hvor ønskede ikke Naomi, at hiin Feeverden, de ærlige Borgerfolk talte om, greb ind i Virkeligheden!

som Bjergaanden, der forstenede den forhadte Brudeskare, vilde hun da forstene Ladislaus med begge Qvinderne, men han skulde kun forneden være den kolde, døde Steen som Prinds Agib i Eventyret; Hovedet skulde tænke, Hjertet skulde bløde, for at han ret kunde føle sin hele Qval.

Ved Barrieren stege de af Vognen; Ladislaus lod, som om han nu først blev Naomi vaer, slog sine Arme om hendes Skuldre, saa hun følte det og vist bar Mærke af Omfavnelsen. „Christian!" sagde han leende, „Du er ogsaa paa Eventyr! det kan jeg lide min Dreng! Hvor jeg kunde klappe Dig! hvor jeg kunde kysse Dig, at Du dog engang er med, som vi Andre!" og voldsomt kjærtegnede han Naomi.

„Slip mig!" sagde hun, „jeg gjør Følgeskab!" og med et Blik, mere talende end Ordet, vendte hun sig fra ham, bød den ene af Qvinderne sin Arm, og hun modtog den; Qvinden talte Syndens bløde Ord, men Naomis Kinder brændte derfor ikke rødere, hendes Hjerte slog ikke mere voldsomt end før.

Inde i selve Staden Wien staae flere Gader i Forbindelse ved Porte og Forstuer gjennem enkelte Huse. Enhver, som er fremmed hermed, kan træde op af en Trappe og troe at være inde i Gaarden, men staaer da ude i en Sidegade.

Ladislaus med den ene af Qvinderne smuttede ind i et Huus; Naomi fulgte efter.

„Hvor blev de af?“ spurgte hun sin Ledsagerske.

Denne lo og førte Naomi op af den hvirvlede Steentrappe, men her var ingen Ladislaus at see. Qvinden greb i Harefoden, som hang paa Døren.

„Hvor ere de Andre?“ spurgte Naomi.

„De er der, og vi er her!“ svarede Qvinden. Døren aabnedes, en gammelagtig, velklædt Kone med en Sølvarmstage i Haanden bød dem Velkommen.

„Djævel!“ udbrød Naomi og sprang halv tumlende ned af Trappen; hun saae paa Lysskjæret, at de fulgte efter; hurtig var hun paa Gaden, Ingen saae hun, Ingen var der. „Ladislaus!“ stammede hun og bed sin Læbe, saa den blødte derved.

En halv Time efter stod hun i sit Hjem i Prateren; han var endnu ei kommen; paaklædt kastede hun sig hen over Sengen, men der var ingen Graad i hendes Øine, der kom intet Suk fra hendes Læber. Nu lød Fodtrin; Ladislaus kom.

Tause saae de paa hinanden.

„Du har vel moret Dig godt!“ sagde han med et ondskabsfuldt Smiil.

Hun taug og betragtede ham med sit stolte, harmfulde Blik; haanligt saae han paa hende og lo.

Hendes Læber bevægede sig for at tale, men hun taug.

„Har Du ikke nok seet," sagde han, „at gaaer jeg igjennem Stalden, og min Hoppe der er løs, da vrinsker den og følger efter mig. Det er af reen Kjærlighed, og derfor klapper jeg den paa Manken. Du følger ogsaa efter mig, men af en modsat Drift. Dig kunde jeg ogsaa have Lyst til at klappe paa den Maade, Du fortjener det!" og han greb om Pidsken, der laae paa Bordet, gjorde et Smeld i Luften med den, men henimod Naomi, saa at Snerten rørte hendes Hals.

Det var som Tarantelens Bid; iiskold stirrede hun paa ham. „Ladislaus!" var hendes eneste Ord, og hun forlod Værelset.

Josephine sov.

Udenfor var Alt mørkt og stille, kun Lyden af en Vogn, som tungt rullede hen af Veien forbi Prateren, naaede hendes Øre. Det var stjerneklart Veir. Carlsvognen pegede mod Norden. Tænkte hun paa Hjemmet der, eller var hendes Tanke endnu i Plankehuset hos Pariaens Søn, den stolte Ladislaus? Ingen Taarer kom i hendes Øine, intet Suk fra hendes Læber, med Blikket mod Stjernebilledet gik hun grundende nogle Skridt. Saaledes har Ariadne stirret over Havet, da hun vidste, Theseus havde skuffet hende. Dette Smiil havde Medea, da hun hilsede Jason hos Creusa.

I samme Time, i selvsamme Nat, men paa Sjællands eensformige Landevei, hvilede to andre Dine paa samme Stjernebillede, men med Haab og Fortrøstning som Leanders, da han sprang i Hellespontens Bølger og svømmede mod Fyret, Hero havde tændt.

Paa Sjællands Landevei kjørte Christian denne Nat alene til Kjøbenhavn. Han var kommet til den Erkjendelse, at han hos Hr. Knepus intet stort kunde lære, og at han maatte ud i Verden for at bringe det til Noget. Peter Wik var vred derover og havde sagt, at han kunde seile sin egen Sø! Luzie havde grædt; men Christians Tanke var modnet. Anbefalingsbreve havde han med, og eet var til en kongelig Laquai, han drømte derfor om ganske Andet end kun Løfter og Haandtryk. Det var en deilig, stille Sommernat, Postillonen blæste, og Hornets Echo svarede fra Antvorskovs Høider. Een Stjerne funklede saa smukt; det var Cygnus, Svanen, som hver Mand i Syden kalder den. „Det er min Lykkestjerne!“ tænkte han og spurgte sin Nabo om Stjernens Navn. „Aftenhønen kaldes den.“

Christian tænkte paa Naomi; hun derimod lod sin Tanke flyve ud som Bien, lod den søge hver Bitterheds Blomst, der i de sidste Maaneder var skudt frem i hendes Hjerte, og af hver Blomst samlede hun Gift.

Hun lyttede og syntes at høre Donauflodens Bølgeslag. Et Stjerneskud fløi, som engang Dampballonen vil flyve gjennem Luften.

Hun vendte igjen tilbage til Huset, hvor Ladislaus sov; men i Gangen blev hun, paa Trappens nederste Trin satte hun sig, lagde Armen paa Rækværket og heldede Hovedet til den. Hun blundede, som Araberen blunder, der veed, at hans Dødsfjende sover under det samme Telt som han; de have drukket og spiist sammen; Gjestfrihed er det hellige Skjold, som staaer imellem begge, de række hinanden Haanden og — sove, men deres sidste Tanke er: vi mødes et andet Sted! Pariaens Søn og Israels Datter have asiatisk Blod, den hede Sol brænder deri.

II.

— Ladislaus! Ladislaus! tönt es aufs neu',
Und dieselbe Stimme ruft hinterdrein
Noch lauter: Nein!

Castelli.

Es ist eine seltsame Sache:
Ich sprach deutsch und dänisch Du,
Und doch verstanden wir uns im Nu.
Ja Freund! im Aug' liegt die Sprache
Und im Herzen der Schlüssel dazu.

Stammbuchsblatt an H. C. Andersen von Castelli.

„Jeg vil bort!" sagde Naomi til Josephine, Beriderskeu med de vaiende Faner. „Jeg vil bort! enten finder jeg Brød eller Død!"

Josephine lo. Vi kjøre i Formiddag sammen til Josephsdorf og Kloster-Neuburg, vi To, i den lille Gig med den blissede Orlando for. Jeg sætter mig i Rygte for Din Skyld! jeg kjører Tour alene med den unge, flammende Jockey! Du kommer igjen i Lune, Ladislaus kysser, hvor Pidsken smeldede, og saa faae vi Forsoningsscenen.

„Aldrig!" sagde Naomi.

„Altsaa ingen Menneskehad og ingen Anger*), sagde Josephine og lo, „det tager sig ogsaa lystigere ud."

„Skaf mig hemmeligt et Pas," bad Naomi, „til Ungarn eller Bayern, hvorhen Du vil! kun at jeg kommer bort! at jeg ikke seer ham mere!"

„Først kjøre vi en Tour," svarede Josephine, „vi smage Chocoladen i Josephsdorf og see fra Bjerget der, om ikke Donausletten kan friste til at blive! man maa aldrig forhaste sig! aldrig gjøre for store Skridt; de klæde heller ikke et Fruentimmer."

„Det er ei første Gang, han har bragt Gift i mit Hjerte!" sagde Naomi. „I Töplitz, fjorten Dage efter jeg havde forladt mit Hjem, forstod jeg ham som en opslagen Bog, men da var han endnu den Kloge, den Forsigtige; jeg har taget min Bestemmelse."

Vognen holdt færdig, de rullede bort. I de lange Alleer i Forstaden mødte de mange Kjørende og Ridende. De unge Herrer tilnikkede Josephine, et Par Damer gav Naomi et Smiil. Veien gik opad Bjerget, fra hvilket man har den vide Udsigt over den frodiggrønne Donauslette.

„Betragt engang!" sagde Josephine, „hvor

---

*) „Der Leopoldstag oder kein Menschenhaß und keine Reue," en Parodie, som da spilledes paa et af Folketheatrene.

prægtigt tage ikke de mange Alleer sig ud mellem Byen og Forstæderne. Stephanstaarnet rager dristigt over de andre Bygninger, og seer Du Donau med alle de deilige, skovbegroede Øer. De blaae Bjerge derude ligge i Ungarn! Denne Udsigt er det, som altid staaer for mig, naar jeg hører synge: „noch einmal die schöne Gegend!" Ja Østerrig er meget smukkere end Danmark!"

„De ligne hinanden!" sagde Naomi. „I Jylland have vi Bakker, saa høie som dette Bjerg, og lille Belt og Sundet ere langt prægtigere end Donau! jeg veed kun et Fortrin, Wien har fremfor Kjøbenhavn, det er den mildere Luft og at det ligger nærmere Italien!"

„Finlænderen længes efter sine Sumpe! Eskimoen efter sin Snee!" sagde Josephine leende.

„Jeg længes ikke efter Danmark! kommer aldrig der tilbage! men heller ikke her vil jeg blive! Jeg er en fri Qvinde, jeg er ingen Østerriger, man maa lade mig reise!"

„Men Ladislaus vil forhindre det!" sagde Josephine, „forhindre det, alene fordi det piner Dig, dersom han er i det Lune!"

De bleve afbrudte, idet Graveren fra den lille By kom til og indbød dem at see Kirken; i Kjælderen laae Liig, sagde han, som vare over hundrede Aar, og dog saae de ud, som om de vare først begravne der igaar.

„Vi see helst de Levende!“ sagde Josephine.

Men der ere ret nette Mærkværdigheder, forsikkrede den Gamle, det var ikke en Time siden, han havde ført en polsk Herre om derinde, og den Herre havde fundet det Hele høist mærkværdigt og skrevet Alting op i sin Bog. Imidlertid var denne Bog dog blevet glemt, men endnu idag skulde den komme paa Politikammeret, og Herrerne der vidste Besked med enhver Fremmed, saa at Bogen inden Aften kunde igjen være i Polakkens Hænder. Han viste Josephine den.

Det Skrevne var dansk. Haanden forekom Naomi bekjendt; hun bladrede begjærlig i den og læste. Alle Antegnelser vare just ikke bestemte til at sees af Enhver.

„Den Fremmede er fra Danmark!“ sagde Naomi.

„Fra Kongen af Danmark?“ sagde den Gamle, „ham husker jeg fra Congressen, han havde hvidt Haar, og var venlig og høflig som vor gode Keiser Frands! jeg maa altid, naar jeg gaaer forbi „Stockameisen“*),

*) Som her tidligere er bemærket have Boutikerne i Wien et Portrait eller en historisk Fremstilling til Skildt, saaledes sees Frederik den Sjette portraiteret paa en Boutik, udenfor hvilken just den mærkværdige Stockameisen findes.

see paa den danske Kong Frederik!" Den Gamle blev mere snaksom, men Naomi hørte ikke derpaa, begjærlig læste hun i Bogen, rødmede og smilede.

„For en Time siden var den Fremmede her?" spurgte hun.

„Ja, en Time kan det være siden! jeg veed ikke hvad Vei, han tog, men jeg troer nok, at det var ind til Staden!"

„Lad os see Din Kirke," sagde Naomi, og de gik derhen; men om den Fremmede havde hun næsten mere at spørge, end om Gjenstandene hun saae; den Fremmedes Bog syntes at beskæftige hendes Tanke mere, end de historiske Oplysninger, Graveren gav om de vel vedligeholdte Døde.

De sad igjen i den lille Gig, den blissede Orlando slog med Nakken og satte i Trav med dem ned mod Klosteret, hvis høie Kuppel med den keiserlige Krone paa tog sig prægtig ud i den blaae Luft.

De gik begge ind i den hvælvede Klostergang. Her stod en Fremmed. Naomi zittrede; ham vilde hun mindst af Alle have mødt. Ja, det var ham, hvis Nærværelse, Bogen havde forkyndt hende, hun havde ikke taget feil, det var Greven, ham hun kaldte sin Fader.

Han hilsede, tiltalede flygtigt Josephine; Naomi gik forbi, uden at han nøiere betragtede hende.

„Her er ikke saa rigt og prægtigt som i Kloster-Mölck!“ sagde Josephine, „men jeg lider dog denne gamle Bygning, den er mig kjær fra min Barndom! hvor tidt har jeg ikke løbet herfra og til Leopoldsslot; deroppe fra Vinduet, fortæller man, blæste Hertugindens Slør herned og viklede sig om Tornebusken, der stod, hvor nu Klosteret staaer!“

„Jeg har ingen Tanke for Dine Historier!“ sagde Naomi, og hendes Stemme skjælvede, „kom! men hurtigt! hurtigt! vi kunne ikke være her. Den Fremmede er min Beslægtede!“ ilende drog hun Josephine hen imod Vognen, der ventede udenfor. De vare i Begreb med at stige op, da Greven traadte ud af Kirken.

„Om Forladelse,“ sagde han, „Klosteret skal jo være berømt af sin Viinkjælder! her skal være et Fad, som hører til denne Egns Mærkværdigheder!“

„Jeg har hørt derom,“ sagde Josephine, „men jeg har aldrig seet det!“

„Her er Fadet, Eders Naade!“ raabte tæt ved i den aabne Port Bødkeren, som her stod med sine Svende og slyngede Tøndebaand og skar Staver.

„De har ikke Lyst at see det?“ spurgte Greven.

Josephine saae forlegent paa Naomi, der strax var fattet; hun bukkede for Greven og gik med Josephine ind i Bødkerens Værksted. Dette var en stor, muret Hvælving; rundtom laae smaa og store Viinfade; men Kongen for dem alle, var det berømte store Fad, der rummer sine tusinde og fire Eimer. Ved Hjælp af en Stige, kunde man komme ovenpaa det; Aabningen er af en saadan Størrelse, at ethvert Menneske mageligt kan komme gjennem den og ind i Fadet, hvor Rummet er saa stort, at flere Personer, Haand i Haand kunne dandse en Runddands.

„Vi have faaet det pudset op!" sagde Bødkeren, „Kjældermesteren har sat det kjønne Vers derpaa:

„Einhundert dreißig Jahre alt,
„War's mir im Keller nun zu kalt,
„Dort rütschen Tausend übern Rücken
„Auch hier wird man mich nicht zerdrücken!"

læste Greven.

„Ja", sagde Bødkeren, „Tusinde have sprunget ovenpaa det, nu ligge de glemte i deres Grave; Fadet derimod er stærkt og blankt, det kan endnu see vore Børnebørns Børn blive Oldefader og Oldemoder. Ja saamænd kan det saa! — Men De maa behage at stige indeni, ellers har De ikke ret seet det Hele!"

Naomi gjorde et Spring op af Trappen, ind Fadet, Greven fulgte efter, men med et sælsomt, gjennemskuende Blik paa Naomi; thi Maaden, hun steg ind paa, røbede saa ganske Qvinden. Josephine stak kun Hovedet ind i det store Fad, der syntes en heel Stue*). Naomi dandsede rundtom Greven, „medens Tankerne fløi saa vide“, som der staaer i Visen.

Snart sad hun igjen med Josephine i den lette Vogn, og den rullede afsted.

„Kjendte han noget til disse to?“ spurgte Greven Bødkeren. Denne rystede paa Hovedet.

„Det var Beridere fra Prateren“, sagde een af Svendene, „det var Jomfrue Josephine og den lille Jockey. Ja, hun kan ride og gjøre Kunster, han duer ikke stort til det!“

Den lette Gig fulgte Veien nedenfor Bjerget, langs med Donau.

„Bort maa og vil jeg!“ sagde Naomi. „Du har jo en Slægtning i München, Josephine! giv mig et Brev med, jeg har endnu nogle Sager af Værd, de første otte Dage er jeg ikke endnu en Tiggerske, og i otte Dage kan skee meget!“

Hele Folianter er skrevet om Kjærlighed, alle Graderne, alle Nuancerne ere udsjungne, men kun Faa have udtalt Hadet, og det er lige saa rigt, lige saa stærkt. Det er en djævelsk Vellyst, men dog en Vellyst at kunne hade, brændende hade den, som ond nedtræder vor bedste Følelse, vor uskyldigste Lyst. Alle

*) Fadet er 14 Fod 4 Tommer langt og 12 Fod i Gjennemsnit.

kiende til Had! det er et Infusionsdyr, som lever i Menneskets Blod.

Naomi var krænket, og som paa Scenen Sylphiden ved den første sandselige Omarmelse mister Psychevingen og døer, havde hos hende den første raae Behandling dræbt Kjærligheden; den var som Vinen i Tantalusbægeret, der, naar dette rystes, saa en Draabe spildes, da strømmer det hele bort, Bægeret bliver tomt til Bunden.

„Jeg følte mig saa høit over alle de Andre!" tænkte Naomi, „og jeg er steget ned til Zigeunerens Søn, hvis Adel kun er det falske Naturspil i hans Legemsformer. Nu er hans Legeme mig væmmeligt som Snogens Ham!"

„Du ligner mere en Mand end en Qvinde!" sagde Josephine.

„Og saaledes er jeg vel istand til selv at hjælpe mig frem i Verden!" sagde Naomi. Ladislaus troer vel, jeg er som de andre Qvinder, der tre, fire Dage gaae med et Hjerte fuldt af Had, men siden ere bløde og tilgivende. Jeg vil ikke! Vi have et Ordsprog i Danmark, det passer til alle Lande: een Ulykke kommer aldrig alene. Min Fader har jeg mødt i Dag, det var ham vi talte med i Kloster-Neuburg, mon han har kjendt mig? Jeg har altid foragtet den forlorne Søn, ikke fordi han spiste med

Svinene, men fordi han vendte tilbage! Han maa have vidst, det var en svag Fader, han havde. At modtage en Naade, en Velgjerning, er at tage Løsepenge paa at blive krænket. Mon Verden kan opvise een Velgjører der ei, paa Grund af sin Velgjerning har saaret eller overseet Modtageren? Heller gaae til Grunde! — bort vil jeg! Ladislaus er mig fremmed som Postkarlen, jeg kjørte en Station med; min Svaghed hos ham var en Drøm, en taabelig Drøm i Deligencen."

Politiet i Wien veed Besked med enhver Fremmed, sagde jo Graveren i Josephsdorph, og derfor havde han sendt det Bogen, som den Fremmede havde glemt; før Aften var den i Grevens Hænder. „Politiet veed Besked med hver Fremmed", derfor erfarede han ogsaa før Aften, at der ved Beridernes Troup i Prateren var en ung Landsmand, som blev kaldet Christian, han var af fiin, næsten qvindelig Bygning og kaldtes almindelig den lille Jockey, men at det var et Fruentimmer, derom talte Politiet slet ikke. Greven vilde bivaane Forestillingen iaften.

Denne begyndte; Josephine svævede paa Hestens Ryg med de bølgende Faner, Bajazzo med sin Oldemo'er paa Ryggen vendte Mølle i det stærkeste Trav. Ladislaus viste sig, klædt, som Græker, i rigt, mørkerødt Atlask. Den høipullede Hue klædte herligt det stolte Ansigt. De kulsorte Øine funklede under de lange, mørke Øienhaar; om de antikformede Læber spillede det haanlige Smiil, som især charakteriserede ham. Ingen Gladiator paa Arena eiede større mandlig Skjønhed. Bifaldsklap lød; de vare for ham vante Toner som den Musik, til hvilken han jog Banen rundt. I hans Tanke laa den Gift, som Smilet om Læberne antydede. Han vidste, at Naomi, hvem han havde seet ved denne Forestillings Begyndelse, under samme reiste bort; han var underrettet derom, vidste, at hun havde erholdt et Pas, der lød paa at reise til München. Hun var den første Qvinde, der saaledes vovede at vise ham Trods. Hævnes maatte det! pines skulde hun, og dette lod sig saare let udføre. Vistnok jog hun i dette Øieblik med Extrapost eller som Rytter henad Veien mod Linz, men Deligencen gik denne Aften den samme Vei, en Plads blev i dette Øieblik bestilt for ham; han skulde indhente hende, de skulde mødes, og om han end betvivlede, at hun fulgte tilbage med ham, var han dog istand til ved Mødet at skaffe hende høist ubehagelige Scener; hun var jo en Qvinde, og hendes Pas lød paa en Mand, det var allerede nok; derfor smilede han endnu kjækkere og sprang høit i Luften paa den flyvende Hest, som kjendte sin Rytter og Bifaldsklappene gjenlød for ham.

Greven sad tæt ved Skranken og glemte for et Dieblik hende, som hans Die forgjæves søgte; hans Bravoraab blandede sig med Mængdens, da Ladislaus forlod Banen.

Ved Forestillingens Slutning, da Lygterne alt skinnede klart udenfor, kjørte Ladislaus med en af Betjentene i den lille Gig ind til Staden Wien.

I Postgaarden holdt Deligencen forspændt; de stege ind i den. En af de Reisende skulde til Kloster-Neuburg, en anden til Salzburg, en tredie til Paris o. s. v. I det bageste Hjørne sad en ung Mand med Hovedet indbundet, Huen trykket ned om Drene, han havde Tandpine, han vilde til München. Ligeoverfor denne fik Ladislaus Plads; Enhver arrangerede nu med Gjenboen sine Been, for saaledes at faae det lidt mageligt. Det var Naomi og Ladislaus, Skjæbnen her førte sammen. Hun kjendte ham, troede dog ikke sine egne Dine; men han talte, og hun var overbeviist om, at det var ham.

Hun havde anseet det for sikkrest at reise med Deligencen, den gik jo rask fremad uden Hvile. At Ladislaus var her spaaede intet Godt; det var for hendes Skyld, han kom, følte hun. Hvorledes vilde dette ende?

Postillonen smeldede med Pidsken, Afskedshilsener lode, og Vognen rullede afsted over Stephanspladsen og gjennem de oplyste Gader. I Burgtheater, som de kom forbi, var Skuespillet tilende, Folk strømmede ud derfra, Enhver af Passagererne kigede ud for at see Bekjendtere; Naomi lagde Hovedet mere tilbage, vendte sig indad mod en af Siderne, for at ikke Lygtelyset skulde falde paa hendes Ansigt. Snart vare de igjennem den grønne Allee og i Forstaden Mariahilf; Enhver sladdrede lystig i Vognen, Naomi lod, som om hun alt blundede, men hos Ingen var Bevidstheden mere levende. Hun overveiede sin Stilling, og hvad hun havde at gjøre. Natten kunde hun nok tilbringe i Vognen og behøvede ikke at stige ud, hun kunde jo sove; men imorgen, naar Daglyset kom, naar de i Byen St. Pölten mødtes ved Kaffebordet, hvad da? Ladislaus talte til hende, hun svarede ikke. Hendes Legeme skjælvede, han maatte mærke det, deres Been hvilte jo fast paa hinanden.

De havde alt kjørt en Time, siden de forlode Wien, og vare i den lille By Hütteldorff, der, som Hitzing er Sommeropholdssted for Wienerne, men Hitzing ligger nær Wien og tæt op til det keiserlige Sommerslot, her er altsaa en Sommerhovedstad, Støv og Tummel; Hütteldorf er mere landlig og har en friere Udsigt til de lave, grønne Bjerge; de Sommersteder, som her ligge nogle Skridt dybere inde fra Hovedlandeveien, med Façaden imod den og Bjergene, ere ganske idylliske.

Ved Vertshuset gjorde Deligencen et Øieblik Holdt; nogle af Herrerne stege ud, Naomi fulgte Exemplet, hendes Beslutning var fattet, hurtig dreiede hun om i den første lille Gyde, der førte mod Engen, og løb derpaa Alt hvad hun kunde. For Enden af Gyden laa tilhøire et lille Lyststed; hun skjulte sig i Grøften udenfor Haven; hendes Hjerte bankede. Hun lyttede, om Nogen kom.

Posthornet klang, hun hørte Vognen rulle og sagde i sit Hjerte som Riquebourgs Frue, men med en ganske anden Betoning: „nu er han borte!"

Da lød i det samme Latter og Tale i Haven tæt ved, Damer og Herrer kom igjennem den lille Laage ud til Engen og vandrede forbi, det var et muntert Selskab, og alle Navnene, hun hørte, vare hende bekjendte. Fru von Weissenthurn, den aandrige Digterinde, og Skuespilleren Costenoble vare derimellem.

„Grillparzer, De læser Deres Sappho hos mig imorgen, ikke sandt!" sagde Damen; og Alle talte De livligt og glade.

„God Nat! god Nat! sov vel!" lød det fra den anden Ende af Gyden, „god Nat! god Nat!" og en af Herrerne kom vandrende tilbage, rimeligviis Verten, der havde fulgt de Andre; en Hund var med, denne foer med eet henimod Grøften, hvor Naomi sad, spidsede Øre og begyndte at gjøe. Manden nærmede sig.

„Hvem er det?" spurgte han.

Naomi reiste sig.

„Det er et daarligt Natleie!" sagde han, „Duggen er falden, De vil dog ikke sove her?"

„Tilgiv!" sagde Naomi, „hvem har jeg den Ære at tale med!"

Manden smilede. „Jeg er Castelli," sagde han, „og Du, min Ven?"

„Castelli!" gjentog Naomi, „Digteren?"

„Ja, det er mig."

„Dem har jeg kjendt i flere Aar!" sagde hun, „Deres Digte have glædet mig saa meget. Som lille Pige lærte jeg Deres „Lob der Kleinen;" langtborte herfra har De beskæftiget mig, da tænkte jeg mindst paa, at vi skulde mødes og saaledes mødes!"

„De er ingen Tydsker," sagde Digteren, „tør jeg dømme efter Deres bløde Udtale, da maa De være Dansk!"

„Det er jeg!"

„Syntes jeg det ikke nok! her var i denne Aften hos mig en ung Læge, en Landsmand af Dem."

„Jeg har megen Tillid til Dem!" sagde Naomi, „altid har en Digter forekommet mig at maatte føle varmere, ædlere og bedre end andre Mennesker —!"

„Det tør jeg ikke give Dem Ret i, de fleste Digtere have kun det Fortrin for andre Mennesker, at de kunne bedre erindre og anvende, bedre udtale hvad de føle og tænke!" Han aabnede Laagen, og de traadte ind i den lille Blomsterhave.

„Hændelsen fører mig til Dem!" sagde hun, „De maa raade mig, De maa hjælpe mig!" og hun fortalte, at hun var en Qvinde, hun sagde ham, at hun var Dansk og havde forladt et roligt og sorgfrit Liv, for her at blive skuffet selv i sine mindste Forhaabninger. Nu meddeelte hun de sidste Hændelser.

Den godmodige, fortræffelige Mand følte sig, som Enhver vilde det, noget forlegen ved denne Fortrolighed; hvad kunde han tænke om en saadan Qvinde. Den danske Gesandt, meente han, maatte være den hun bedst og sikkrest henvendte sig til. Imidlertid var det nu ud paa Natten, hun var saa smuk, hun var forladt, og hendes Læber aandede Veltalenhed. Digteren kaldte sin Huusholderske ind, og Naomi blev ført til det lille Gjesteværelse, som vender ud mod Bjergene.

I den stille Nat aabnede hun Vinduet; den aftagende Maane stod lavt over Horizonten; før dens Horn ganske svandt bort, maatte et vigtigt Skridt være gjort. Drømmende stirrede hun op i den klare

Luft, men Tanken var virksom, hun lagde Planer for Dagen, som maatte komme.

III.

Leb' wohl! — Du schlingst den Arm um meinen?
Du hält'st mich fest, — ich soll nicht gehn?

Castelli.

Kennst Du das Land, wo die Citronen blühn?
— Dahin! —

Göthe.

Næste Morgen, da Naomi kom ned til Theebordet, rakte Digteren hende venligt Haanden; hans Hund logrede med Halen for hende, og hun klappede den. Hundens Bjæffen af hende Aftenen forud havde jo dog været Introductionen til Bekjendtskabet.

„Det er et trofast, mig hengivent Dyr!" sagde Digteren, „døer det før jeg, vil det bedrøve mig!"

En Cabriolet rullede i det samme gjennem Gyden og holdt foran Indgangen til Haven. Et Morgenbesøg. Det var den unge Læge, Naomis Landsmand, som Castelli havde talt om; en Fremmed fulgte med, ogsaa en Dansk, som vilde gjøre Digterens Bekjendtskab. Det var Greven, ham Naomi kaldte sin Fader.

Lægen besad, hvad der ude characteriser en stor Deel Danske, megen Modtagelighed for alt Nyt, forenet med en levende Kjærlighed til Hjemmet, og denne fødte en mægtig Portion Hjemvee. Især viste han en forunderlig Lyst til at gjøre Sammenligninger, og hvor gives der mere Leilighed hertil end i Wien. Beboerne her have saameget, saavel af det Gode som det Smaalige, tilfælles med Kjøbenhavneren, kun at Wienerne forene dermed en større Livlighed. Prateren med sine Gynger og Kunster blev til vor Dyrehave. Slottet Schönbrunn var jo livagtigt vort Frederiksberg. Stephanskirken med sit høie Taarn var rigtignok noget Aparte, men saa erindrede han sig Frelserstaarn; dette var dog ogsaa en egen Bygning, meente han, der kunde man gaae udenom Taarnet paa Spiraltrappen med det forgyldte Rækværk og komme lige op til den øverste Spids, hvor Kobbermanden staaer med vaiende Fane, og havde man fra Stephanstaarnet Udsigt til Ungarns Bjerge, saa var den ikke mindre prægtig fra Frelserstaarn, hvor man ud over Sundet øinede Sverrigs Kyster. Af alle fremmer Byer, han kjendte, behagede Wien ham mest, her havde han det saa hjemlig. J ä g e r s og S o n n e n l e i t n e r s Huse*)

*) To Huse i Wien, hvor de Danske altid have fundet en venlig Modtagelse.

bragte ham ganske tilbage i det danske Familieliv, men hvor tidt var ikke just herved en veemodig Følelse bleven vakt hos ham, han var jo saa langt borte fra sin unge Kone og sin elskelige lille Datter. Det hændede ikke sjeldent, at naar han paa Wiens Gader mødte En med en lille Pige af Datterens Alder, var han nærved at faae Taarer i Øinene. Dette havde just denne Morgen været Tilfældet, da de holdt ved Bomhuset, hvor en ung Pige med sin lille Søster passede en Ged, der her græssede og blev malket, hvergang en Spadserende vilde kjøbe en Lædskedrik. Greven fortalte spøgende om den unge Mands Sentimentalitet, som han kaldte det.

„De veed ikke hvad det er at have Børn!" sagde Lægen, „eiede De en Datter som jeg, da bar De Dem vist ligesaadan ad. En ganske ny Verden af Glæde vilde gaae op for Dem. Der ligger en Lyksalighed for os i Barnets Smiil! De skulde see, hvor det strækker de smaa Hænder ud, De skulde høre den første Pludren —! O jeg vilde ønske Dem en lille Datter som min."

Greven fæstede sit Blik forunderligt paa Naomi. „Jeg havde een," sagde han, „hun er død!" Han blev taus, og Lægen forvirret, det havde ikke været hans Hensigt at saare ham.

Samtalen dreiede sig nu om Hr. Grevens korte

Ophold i Wien, hans forestaaende Reise til Italien, hvorfra han senere vilde lægge Veien hjem over Frankrige.

Digteren fulgte dem ud i sin Have, Naomi var ikke med; Intet var naturligere, end at han betroede hendes Landsmænd, hvad han havde hørt, og hvorledes han selv var kommet ind i dette Eventyr. Lægen lo, Greven var alvorlig og tankefuld.

De spadserede udenfor Haven paa den grønne Slette, som strækker sig til Bjergene; en lille Fodsti løb langs med Haverne; Veibredbladene tydede paa, at den just ikke var bleven til i det sidste Aar.

Det var denne Sti, hvorpaa Greven og Naomi, kun en halv Time derefter, gik alene og, de talte i Hjemmets Sprog; Spurvene qvidrede lystigt dertil, Blomsterne stode saa duftende, som om Alt var Fred og Glæde; Snogene badede sig i det varme Solskin.

„Naomi!" sagde Greven. „Hvor har Du saaledes kunnet glemme Dig selv, bringe mig Skam og Dig Skjændsel!"

„Allerede min Fødsel indviede mig dertil!" svarede hun. „Dadles kan jeg, men jeg har ligesaa meget, der taler til mit Forsvar, dersom et saadant behøves. Min Tilværelse er en Ungdomssynd, og som Frøet er, bliver Frugten!"

„Hvad vil Din Fremtid blive?" spurgte han.

„Hvad Tusinders er!“ svarede hun, „et Liv, der ei er værd at leve; men jeg har dog levet, om det endogsaa kun var Dage! jeg har følt mig fri, og det selv da, hvor man saarede mig dybest. Kun i dette Øieblik har Deres Øie en Magt over mig, som binder min Villie. Verden anseer mig ikke for Deres Datter, De selv troer jo heller ikke, jeg er det! ja, jeg er kun en Fremmed, De har gjort Godt imod, og saaledes kan De fordre, at jeg bør være Dem lydig; men jeg har ikke været det, og De opgiver mig. Vore Veie skilles ad. Ethvert Feiltrin, enhver Synd bærer Straffen hos sig, lad mig altsaa lide min. Kun en eneste Velgjerning beder jeg Dem endnu at lægge til de tidligere, og denne er: at De ikke kjender mig!“

De vare blevne staaende under et Træ; Lægens Stemme kaldte dem igjen tilbage.

„Verdens Domme bryder jeg mig ikke om! sagde Naomi, „men Deres; ja, for Dem vil jeg gjerne staae saaledes, som jeg staaer for min egen Samvittighed!“

„Man kommer!“ sagde Greven, idet Digteren og og Lægen nærmede sig.

„Vi vare uenige!“ udbrød Naomi med et leende Ansigt, „Hr. Greven kalder den lille, blege Blomst en Viol, jeg kalder den en vild Stedmodersblomst!“ hun pegede paa en saadan, der voxte tæt ved.

„I Haven," sagde Castelli, „kan den opnaae en sjelden Skjønhed. Jeg veed ellers ikke, hvorfra den har faaet sit Navn, den er slet ikke stedmoderligt behandlet!"

„Den udtrykker, hvad den kaldes!" sagde Naomi og plukkede Blomsten. „See, her ere fem Blade, de to bageste betyde Stedbørnene, de sidde begge paa een Stol!" Hun pegede paa det Grønne, som holder Bladene. „De to paa hver Side ere Moderens egne Børn, de have hver sin Stol at sidde paa, og dette store Blad forud er Stedmoderen selv: hun sidder paa to Stole!" og Naomi viste det paa Blomsten.

„Det er en sindrig Forklaring!" sagde Digteren og smilede, „den har jeg aldrig før hørt!"

„Saaledes hedder det i Danmark!" sagde Lægen. „Underligt er det ellers, at det altid er Stedmødrene, der ansees for at være saa onde, man hører aldrig Sligt om Stedfædrene!"

„Deres Feil er maaskee Svaghed!" sagde Greven.

Om vi skulle bebreide ham en saadan, vil berve paa vor egen Livsanskuelse, idet vi gjøre et Spring fra Digterens Have mere ned mod Syd, mellem Tyrols Bjerge, hvor Landets unge Knøse med Blomster paa Hatten jodlede i den friske Morgenluft og sang om Hofer, som Schweitzerne synge om Tell og Winkelried.

Det er ikke em Dage siden, vi saae Grevens og

Naomis Møde, hørte deres Samtale, hørte om onde Stedmødre og gode Stedfædre; Virkeligheden for os viser en tilgivende Stedfader.

Henad Landeveien ruller den lette Reisevogn; Kjørende og Gaaende komme forbi; de mødes for første og eneste Gang paa denne Klode, og dog lukker Greven sine Øine for at blunde. Ved hans Side sidder en ung Dame i qvindelig Reisedragt; Italiens Kort ligger paa Skjødet, og „Mariane Starke," den bekjendte Guide for Reisende i Italien, har Plads ved Siden. Dybt under Veien skummer en brusende Flod, Skyerne hænge, som Fnug om den høie Bjergtop, Damen seer ud over den vilde Egn, og vi kjende Naomi. Hendes Tanker drømme om Italien, derfor nyder hun mindre det Nærværende; til Virkelighedens „Fata Morgana" flyve de: Italien, Kunstens hellige Hal. Alperne er dets Portal, Ørnen den Spurv, som bygger i Karnissen; Pinierne løfte deres ranke Søiler med evig-grønne Capitæler. Her har Melodien sit Hjem, her blomstre Roserne ved Vintertid. Jorden under Din Fod er helliget ved Ædles Blod, ved Marmor af Oldtidens Templer. Stenen bliver Aand og Kjød, et Skjønhedsbilled, som beruser Din Tanke. Havet er blaat som Kornblomstens Blad, gjennemsigtigt som Kildens Draaber. Houris, skjønne som i Mohammeds Paradis, tilsmile Dig. Tonernes Land, Farvernes

Hjem: Italia! — „derhen!" sang Mignons Digter, og tusinde Hjerter gjentage som klagende Echo den bittersøde Længsel, som aldrig opfyldes!

IV.

Naturen var ikke de Fattiges Ven,
Den var os en haardhjertet Amme:
Deres Naade kan gjøre det godt igjen,
Gjør De Naturen tilskamme.

Carl Bagger.

I den franske Literatur findes en genial Afhandling over „les mansardes," hvori Forfatteren siger, at ligesom hos Mennesket Aand og Genialitet har sit Sæde øverst i Mennesket, nemlig i Hovedet, saaledes er det ogsaa Tilfældet med Forfattere og Kunstnere i Paris: de boe paa Tagkamrene. Scribe har givet os en Vaudeville om Kunstnerlivet i Paris og kaldet den la mansarde des artistes. I alle store Stæder, som i Paris, er det den fattige Kunstners Lod kun at sættes høit med Hensyn til Bopælen.

Saaledes var Christian placeret i Kjøbenhavn paa femte Sal i en lille Qvist ud til Gaarden hos den Enke, som han med Luzie og hendes Moder

Aaret forud havde boet hos de fjorten Dage, de vare her. Udsigten strakte sig over Skorstene og Tage til det høie Kirketaarn, hvor Vægteren spadserede. Havde de rigere Folk, som boede under ham paa Sal og i Stue, hele den muntre Gade for sig, da havde han den store Himmelstrækning, hvor Stjernerne tændtes i den klare Aften.

Hvad hans Værelse angaaer, da var dette langt mindre, end det havde været hos Hr. Knepus; det dannede egentlig med Loftet en Trekant, thi fra Døren, man kom ind af, gik Taget straat ned med et eneste fremspringende Vindue; Sengen var et Slags Alkove, i Taget lige over den sad en Glasrude, gjennem hvilken han om Natten kunde see Maane og Stjerne.

Med taknemmeligt Hjerte priste han den gode Gud for sin sjeldne Lykke; han havde erholdt fire Musikinformationer, og for de to af disse fik han en Mark Timen, for de to andre, der bestod hver i to Timer ugentlig, erholdt han Middagsmad fire Dage, altsaa var der kun tre Dage at leve ved Smørrebrød; men nu maatte man see ordentlig ud, og derfor børstede og syede han selv paa sit Tøi; kom der en hvid Traad tilsyne, da blev den strax farvet med Blæk; Støvlerne syedes sammen med Naal og Traad; at Saalerne vare hullede, gjorde Intet, naar kun Overlæderet saae heelt ud. Lidt keitede vare Bevægelserne, og de bleve det endnu mere, thi snart var der et lille Hul, der maatte skjules, snart huskede han ogsaa paa, at Kjolen ikke taalte nogen dristig Armbevægelse; han lod det hellere see ud som Mangler ved sin Personlighed, end at man skulde mærke hans Armod. At der var tre Dage om Ugen, han ingen Middagsmad fik, skjulte han for Vertinden og lod, som om han gik ud at spise, men saa vandrede han enten ud af Castellet langs Søen og spiste sit Brød, eller sad i Kongens Have og saae med Ammer og Børn paa det uskyldige Springvand.

Hos Krigsraaden, der engang seilede med Peter Wik til Kjøbenhavn, spiste han Fredag og Søndag. Det var et fornemt Huus, men mest fornem var den ældste Søn, Studenten, der ved sine gode Klæder blev et smukt Menneske og ved sine smaa Tractementer fik et Slags Anseelse hos sine Kammerater. Aldrig talte han til Christian, aldrig hilsede han, naar han kom eller gik. Moderen talte om hans Dyd, og Syjomfruen rødmede over den. Var der engang Fremmede, da fik Christian Afbud. Det kunde jo ikke fornøie ham at komme mellem Folk, han ikke kjendte. Han kunde heller ikke have børstet sin Kjole saaledes, at den blev smuk nok til det øvrige Selskab.

Tirsdag og Torsdag spiste han hos Laquaiens, den kongelige Laquai: et Bekjendtskab, som han haabede vilde føre ham til Lykke og Hæder; thi den Mand kunde tale for ham hos de Store, noget, som Laquaiens Frue hvert Øieblik slog paa. Hendes Mand kunde gaae ud og ind, hvor Krigsraader og langt fornemmere Folk maatte staae udenfor og vente. Hun sagde heller aldrig, at han var Laquai, nei, han var om de høie Herskaber.

Deres lille Datter var det, Christian lærte at spille; hun havde et Navn efter hver af alle de kongelige Personer og var døbt: Maria Caroline Wilhelmine Charlotte Amalie Juliane Frederikke; til dagligdags blev hun kaldt Mikke, en Forkortelse af Navnene: Marie Frederikke.

Hyggeligt fandt han det kun i sit lille, snevre Kammer, skjøndt her var koldt, da Vinteren kom. Tørv og Brænde kjøbte han i skillingviis, og der frøs store Iisblomster paa Ruden. Heller ikke var det hver Aften, man havde Raad til et Spiddelys, men i Mørke phantaserer man jo meget godt paa Violinen.

„Der staaer en Jomfru til Dem paa Ruden!“ sagde Pigen, som ryddede op, og viste hen paa Iisbillederne paa Vinduesglasset; Vertinden rystede paa Hovedet; accurat saadan en Jomfru havde der for syv Aar siden staaet frosset paa Ruden, hvor hendes Mand sad og syede Støvler. Han havde da sagt: seer Du Moder, hvilken kjøn Jomfru der staaer og vinker ad mig; og to

Maaneder derefter laae han i sin Grav; det var den kolde Dødsjomfrue, som hentede ham; dog her kunde det jo ikke betyde det, da Christian var et ganske ungt Menneske. Men han maatte tænke derpaa, og midt under Øieblikkets Savn og en Fremtid uden Forhaabninger vaktes Livslysten; han greb Violinen, og Hunger og Kulde glemtes under de bløde Melodier.

Mangen eensom Aften vare Tonerne hans Nadvere, til Kulden tilsidst forbød Fingerne at bevæge sig. Sjæl og Genialitet laae der i disse Phantasier, men Ingen hørte dem; Lykken, den ene afgjørende Lykke, vilde ikke stige saa mange Trapper op for at finde Geniet paa Tagkammeret.

Mendelssohn-Bartholdy har givet os nogle musikalske Compositioner: „Lieder ohne Worte"; ethvert beslægtet Bryst vil i sin Sjæl opfatte Texten til disse. Christians Violinspil kunne vi ogsaa underlægge Ord; gid de hørtes i de Mægtiges Sale, gid i hvert Aarhundrede dog eet sandt Talent frelstes fra Savn og Mangel: Du Mægtige! Du fatter Malerens og Billedhuggerens Værker, thi disse pynte dine Sale; men Digterens Frembringelser, Tonekunstnerens Værker ere Dig endnu en Leg; Aandens rigeste Tapeter, som ei Møl eller Rust kunne fortære, begriber Du ei ret, et Aarhundrede maa først have fortalt Dig om deres Guddommelighed. Lad ei det sande Talent jordisk gaae til Grunde! — Ordene blive hørte, — ja vist, som Christians Violinspil blev det.

I Laqauiens Huus, hvor han kom, herskede det Elegante, det vil sige: det udtalte sig i Møbler; der var en brillant Bogsamling, alle Bøgerne vare i Safian med Guldsnit; men tog man dem ud, ja da var det flere Aargange af Borgervennen, der saaledes vare indbundne.

Fruen læste gjerne, hun var derfor i et Læsebibliothek, hvorfra hun fik to Bøger ad Gangen, altid en gruelig Røverhistorie til at læse ved Dagen og een om Kjærlighed til at læse om Aftenen. Hun spillede Comedie i et tydsk dramatisk Selskab, for hun var confirmeret paa tydsk.

Iøvrigt paaskjønnede hun Christians Talent, enhver Kunstner har ligesom Göthe, sin Bettina, men de skrive ikke allesammen; hun var saaledes den, der beundrede ham mest, eller rettere den eneste, som udtalte sin Roes. Havde hun Selskab, blev han altid inviteret, at sige med Violinen, og han spillede for dem og maatte siden følge dem hjem til langt ud paa Natten, et Hoveri, der endnu ikke ganske er afskaffet hos os. Ofte, naar han var lidt veemodig, forsikkrede hun ham: „o, De er jo et lykkeligt Menneske! her ere tusinde fattige Stakler, der have det ganske anderledes!“

Der er meget betegnende sagt om en stor Deel

Recensenter, at de „gjennemtygge en Bog, for at mærke om nogle Smaastene knase under Tænderne“*), denne Gjennemtyggen var bleven Krigsraaden en Nødvendighed; men da det var Maven, som var slet, og ikke Hjertet, deelte han Bøgerne i to Portioner, de som skulde gjennemtygges ved mildt Veir, i hvilket han var kjærlig stemt, og de, som skulde for i slet Veir. Krænkende Personligheder gjorde han sig aldrig skyldig i. Krigsraaden ærgrede sig og ærgrede mange Andre; de huskede ikke paa, at i den anden Verden, naar vi allesammen skulle recenseres, vore Trykfeil rettes, og de urigtige Læsemaader forbedres, ville vi staae Haand i Haand og vist smile over vor fælles Iver i Jordlivets Drengeaar. En Kritik er enkelt Mands Mening, der tidt kun viser os, om den Dømmende staaer over, eller under den, han bedømmer.

Krigsraaden viste Christian Godhed og derfor holdt han af ham; ved Krigsraadens Indflydelse var det, at han blev hædret med, som det kaldtes, at skulle lade sig høre paa Violin mellem Acterne en Aften i det dramatiske Selskab, for hvilket Krigsraaden var een af Directeurerne. Det vilde være et stort, et afgjørende Skridt for Christians Lykke; hos Mange haabede han herved at vinde Interesse.

---

*) Oluf Worms Breve til Nyerup, aftrykte i nyt theologisk Bibliothek, 19de Bind.

„Jeg har talt for dem hos mine Meddirecteurer", sagde Krigsraaden, „de ere alle derfor, selv Regisseuren, og han har ligesaa meget at sige som en Directeur."

Op af en smudsig Bagtrappe steg man til fjerde Sal, hvor Thalias Tempel stod, og i hvilket de Spillende saae ud, som om de gik paa en Præsenteerbakke. Her var just Prøve, og altsaa stor Uenighed. Elskeren truede med strax at gaae sin Vei, dersom han ikke maatte sætte til, hvor han ei kunde huske. Det, han sagde, var ligesaa godt, som det, der stod i Bogen, og han meente, han havde ligesaavel Lov til at putte ind som Krigsraaden. Den trediveaarige Dame, der skulde spille Bedstemoder, vilde ikke lade sig male ældre; hun saae vist gammel nok ud, snerpede hun, men meente det naturligviis ikke. Alt var Strid og Forvirring.

Endelig kom da Fredagaften; Christian fik sorte Klæder at laane, og hans Vertinde krøllede ham med Ildklemmen. Hans Kinder brændte, hans Hjerte slog Slag i Slag, da Teppet rullede op, og hele det for største Delen spidsborgerlige Publikum stirrede paa ham.

Han spillede godt, og Directeurerne toge imod ham i Coulisserne, trykkede hans Hænder og sagde ham Behageligheder. En Barbeersvend, der selv behandlede Violinen og en Lottericollecteur, som slog paa Pauker kom styrtende op og takkede, hævede ham i den syvende Himmel for hans Flageolettoner og hans Buestrøg i Applicaturen.

„Min Lykke er gjort!“ tænkte han; „iaften ville vist Alle kun tale om mig, kun tænke paa mig. Enhver af de Spillende, lige ned til Drabanten, som kun havde den ene Replik: „tilbage!“ var i samme søde Drøm om sig selv. Klokken halvtolv var Forestillingen først forbi, og det er alene i den Henseende, man kan sige om disse Glæder, at de holde sig i Længden.

Christian kunde ikke sove, da han kom hjem; han saae ud i den stjerneklare Nat, tænkte paa sin Lykke, paa Luzie og Peter Wik, paa varme Sommerdage og paa Naomi.

Ethvert Brev, han skrev til Hjemmet, aandede kun Glæde og Ungdomsmod, enhver Forhaabning udtalte sig levende deri. Hans Moder inddrak allerede Tanken om, at hans halve Lykke var opnaaet, han kom jo i store Huse, og han havde spillet Violin paa et Theater. I sin Armod saae hun et glimrende Liv deri. Hun kjendte hans gode Hjerte, og da nu vor Herre tog hendes lille Barn, satte hun sig som blind Pasageer op hos Postillonen og, skjøndt lidt sygelig, rullede hun ved Vintertid til Kjøbenhavn, for der at bygge og boe hos sin Christian, om hvis Lykke hun havde fortalt Naboer og Venner.

Det skulde være en Overraskelse, at hun kom til den søde Dreng, og det var det ogsaa.

Der sad Moder og Søn paa det lille, skraae Tagkammer. Sneen fygede paa Ruden, og Vertinden saae suurt.

„Det gaaer Dig godt!" sagde Maria. „Mig gaaer det ilde, men Du er en god Sjæl, jeg takker vor Herre for Dig!"

Hun blundede paa hans Seng, og Christian græd ved de frosne Ruder og bad: „Du Naadens Gud, forbarm Dig over os!"

V.

Prächtiger, als wir in unserm Norden,
Wohnt der Bettler an den Engelspforten,
Denn er sieht das ewige, einzige Rom.

Schiller.

Der var saa uhyggeligt, saa koldt paa det snevre Tagkammer, hvor Moderen blundede, og Sønnen led; derfor ville vi flyve bort derfra, bort fra den kolde Luft, fra de dybe Suk, flyve til store, prægtige Sale, i det varme Syden, søge Naomi, og vi ere i Rom, Mindernes Stad, „Verdens Colosseum“*).

Den milde Luft vifter os imøde, Lampen brænder foran Madonnabilledet, hvor de smukke Børn knæle og synge med Sydens bløde Stemmer deres Aftensang. Lysene skinne gjennem de brogede Kirkeruder, hvor indenfor Messerne læses, og Elskende mødes. Bonden og Tiggeren svøbe sig i deres Kapper og søge Leie paa de brede Trapper. Den formummede Procession med brændende Lys skrider gjennem de snevre, bugtede Gader. Paa piazza venezia brænde Faklerne, heftede i Jernspigerne paa Muren, pavelige Soldater til Hest holde udenfor. Der er Bal hos Hertuginde Torlonia. Største Delen af de Indbudne ere Fremmede fra hiin Side Bjergene. Colonnaderne ere blændende oplyste, Buster og Statuer synes levendegjorte i det bevægelige Fakkelskjær; Hovedtrappen er smykket med blomstrende Træer og brogede Tepper; Billedgaleriet selv er til Promenade. I de to største Sale bliver dandset paa de speilglatte, glindsende Gulve; Sideværelserne ere for Spillebordene og for Conversationen. Kobbere, engelske og franske Aviser findes i Læsekabinettet. Vi træde ind i den største

*) O Rom —
Du werldens Colisé.

Nicander.

Dandsesal, rundtom straale Lys i prægtige Kandelaber, sexten Lysekroner hænge under Loftet. I den store Nische foran os staaer den colossale Herkules, som i sin vilde Smerte har grebet Lychas ved Foden og Haaret for at slynge ham mod Klippen, en sælsom Contrast til de bløde Dandsemelodier og den glade Ungdom rundtom.

Greven stod i Samtale med en Italiener af et smukt Udvortes, Ansigtet især havde ædle Former; det var Billedhuggeren Canova, Italiens Stolthed. Han pegede paa Naomi, som svævede henad Gulvet med en ung, fransk Officeer.

„En sjelden Skjønhed!" sagde han, „et fuldkommen romersk Blik! og dog hører jeg, hun er fra Norden."

„Hun er min adopterede Datter!" sagde Greven, „den unge Officeer, hun dandser med, er en Søn af Marquis Rebard, et af de mest glimrende Huse i Paris; han er ung Mand af Aand og af Talenter; jeg har kjendt ham, fra han var sexten Aar!".

Naomi, livsglad og i al sin Ungdomspragt, syntes en yngre Søster til Titians Flora eller en Datter af Raphaels Fornarina, noget Beslægtet havde hun med disse Portraiter. Hendes runde, hvide Arm hvilede paa den unge Marquis' Skulder. Han var høi og slank, hans Blik fuldt af Aand og Liv, han var neppe meer end tre og tyve Aar. Livsnydelse havde vel bleget Sundhedsfarven, men forhøiet Lidenskaben i Øiet. Han førte Naomi til den prægtige Divan og bragte hende Forfriskninger. —

I Norden, hvor nu Sneen føg, drømte Christian paa det fattige Tagkammer om Naomi; hun sad paa Sengeskjællen hos ham, slyngede sine Arme om hans Hals og kyssede ham paa Panden. I Prateren drømte Ladislaus i Plankehuset, Ridepidsken hang ved Sengen; ogsaa han drømte om hende og lo haanligt i sine Drømme. Hun havde i den glade Virkelighed glemt dem begge.

Man troer sig endnu at være i Paris!" sagde Marquien. „Det Hele her minder om vore Salons. Vil man derimod i Rom selv have Idee om de gamle Romeres Feste, deres lystige Bacchanaler inden fire Vægge, da maa man tage Deel i de unge Kunstneres Gilder. De drikke med Vedbendkrandse om Hovedet og køle Panden med friske Roser. Af de mange Kunstnere her ere, udgjøre Tydskerne største Delen, og derfor har denne Lystighed mest Præget af Tydskhed. De Franske, Engelske og Danske slutte sig enkeltviis til: som Kunstnere blive de jo een stor Nation, Aandens. Ved mit første, korte Ophold her, eller rettere paa min første Gjennemreise, deeltog jeg i deres Cervaro, et Slags moderne Bacchanal i Campagnen. De Fleste klæde sig ud, og det i de mest barokke Costumer og ride saaledes paa Heste eller Æsler i den tidlige Morgenstund ud af porta maggiore. Vi havde Zoroaster trukket af Løver, disse vare et Par gamle Æsler vel udmaiede med Papmasker og uldne Masker. Don Quixote og Sancho Pansa toge sig godt ud i Følget. Det var et heelt Carnevalstog, vel bevæbnet med Spyd og Træsabler; Sange i alle Nationers Sprog lode i den friske Luft. Derude ved Hulerne, hvor vi gjorde Holdt, stod den trehovede Cerberus. Smaa Nisser dandsede paa de grønne Høie; Pistoler plaffede, og Baal brændte; Æslerne sloge mangen Rytter af: der laae den chinesiske Tschang-Tsching-Tschu ved Siden af hendes Majestæt Dronningen af Saba. Veddeløbene glemmer jeg aldrig, hveranden Jockey var salig Magister Syntax opad Dage."

„Komme ogsaa Damer med der?" spurgte Naomi.

„Ja, af alle Nationer!" svarede han, „jeg saae baade Indfødte og Fremmede. Derimod i Osterierne, hvor Kunstnerne hver Aften samles, findes ingen Damer! Der er da ogsaa en Tobaksrøg, saa en Franskmand knap kan aande! desuagtet har jeg moret mig der de faa Gange, jeg tilbragte Aftenen der. Alt maa man jo kjende! Var jeg Maler, da skulde jeg sætte de brogede Grupper paa Lærredet, og var jeg Digter, skrev jeg strax en Vaudeville om hvad jeg havde seet."

„De giver mig en stor Lyst til at komme der," sagde Naomi. „Findes der ikke et Kighul, hvor man useet kunde være Tilskuer?"

„Kun naar De forklædte Dem som Herre, vilde jeg vove at føre Dem derind!"

„En Dame fra Norden vover ingen Forklædning," sagde Naomi.

„En af mine Venner," begyndte Marquien, „bliver imorgen indført. Der er Pontemolle, som det hedder. Han føres over Tiberbroen. Før brugte Kunstnerne, naar en bekjendt Landsmand kom, at kjøre ham imøde ved Pontemolle*), og i Vertshuset der drikke Velkomst; nu skeer det herinde i Rom, i selve Osteriet, hvor de hver Aften samles. Enhver Kunstner, stor eller lille, er Broder af Ordenen, naar han kun giver Pontemolle, det vil sige, betaler al den Viin, Enhver denne Aften behager at drikke der i Selskabet. Cammerieren sætter den ene fyldte Fogliette paa Bordet efter den anden. Der finder endeel Ceremonier Sted, som ere ret lystige, og den Indtrædende erholder sit Diplom som Medlem, bliver Ridder af Bajoccoordenen, det er den almindelige Kobberskilling, hængt i et Baand, som siden bæres ved hver ny Pontemolle. Horace Vernet, Overbeck og Thorvaldsen bære ogsaa denne Orden."

*) Pons Milvius.

En ny Dands begyndte, Conversationen afbrødes, og Arm i Arm fløi de hen af det blankbonede Gulv.

Næste Middag holdt Marquien med en let Cabriolet udenfor Hotellet paa den spanske Plads, hvor Greven boede. Naomi var indbudet til en Kjøretour i Haven ved **Villa Pamphilia**. Uagtet man her er tæt op til Roms Mure, forekommer det, som om man var langt ude paa Landet. Intet af Rom selv er synligt, og den vide Udsigt aabner sig over Campagnen, hvor den sex Mile lange Vandledning paa murede Buer, flere Favne høit over Jorden, leder Vandet hertil fra Bjergene, som i smukke Bølgelinier begrændse Horizonten.

Uagtet det var hen i Januar skinnede Solen varmt, det var som en smuk Septemberdag i Norden. De stolte Pinier reiste deres altid grønne Skjærm op i den rene, blaae Luft. Underskoven af Laurbær, især **laurus cerasus**, gav Alt et sommerligt Udseende. Orangerne hang gule mellem det grønne Løv, Roserne og Anemonerne blomstrede, og rundtom i Alleerne fra Vaser og Statuer sprang Vandet i klare Straaler. Naomi talte igjen om sin Lyst til denne Aften at følge Marquien i Osteriet; hun havde ladet sig gjøre Mandsdragt og Blouse til det forestaaende Carneval, sagde hun; forresten, men det sagde hun ikke, havde hun endnu sin Jockeydragt fra Wien, dog den kunde hun aldrig iføre sig, den vilde minde hende og Greven om en Tid, der skulde være glemt; det var nu kun om at faae hendes Fader overtalt, og at faae ham til at gjøre Følgeskab. Det lod sig meget let arrangere, meente Marquien.

De havde kjørt Haven igjennem og holdt atter ved Gitterporten, som fører ud til Landeveien. Paa en sønderbrudt Capitæl sad en Capuzinermunk i sin brune Kutte, en hvid Straahat beskyggede hans Hoved; paa de bare Fødder havde han Sandaler.

Marquien hilsede ham bekjendt og fortalte Naomi, at han undertiden havde Munkens Besøg; „jeg seer ham," sagde han, „naar han samler ind til Klosteret; er han da tilfreds med min Gave, da tracterer han mig med en Priis Tobak. Forøvrigt maa De vide, at han er Deres Landsmand; han er fra Danmark."

„Min Landsmand?" gjentog Naomi spørgende og betragtede Manden, der i det samme reiste sig, lagde Lærredstværsækken over Skulderen og vilde vandre videre.

Naomi tiltalte ham paa Dansk. Manden rødmede.

„De er fra Danmark?" spurgte hun.

„O Gud, det er Dansk, De taler!" udbrød han, og hans Øine funklede. „Det Sprog hører jeg aldrig. Med Landsmænd kan jeg, efter de Forhold, jeg staaer i, ikke omgaaes, og derfor mødes vi ikke. O Gud, De er fra det kjære Danmark?"

„Der er De født?" spurgte Naomi.

„Ja født og baaren!" sagde Munken. „Mange glade Dage har jeg levet der, men siden har jeg prøvet meget, før jeg kom hertil og i denne Dragt!"

„Naar De samler ind til Klosteret," sagde Naomi, „da besøg ogsaa mig i Hotellet paa den spanske Plads!" hun nævnede sin Pleiefaders Navn.

„De er hans Datter!" sagde han, „kjender De mig ikke? Jeg boede i Svendborg, havde Kone og Søn! — O, der er gaaet mig megen Ulykke over! Her var jeg sultet ihjel, havde ikke Klosteret taget mig som tjenende Broder."

Det var Christians Fader; Naomi kjendte ham. —

Ved Solnedgang, da Klokkerne ringede til Ave-Maria, stod allerede Naomi i sin klædelige Mandsdragt, og med de smaa Monstacher over den fine Mund. Carnevalstiden var nær, desuden var en saadan Forklædning her i Rom jo ikke noget sælsomt, meente hun. Greven rystede dog lidt paa Hovedet. Nu meldte Tjeneren den unge Marquis; og ingen halv Time efter vare de alle Tre paa Veien til Osteriet, hvor Kunstnerne samledes.

Tæt op til en af Roms smaa Kirker, laa Osteriet; om Dagen faldt hele Lyset kun ind gjennem den aabne, dobbelte Dør; Gulvet var brolagt med almindelige Kampesteen; hele den ene Vægs Brede indtog

Skorstenen, hvor Baal ved Baal blussede under de forskjellige Retter, som Kone, Mand og to Sønner under en evig Latter og Sladdren tillavede. Paa de skraae Diske laae nok saa malerisk Fiske og Kjød, pyntet med grønne Blade; man kunde udpege hvad man ønskede sig, og strax blev det tilberedt. Ved de lange Træborde sad Bønder og deres Fruentimmer med Viin foran sig i de store straaomvundne Flasker. En Krands af røde Glaslamper brændte om Madonnabilledet, som temmeligt grelt var malet paa Muren. Et Æsel, med hele sin Oppakning, havde ogsaa Plads herinde, hvor det vistnok ventede paa sin Herre. Bønderne improviserede, og Fruentimmerne sang med i Chor. Nær ved Skorstenen, hvor Osteriets Signora stod, hang i sin Kurv paa Væggen et lille, levende Barn, det spillede med de smaa Arme og saae ud paa hele den brogede Lystighed.

Greven, Marquien og Naomi gik igjennem Stuen til den høie Steentrappe, som førte dem ind i et andet større Værelse, der engang havde været Klosterets Refectorium; men Klosteret var nu nedlagt, kun Kirken stod tilbage. Her var, hvad der er usædvanligt i Syden, Trægulv. Det hvælvede Loft dannede flere Buer. Paa Væggene hang visne Krandse, og midt for dannedes ved en Sammenfletning af Egebade et O og et T. Det betydede Navnene Overbeck og Thorvaldsen, begge disse havde tidligere havt Pontemolle, og til en Erindring herom hang endnu Navnetrækkene.

Ligesom i det forreste Værelse stode ogsaa her lange Borde endnu med Dug paa, rigtignok lidt graaladne. Messinglamper, hver med sex tændte Bæger, brændte i kort Afstand fra hinanden; en stærk Tobaksrøg bølgede hen under Loftet. Paa Bænke sad langs om Bordene unge og gamle Kunstnere, dog var der flest af Tydskere, fra hvem dette egentlige Kneipeliv skriver sig. Alle havde de Moustacher, Hage- og Fipskjæg, enkelte bare lange Lokker. Nogle sade i Skjorteærmer, Andre i Blouser. Her saae man den gamle, berømte Reinhardt i Skindtrøie, med rød, ulden Hue paa Hovedet. Hans Hund var bunden fast til Stolebenet og bjæffede lystigt af en anden Hund tæt ved. Der sad Overbeck med bar Hals og de lange Lokker ud over den hvide Skjortekrave, klædt som Raphael gik klædt, og det var slet ikke Costume, det var Mandens daglige Dragt. Hans Genialitet lod ham i sin Kunst nærme sig Perugino og Raphael hans Svaghed lod ham efterligne disse, ogsaa i Klædning. Tyroleren Kok, den gamle Kunstner med det joviale Ansigt, rakte Marquien Haanden; man tog Plads. Snart saae man de til Pontemolle festligt klædte Embedsmænd; de havde Sæde midt for Bordet, først Generalen, som han kaldtes; hans Uniform var overdynget med Ordner og Stjerner af Papir; dernæst paa hans høire Side Skarpretteren med nøgne Arme, Tigerskind over Skulderen, og i Haanden Fasces og Øxe; paa venstre Minnesangeren med Baret og med Guitar. Han greb i Strængene nogle stærke Akkorder, de bleve igjen besvarede udenfor Døren. En Art Duet begyndte, en Kunstner var der, som vilde over Tiberen. Et harmonisk „Herein!“ lød, og nu traadte den Fremmede ind med Randsel paa Ryggen, hvidmalet i Ansigtet og med et langt Haar og Skjæg af Hør, Neglene derimod af Pap. Man førte ham hen til Bordet, Alt under en dertil særegen Sang. Et Glas Viin raktes Vandringsmanden, og man oplæste for ham Love, hvoriblandt de vigtigste vare: „Du skal elske din General og tjene ham alene! Du skal ikke begjære din Naboes Viin o. s. v.!“ Nu steg han op paa Bænken og paa Bordet, hans falske Nægle, Haar og Skjæg bleve afskaarne, hans Reisedragt blev ham affört, og han stod i de sædvanlige Klæder og steg derpaa ned paa den anden Side af Bordet; det var Pontemolle. Faner med Foglietter, Ørne og Kunstneremblemer vaiede. En blæste i Trompet, en Anden slog Tintalerkner som Bækner, Hundene gjøede, og Tyrolerne jodlede; nu begyndte Bacchanalet. Hver lagde sin

Serviet over Hovedet, og en Munkeprocession, med tilhørende Sang begyndte; de gik rundt om Bordene og hen over Bordene, verdensberømte Kunstnere og Ephemerer. Nu gav hver sit Talent til Bedste: en Lattersang blev givet, en characteristisk Bødkervise, hvortil Hænderne hamrede Takt paa Bordbladet, og den morsomme „Schnitzelbank," hvor Billederne med Kridt paa den sorte Tavle give hver Linie et Pointe. Midt under Lystigheden styrtede fire virkelige Gensdarmer ind med Bajonetterne i Geværerne; de grebe en af de ældre, anseete Kunstnere; han skulde arresteres. Der blev Forvirring, Skrig og Opposition; een af Gensdarmerne brast i Latter, og det Hele opklaredes som et aftalt Spil med Kunstneren selv, det var hans Bidrag til Lystigheden iaften. Nu bleve fire dampende Boller med Punsch bragte paa Bordene, en Gave fra En i Selskabet, men man vidste ikke hvem, og derfor istemte alle den gamle Vise: „Der unbekannte Geber soll leben!"

En fattig Italiener kom tilfældigviis derind, han vilde gjerne gjøre Kunster og fik Tilladelse dertil. Han forstod at efterligne Dyrenes Stemmer, noget som Hundene derinde toge meget ilde op; han kunde gjøre Lynild og Torden med Øine og Mund, og det gjorde stor Lykke; men Mandens Svaghed var, at han helst af alt vilde synge; dersom hans Stemme i Ungdommen var bleven dannet, da kunde han maaskee have vundet et berømt Navn, nu var det Jammerlighed! han sang Duetter, og det baade Elskerindens og Elskerens Partie, vendte Øine og gjorde Stillinger, men ideligt afbrød Publicum ham og forlangte Dyrestemmer eller Tordenveir, noget han satte meget lavere, men stilte sig bedst ved. Der var noget Ynkeligt deri. Talerkenen gik rundt for ham. Naomi maatte tænke paa Christian; han havde længe ikke været i hendes Tanker, men Stakkelen her, i hvem hun saae noget beslægtet, bragte hende til at tænke paa ham.

„Have vi ikke seet hinanden i Wien?“ spurgte en ung Mand med stor Moustacher og Fipskjæg, idet han nikkede til Naomi. „Vi have nok kjørt i Selskabsvogn til Hitzing!“

Naomi rødmede; hendes Øine hæftede sig gjennemskuende paa den Fremmede, hvis næsvise Blik var hende bekjendt; ja hiin Aften, da hun søgte Ladislaus i Casino, var denne Mand i Vognen og havde sagt, at han hørte paa hendes Udtale, at hun var en Fremmed, at han havde seet hende i Prateren, og at hun vist fandt sin Herre i Hitzing. Alt stod levende i hendes Erindring.

„Er Berideren Ladislaus ogsaa her i Rom?“ spurgte han med uforskammet Blik og Stemme. Grevinden blev urolig.

„Hvad siger den Herre?“ spurgte Marquien.

„Det er ellers ikke den Art Kunstnere, her samles!" sagde Tydskeren og hviskede sagte til sin Nabo.

Naomi følte en Angst, som hun aldrig havde følt. Om man her viste hende ud; om man her fortalte høit, at hun var et Fruentimmer, der for ikke længe siden havde staaet i en lavere Omgivning! Tydskeren drak Skaal paa Skaal; hans Kinder blussede, og altid hvilede hans næsvise Blik paa Naomi. Nu begyndte en Rundsang med Procession om Bordene. Idet Tydskeren gik hende forbi, hviskede han: „De er et Fruentimmer!"

„Skal det betragtes som et Skjældsord?" spurgte hun.

„Som De vil," svarede han og gik forbi.

Marquien hørte Intet deraf, han forstod ei heller det tydske Sprog og var ogsaa ganske inde i Dieblikkets Lystighed; Greven selv syntes at have glemt det foregaaende Dieblik, hvori Navnet Ladislaus blev nævnet; oprømt tog han Deel i Munterheden; man havde igjen sat sig ved Bordet, hans Blik faldt paa den tydske Kunstner, der bøiede sig over mod Naomi og hviskede hende med et ondt Smiil nogle Ord i Øret; hun blegnede, hendes Haand knugede sig fast om Kniven, hun holdt, og Armen hævede sig.

„Hutjehu!" gjenlød det gjennem Stuen; een af de ældre Kunstnere, udklædt som et Slags Befana, jog paa et Æsel midt ind imellem dem; Æselet, forskrækket over saa stort og larmende et Selskab, styrtede hen imod Bordet, hvor Naomi sad, Glas, Fogliettes og brændende Lamper væltede ved Stødet; de, som sad, sprang op, og hverken Tydskeren eller Nogen af de Andre, saae Virkningen af den Vrede, som gjennemlynede Naomi, men som ved Greven og ved dette lykkelige Tilfælde hævedes. Lystigheden blev vildere; Marquien mærkede først, at hans Selskab var borte, da Camerieren klappede ham paa Skulderen og tilhviskede ham det.

Klart Maaneskin var det udenfor, saa klart, at Nordens mørke Dage ikke ere lysere, end hvad her kaldes Nat.

„Jeg frygtede det nok!“ var alt hvad Greven sagde. Naomi hældede sig op til ham, aandede dybt og brast i Graad.

„O bliv, nu er der allerlystigst!“ raabte Marquien, idet han fulgte efter.

„Vor unge Helt fandt det for qvalmt, for trykkende derinde!“ sagde Greven, „nær havde han faaet ondt!“

„O det er forbi!“ forsikkrede Naomi leende; „men jeg vil dog ei tilbage! jeg har ret nydt denne Aften, og jeg takker Dem for den!“

„Der er selv Genie i det Slags Lystighed!“ sagde

Marquien og udpegede hvad der ret havde moret ham. Ved Hotellets Port sagde de hinanden Godnat.

„Det var, troer jeg, min bedste Aften i Rom!" hviskede Naomi til ham.

En Time efter Midnat var Greven til Ro og sov dybt og fast efter denne Aftens Begivenheder. I Naomis Værelse var ogsaa Natlampen slukket; der syntes ganske stille, men Naomi var endnu oppe. Næsten ganske afklædt havde hun kastet Kaaben om sig og aabnet den ene Dør, som gik indad i Værelset fra den lille Altan; hun heldede Hovedet til Dørkanten og stod saaledes hensjunken i sine Tanker. Mødet i Wien med hendes Pleiefader havde ikke i den Grad rystet hende, som iaften denne Fremmedes overseende Mine, hans Henpegen paa en Tid, hun ønskede evigt maatte være glemt; i Wien havde hun opgivet Alt og havde derfor Rolighed; nu derimod var hun traadt ind i nye Forhold, i en glimrende Omgivelse.

Hvo mægter vel at give et tydeligt Billede af en saadan Maaneskinsnat i Syden, som den der i dette Øieblik herskede; det er et Lys, der ikke ligner Dagen, men heller ikke Nordens maanelyse Nætter. Dersom man vil sammenligne Daglyset med Lampens klare Lue, og Nordens lyse Nat med Skjæret af et Lys, man aldeles ikke seer, da vil man mellem disse To finde et Udtryk for Sydens klare Nætter i det Lys, Astrallampen udbreder, denne forunderlige bløde Belysning. Men det bliver da kun Øiet, som har sit Billede; Sjælen føler ikke Indtrykket, thi vi indaande ikke Sydens Luft. Nordens bedste Sommeraftener ved Havet eller paa en af Landets Høider vifte en mild, vederqvægende Luft, men kunde Du i samme Nu flyttes til Syden, da vilde Du erkjende Forskjellen; den er stor, som Nydelsen af en sandselig og reen aandelig Glæde. Den blaae Frosthimmel i Norden løfter sig som et høit, hvælvet Tag over os, men i Syden synes denne fjerne Begrændsning at være et gjennemsigtigt Glas, bag hvilket Rummet endnu udvider sig.

Denne Luft indaandede Naomi, og dog drog hun sin Aande dybt og tungt; denne Belysning hvilede over Mindernes By, Cæsarers og Clerkers Rom, men ingen Tanke havde hun derfor. Nede paa Pladsen er et Springvand; det store Steenbassin er udhugget i Form af en Baad, der halv er sunket i Vandet, og der, hvor Masten skulde reise sig, fremvælder den tykke Straale; selv paa den larmende Dag hører man en stærk Pladsken, nu i Nattens Stilhed var den langt mere lydelig. Maanens Straaler skinnede paa Vandet. Under Madonnabilledet paa Hjørnet af **Propaganda** sov en Familie paa de kolde Stene. Naomi aabnede endnu et Vindue paa Siden af Værelset; den spanske

Trappe, der er af en betydelig Brede og næsten af Hotellets Høide, laae foran hende; ogsaa her opdagede hun enkelte Sovende, indsvøbte i deres Kapper; den tætte Allee ovenfor Trappen stod dobbelt mørk mod den gjennemsigtige Luft; Nonneklosterets hvide Mure reiste sig spøgelseagtigt; uden Tanke for hvad hun saae stirrede Naomi derop; nu ringede Klokkerne i Klosterkirken, tjenstgjørende Søstre vare oppe i Taarnet og ringede i den natlige Time, medens andre af Søstrene bade for Alteret; Klokkeklangen vakte Naomis Tanke for de beslægtede Lidende, thi lide maatte de; hun syntes i Taarnets mørke Huller at see noget Hvidt bevæge sig, og hun tænkte paa de fangne Piger, som kun i den natlige Time fra det høitliggende Taarn kunde see ud over det dødliggende Rom, hvis Tage syntes et bølgende Hav, de mange Kupler seilende Baade. Engelens Billede høit oppe paa Engelsborg var for dem ingen Trøstens Cherub, der vandrede dem imøde over dette forstenede Hav; død stod han som Loths Hustru og mindede dem: for Eder ere alle Eders Kjære døde. „Der ere Flere end jeg, der lide!" sagde Naomi halv høit; „mellem disse vilde jeg dog være ulykkeligere, end jeg nu er! Paa vor egen faste Villie og Livsanskuelse beroer vor Tilfredshed! jeg veed, hvad jeg vil gjøre!" Hun stod endnu et Dieblik tankefuld og saae op mod Klosteret og den natsorte

Allee, der syntes en Indgang til dette Dødens Hjem, og som dog om Dagen er en lystig Boulevard i det altid gjestede Rom.

Tæt ved Alleen, hvor det murede Rækværk af den spanske Trappe strækker sig, stod en ung Mand, Hovedet støttede han paa Haanden og syntes at see ud over Staden; en Kunstner var det vist, der tabte sig i Beskuelsen af det prægtige Billede foran; kunde dette end ikke gjengives ved Farver, det vilde til hans egen Glæde og Nydelse altid staae i hans Erindring, hvor endog han som Ældre tumlede sig i Verden. Hvormange ville ikke misunde ham! Men han saae Intet; Vinen, han denne Aften i altfor rigelig Mængde havde nydt ved Lystigheden i Osteriet, havde forvandlet sig til drillende Nisser, af hvilke endeel hang sig blytunge ved hans Fødder, da han vandrede hjemad; den Tungeste havde sat sig paa hans Hoved, og derfor bøiede han det og frygtede for at gaae ned af den steile, spanske Trappe, ja da han ret betragtede den, saae den ogsaa ud som Cascaden ved Tivoli; alt dette gjorde Vinens Nisser; han lænede sig til Rækværket og blundede, og det har meer end een Kunstner gjort paa de syv hellige Høie.

Naomi blev ham vaer; han havde en særegen Hue paa Hovedet, og den kjendte hun; en saadan havde just Tydskeren paa, da de gik i Procession om

Bordet. Kun i Hitzing og iaften i Osteriet havde hun seet dette Menneske, og dog hadede hun ham næst efter Ladislaus.

„Da man kun kjendte Pilenes Brug," tænkte hun, „det var dog ogsaa et Gode! Kuglen knalder høit om sin Bedrift, men Pilen suser sagte gjennem Luften og borer sig i Fjendens Bryst! Ingen kunde her høre dens Flugt, Ingen kjendte den! dette Menneske der kunde jeg ønske død! og hvad skulde jeg da ønske med Ladislaus —?"

„Vore Tanker ere Blomsterne, Handlingerne derimod Blomsternes Frugt," siger Bettina. Vi ere af samme Mening, men tilføie kun, at ikke alle Blomster blive til Frugt, største Delen falde som oftest til et Intet; den rige Flor, som denne Aften og Nat bragtes til Udvikling i Naomis Sjæl, ville vi see Virkningen af — naar Solen noget mere har skinnet paa Blomsterne, naar Livets area cattiva og Lidenskabernes Scirocco have aflagt deres Besøg, men til alt dette hører idetmindste Dage, ofte Maaneder og Aar.

VI.

Wer nie sein Brod mit Thränen aß,
Wer nie die kummervollen Nächte
Auf seinem Bette weinend saß,
Der kennt euch nicht, ihr himmlischen Mächte.

Goethe.

Hiin Aften var første og sidste Gang Naomi samledes med Kunstnerne i Osteriet, hendes Dom var, at Lystigheden der var det tydske Burschevæsen i en ny Udgave; langt prægtigere fandt hun romersk Kunst i tydsk Oversættelse, som hun kaldte et Par Forestillinger, der gaves i den østerrigske Gesandts Huus, og da disse havde Indflydelse paa hendes Skjæbne, maae vi dvæle ved een af disse; vi vælge den første.

Hvert berømt Maleri i Kirker, Klostre og Galerier i Rom havde hun besøgt; hele Timer havde hun dvælet i Kirken Maria della Pace ved Beskuelsen af Raphaels Sybiller; fuldendte forekom de hende, men stod hun igjen i det sixtinske Capel, da glemte hun disse for dem, Michel Angelo havde fremkaldt paa Muren.

Alt fra hendes Barndom havde Maleri tiltalt hende, Billedhuggerkunst derimod var hende, som de fleste Danske fremmed; i vort Land var da endnu ingen Leilighed til at faae Sands for denne Art; Wiedevelt var en Johannes i Ørkenen.

I Wien. Lucca og Bologna havde Naomi vel seet herlige Kunstsager i Marmor, men hun begreb dem ikke, hun skattede endnu ikke det Skjønne i disse. Først i Florents sank det som et Slør fra hendes Øine, da hun stod i den store Sal, der ganske opfyldes af Niobegruppen. Midt i Salen staae Apollo og Diana og udsende Dødens Pile; rundtom, langs Væggene, synke og hvile alt døende Niobes Børn, ramte af deres Pile; tilhøire længstborte staaer den fortvivlede Moder og udbreder sit Gevandt over den sidste Datter; man seer paa Barnets Haand, at Pilen kommer, og Haandens Stilling viser, at Pilen maa træffe. Man er saaledes selv midt inde i Gruppen, man gribes af Rædsel og Beundring. Denne var det her, som gav Naomis Øie den aandigere Seekraft. Hele Timer havde hun dvælet her; dette gribende Store tiltalte hende langt mere, end den mediceiske Venus med sin rene, ideale Skjønhed. Ved senere i Rom at beskue Vaticanets Kunstskatte var hun bragt til den Anskuelse, at hun vurderede Billedhuggerens Værk høiere end Malerens. Det laa nu engang saaledes i hendes Characteer, at hun maatte foretrække det stærke Characteristiske hos Domenichino for det Bløde, Henaandede hos Raphael. Saaledes fængflede hende langt mere hiins hellige Jeronimus*), end dennes yndige Psyche.

Man gav i den østerrigske Gesandts Huus en Sammenblanding af **tableaux parlants** og hvad Fétis giver Pariserne og kalder „**concert historique**,“ det vil sige, Musiknummere flere Aarhundreder tilbage, givne i Costume fra den Tidsalder, hvori de componeredes**). Af Malerierne vare især af Virkning det bekjendte fra **Palazzo-Rospigliosi**: Domenichinos David, der vender seierrig hjem med Goliaths Hoved; en Page bærer dette, og Landets Døttre komme Helten imøde med Cymbler og Strængeleg.

Da igjen Gardinet blev draget tilside, stod Naomi der alene, hvidklædt, med et stort, klart Slør i Haan-

---

*) Dette berømte Maleri findes i Vaticanet.

**) Hver Afdeling aabnes med et Foredrag over det Aarhundredes Musik, af den Art, Afdelingen frembyder, enten Kirke-, Concert- eller Vocalmusik; vi ville, for at tydeliggjøre det, udpege nogle Nummere ved en saadan Concert historique, givet 1833.

a) Villanella a quatre voix, chantée dans les sérénades neapolitaines (1520).

b) Chansons françaises, à quatre et cinq voix par Clement Sannequin (1530)

c) Ave Maria, à six voix, par Nicolas Gombert, maître de chapelle de l'empereur Charles V (1520).

&c. &c.

den til at drappere sig med, og som en anden Pythia-Händel viste hun nu, hvor herligt hun havde opfattet Billedhuggerens Værker, hvilken Legemsskjønhed og Aandskraft hun besad til at gjengive disse.

Hun greb Tambourinen, Sløret ombølgede hende, hun hævede den ene Fod; Enhver gjenkjendte og beundrede Terpsichore, som hun staaer i Vaticanet i Musernes Række.

Nu bredte hun beskjærmende sit Slør ud; Dødens Skræk og Smerte stod i dette Blik. Det var Niobe, kun ungdommeligere, end Kunstneren turde skabe hende.

Hun knælede ned med Sløret henover Ryggen, saa at Fødderne skjultes, Brystet hvilede paa de smukke Arme; hvert Træk var fast og stirrende, det var Ægyptens Sphinx, men ikke som Marmoret giver den, nei, det var den levende Sphinx selv, dobbelt skrækkende ved sit marmordøde Blik.

Hver Fremstilling vakte en Bifaldsjubel, en Henrykkelse, udsprungen af en naturlig Trang til at give den Luft. Greven selv var forbauset over Naomis Talent, som hun saaledes i Stilhed havde vidst at udvikle. Marquien elskede og var sig det bevidst; hans Øine funklede, men hans Beundring var taus

Nu hævede hun sig, løftede Arme og Skuldre,

bøiede Hovedet fremad: det var Charyatiden, den tunge Vægt laa synligt paa de smukke Skuldre.

Nu var hun Galathea, før Pygmalions Kys gav hende Liv. Overgangen var saa skuffende; Diet uden Seekraft blev levende, den første sagte Bevægelse viste sig, Læbens Smiil var et Trylleri.

Tæppet faldt.

O, hvilken Aften fuld af Lykke og Glæde, den ombølgede Naomi som Sydens milde Luftninger — — men over Danmark blæste den kolde Nordenvind, Sneen føg om Christians Kammer, hvor Moren laa syg, hvor Sorgen boede, Sorgen, som jo Alle kjende! men kjender Du Armodens, hvor den udtærede Haand vil dølge Vunden, og den hungrige Læbe smiler og kan ei betle?

„Jeg har Venner!“ tænkte Christian. „Hos Venner findes Hjælp!“ Ja, i Foraaret, naar Jorden er rig paa Væde, har Bækken Vand nok, men i den hede Sommer, naar Jorden trænger, da er Bækken tør, da finder Du kun haarde, brændende Stene.

I Laquaiens Huus, inde i Forstuen paa Trappen, sad en Knøs med Armod i Klæder og paa Kind; en Krukke med Mad stod ved Siden, han ordnede Retterne paa Tallerkenen, for at de bedre kunde bæres. En nydelig Fruerhund med broget Halsbaand, vadsket og pudset, hoppede op af Trappen, standsede og snusede til Krukken. Knøsen vendte sig og med en bitter Veemod i Stemmen sagde han: „Det er ikke Mad for Dig, fornemme Hund! Du er bedre vant! det er Tiggermad!“ og han tog Krukken, gjemte den i et Klæde og steg høit op under Taget til den syge Moder.

„Min Christian, jeg døer!“ sagde hun. Men Døden har Luner som Lykken, den kommer ikke, hvor man haaber dens Komme. Og dog er Verden smuk! Livet er en velsignende Gudsgave! det er ikke Smertens Dal, Elendighedens Hjem uden for Den, der kun dvæler ved de mørke Pletter, den søndertraadte Orm, den knækkede Blomst. O hvad! en enkelt Orm maae søndertrædes, en enkelt Blomst knækkes! vi maa betragte den hele Natur, og da skinner Solen paa Millioner Lykkelige; Fuglene juble, Blomsterne dufte.

Vi ville ei see den Jammer og Nød, men ile bort derfra, langt bort, fremad i Tiden! et dristigt Spring ville vi gjøre i Naomis og Christians Historie, ikke for at forbigaae enkelte Puukter, men for at samle disse og beskue dem fra et bedre Standpunkt.

Hører Du det hvirvlende Hjul? Aarene, som dreie! Aar rulle hen, tolv lange Aar! saalænge er det siden Christian sad paa Tagkammeret hos sin syge Moder. Tolv Aar ere henjublede, siden Naomi henryktede, som Sphinx, Galathea og Charyatide. Vi ere i Paris. Den trefarvede Fane vaier paa Vendome-Søilen; udenfor Boutikerne hænge allerede Carricaturbilleder af Folkets selvvalgte Borgerkonge, den kloge, verdensprøvede Louis Philippe. Det er i Begyndelsen af Aaret 1833.

VII.

Paris, mit seinen Parisern, ist der schönste Aufenthalt hienieden; Paris ist der einzige Ort der Welt, wo es erlaubt ist nach seiner Neigung zu leben.

Cavalier-Perspective.

Alle fare vild, og Alle drukne
I Lidenskabers Hav, og Alle sees
Af endelig Forblindelse beskukne,
Snart af et daarligt Haabs, snart af en falsk Idees.

H. Hertz.

Vi ere i Paris! Kom! vi forlade vort Værelse og stige ned af Hotellets glatte, bonede Trappe; lette Garçons smutte forbi, for at opvarte; nydelige Grisetter møde os i Gaarden, thi høit oppe boe nogle Studenter, og deres Veninder boe hos dem i Hotellet; de skulle nu ud de vakkre Piger, for at staae i Boutik og sye paa Pynt, men de komme igjen iaften. Portneren hilser os, og vi ere paa den vrimlende Gade, hvor Husene op til de grydeformede Skorstene ere bemalede med Navne, Skildter og favnelange Bogstaver, brogede som en Harlequinsdragt; Vognene bruse forbi tæt op til Husene; Visekonen synger Berangers Vise, en Ubekjendt stikker Dig en Billet i Haanden, som Du bør kaste bort, eller skjule ihast. Rundtom hænge prægtige Kobbere, men er Du meget blufærdig, saa skal Du ikke see paa dem, er Du en stor Royalist vil Du grue over de dristige Caricaturer, her offentligt hænge ud. Vi gaae ind i en Passage, det er en Gade med Glastag over, Boutiker paa to Etager paa begge Sider, mindre Passager forgrene sig som Stræder fra denne; i Regn og Slud kan Du vandre tør om herinde, og er det Aften, straaler Gaslamperne med blændende Lys foran de kostelige Boutiker, hvor Alt er tilfals: Alt hvad et Menneske kan ønske. Trætter Vandringen Dig, da rulle Omnibus gjennem Gaden; bagud af Vognen hænger Trappen, som Du stiger op af og ind i den lange, rullende Stue, hvor Gjesterne sidde i lange Rækker, stige ud og ind; hvert Gadehjørne er en ny Station. I hurtig Flugt naaer Du Pére Lachaise, og er Du Romantiker, maa Du knæle ved Abeilard og Heloises Grav; er Du Fabriquant, da ruller Du til

Gobelins Tapeter, er Du et fromt Gemyt, maa Du søge ud paa Øen til den gamle **Nôtre Dame**; men Du finder den tom, kun en halv Snees Præster vandre om herinde med Røgelsekar, en usel Tigger ved Døren er hele Menigheden. Paris har for Øieblikket ingen Religion, de have glemt Madonna, ja næsten Faderen og Sønnen, Aanden er den eneherskende. Ingen Munk seer Du paa Gaden, ingen Procession; fra Scenen selv prædike Digterne Protestantisme; i den catholske Stad seer Du i „Robert" et Nonneklosters Ruiner; Maanen skinner ind i den skumle Hal, hvor forfaldne Gravmonumenter staae; ved Midnatstimen tændes pludseligt Lysene i de gamle Messingkroner, Sarkophagerne aabne sig, og de døde Nonner stige op; i hundredeviis hæve de sig fra Kirkegaarden og svæve ind; de synes ei at berøre Jorden; som Taagebilleder glide de forbi hinanden, pludseligt falder Liiglagenet, de staae alle i yppig Nøgenhed og et Bacchanal begynder, som det har fundet Sted i deres Levetid, skjult indenfor Klosterets Mure; to spille Terninger paa deres Liigkiste, een sidder paa Sarkophagen og pynter sit lange Haar; en Skare klinker og drikker, andre lade Strikkestigen glide ned, for at kalde Elskeren til det vanhelligende Stevne. — Det er i den catholske Stad Du seer dette, og det er eet af Tidsalderens Tegn. Betragt denne

Vrimmel paa Gaderne! Koner raabe med Lakrisvand, Drenge tilbyde dig Stokke, men Alle, Smaa og Store, bære det trefarvede Baand. Selv Henri Quatre, Malmkongen paa Broen, maa bære Borgerfanen, den vaier fra Taarne og Façader. La Liberté er det store Feldtraab.

Vi ere midt i Paris, midt inde i Palais royal, dets Buegange omslutte os; en Flok Landsmænd sidde her; de sammenligne Prospecten med den, vi have paa vor Scene i Vaudevillen. Virkeligheden er mest frappant. Blomsterpigerne sælge Roser, Damer med vaiende Fjer, fulgte af deres gamle Mama, som hun kaldes, uddele Blikke. Mellem de Danske er En, som nylig er indtruffet her, En, vi kjende; hver fortæller om, hvad han især maa see.

„Taglioni," siger den ene, „De maa see hende, som Natalie og som Sylphide, det er en Dands! Hun hæver sig som en Fugl og synker ned som den svævende Boble!"

„De maa til Versailles," siger den Anden, „De maa derud, naar Vandene springe! — Glem ikke théatre français!"

„Alt vil jeg see!" svarer den Fremmede, „især glæder jeg mig til de offentlige Debatter i de Deputeredes- og i Pairkammeret. Jeg har Anbefalingsbrev til Marquis Rebard. Er denne Herre Dem bekjendt?"

„Jeg kommer der," sagde En. „Hans Frue er Dansk, saa vidt jeg veed, men et ægte fransk Sind, en Verdensdame, høist elskværdig, høist interessant. Jeg er iaften af Marquien indbuden i hans Loge i den store Opera. Jeg fører Dem med, dersom De tillader?"

„Jeg er Dem uendelig forbunden, men da jeg alt har Billet til Théatre du palais royal, hvor jeg skulde see Demoiselle Dejazet i Vaudevillen: sous clef — —!"

„Begge Dele lade sig forene, først see vi sous clef og gaae derpaa i den store Opera."

Landsmændene brød op; Een skulde lyksaliggjøres ved at høre Grisi, la bella divina, som han udtrykkede sig, en Anden vilde i Théatre de M. Comte*), hvor der var et nydeligt Barn, der snart vilde voxe op og naae hans Hjerte. Vore to Herrer vandrede ind i Palais royals Theatre, for at see den ungdommelige Dejazet i en Vaudeville, som vi ikke turde give hos os. Den som Guide veltalende Landsmand var forresten dansk Officeer.

Rundtom i Logerne prangede pyntede Damer. Alt i „La fille de Dominique" viste sig den nydelige, pariserlivlige Dame, som drog de unge Herrer derhen; hun fortryllede, men i

*) Her spilles Comedie af Børn.

sous clef havde de hende ganske alene; hun spiller hele Stykket, er en ung Pige, hvem Forældrene, medens de ere borte, have lukket inde; Elskeren maa staae udenfor, hun driller ham, lader, som hun havde en anden hos sig, men de forsones igjen, han sender hende Champagner, hun drikker, bliver lystig, vil tilsidst i Seng, og det er Pointet, hun lægger sit Toi paa Stolen, sætter Foden op i Sengen, da med eet Vinduet over Døren springer op og en ung Officeer, Elskeren, viser sig; hun udstøder et Skrig, trækker Sengetæppet over sig, og Elskeren springer ind. Saa falder Teppet, og det er meget blufærdigt af Maskinmesteren.

O det Stykke gjorde stormende Lykke! Damerne loe og svingede med Hatten. „C'est la liberté!" sagde den danske Officeer; den Fremmede fandt det ogsaa meget characteristisk, og nu vandrede de fra det mindre til det større Theater: **Academie royale de musique**, hvor Nourrit og Damoreau da fortryllede med deres Stemmer, og hvor den nysankomne Danske skulde presenteres for Marquien og hans Frue, Landsmandinden; han smilte ganske egent derved.

I den store Opera gav man, som saa ofte, intet heelt Stykke, men Acter af forskjellige; anden Act af **Guillaume Tell** var alt tilende; man var i Slutningen af Comte d'Ory, nu skulde anden Act af Balletten la Tentation*) begynde.

Begge de Danske vandrede op af de brede, luftige Trapper, gjennem den prægtigt oplyste Foyer, hvor Lysene straalede tilbage fra Speilvæggene, over de store Gange til Marquiens Loge. Flere elegante Herrer, som sprungne ud af Modekobberet, stode med Handsker og Hat bag de balklædte Damer; det sidste Chor i Comte d'Ory lød, Teppet faldt, og Falbydende vandrede skrigende om i Parterre og Loger, en støiende Raaben: „lorgnet de marchant! voilà l'entr' act! vert-vert! programme! la pièce!" gjenlød i Huset. Uhret over Prosceniet viste paa ni.

Marquien, tolv Aar ældre, end da vi saae ham i Rom, modtog med fransk Galanteri de to Fremmede; en smuk, fyldig Dame med kloge, mørke Øine og kongelig Holdning hilsede med Viften den nye Fremmede, der presenteredes som Chef for et dansk Regiment; han var en Holstener af Fødsel; Marquisen kjendte ham, hun havde jo engang i Danmark modtaget hans Hyldelst, kjørt med ham ud af Porten for at see den smukke Ladislaus, der nu var glemt. De samme Erindringer vaktes vistnok hos begge ved dette Minde;

*) La Tentation, Ballet-Opera en cinq actes par *** et Corally, music de l'opera par Halevy, music du ballet par Halevy et Gide.

men Conversationen var naturligviis en ganske anden. Enhver kjendte nu hinanden af Navn. En krampagtig Zittren i Øielaaget var den eneste Bevægelse hos Naomi, men øieblikkelig var hun igjen Marquisen, Verdensdamen; maaskee var ogsaa denne Zittren tilfældig, men den danske, fordums Beiler bemærkede den. Hele Conversationen var paa fransk; han bad Naomi sætte ham ind i det Brudstykke af Balletten, der skulde begynde.

„Hovedsagen er Dienstuet," sagde hun, „Handlingen er ubetydelig! Det er den hellige Antonius's Historie, hans Fristelse. Vi faae anden og tredie Act. De vil faae Taglioni at see!"

I la Tentation er man i første Act i en vild Bjergegn, hvor den hellige Antonius har valgt sit Opholdssted; en Sivmaatte er hans Leie. Nu seer man høitoppe paa Bjergene en Brudeskare, hører deres Sang; Antonius lytter og tænker tilbage paa Menneskeverdenen og dens Lykke; en qvindelig Pilgrim bringer ham Frugt og Viin, han afslaaer det, men Hunger og Tørst nøder ham til at smage; Vinen opvarmer hans Blod, han drikker endnu engang, og Lysten er vakt, han tømmer Bægeret tilbunds og bliver halv beruset; hans Blod brænder, han griber efter den fromme Skjønhed, der forfærdes; hans Lidenskab voxer, hun flyer, men han griber hende; afmægtig synker hun ned paa Straamaatten, hans Øine brænde, han breder Armene ud imod hende, da hæver Madonnabilledet sin Arm; Lynstraalen rammer Antonius. Nu stige paa sorte og ildrøde Skyer Dybets Aander fra Afgrunden for at gribe hans Sjæl, men fra Luften synke sølvhvide Skyer med knælende Engle, i hvis Midte St. Michael med Skjoldet staaer. En Kamp begynder mellem gode og onde Aander, da hæver St. Michael Skjoldet, byder Rolighed og tillader Sjælen at vandre tilbage i det døde Legeme. Afgrundens Aander tør friste den Gjenlevende, men kan de ei forlede ham til at synde mod det Hellige, da hører han Himlen til. „Han er vor!“ juble de onde Aander, „vi skulle friste ham til Synden!“ de gode Engle istemme Hymner og Antonius hæver sig fra Jorden; det er den første Act. De følgende ere Fremstillingen af Fristelsen og Antonius's Seier! Omtrent saaledes førte Naomi ham ind i Balletten.

Teppet rullede op. Anden Act, der ved sin Pragt har holdt sig længst paa Scenen, begyndte. Man var i et Krater, dybt nede i en udbrændt Vulkan, en mægtig Trappe af hele Scenens Høide udfyldte Baggrunden; en Marche begyndte og flere hundrede Dæmoner i de mest barokke, mest phantastiske Skikkelser steg ned; her var en vandrende Haand, en Torso af en Dæmon, et rullende Øie, gruelige Dyreskikkelser;

en Sabbath begyndte; Kjedelen kogte over Ilden, og hver Dæmon kastede sin Gave i den. Dampen formede sig i dæmonagtige Skikkelser, og nu hævede sig i denne en nøgen, deilig Qvinde, Afgrundens Barn, bestemt til at beseire Helgenen. Det var Skjønhedsbilledet, som Havets Skum fødte hende, som Kunstneren har givet hende i Marmor. Taglioni svævede ud mellem dem, Dæmonerne smykkede deres Barn, lærte hende Sandsernes Brug; som et Luftens Barn svævede hun mellem de vilde Skikkelser; den sorte Haarlok paa hendes Bryst tydede alene paa den dæmoniske Oprindelse. I Triumph stege de med deres Skabning op til Oververdenen.

Naomi sad som i Drømme og stirrede derpaa, Blodet steg hende med eet op i Kinderne, og pludselig blev hun bleg; hendes Øine lukkede sig.

„De faaer ondt!" hviskede den Danske; hun slog Øinene op og drog Veiret dybt.

„O det er Intet!" sagde hun, „jeg følte en Svimmel, som nu er forbi!" hun smilte, „der er saa megen Phantasie i den dæmoniske Sabbath, at man ikke kan rumme det. Det synes en heel Feberdrøm!"

Tredie Act begyndte; Dæmonerne havde reist deres Slot; gjennem Vinduerne saae man ind i de prægtige Sale; smaa Dæmoner, klædte som Kokke, brasede og kogte i Kjælderen; øverst oppe dandsede nydelige, smaa Damer. Nu kom den hellige Antonius; udmattet og hungrig betlede han om en Krumme Brød og en Draabe Vand; Kokken lo, pegede paa et stort Kors, der stod paa Veien udenfor Slottet, bad ham styrte dette, og han skulde komme med tilbords; han afslog det; jægerklædte Dæmoner med Qvinden, de havde skabt, kom tilhest foran Slottet og drog derind; ogsaa hos disse mødte Antonius samme Anmodning, samme Løfte; den skjønne Qvinde lovede ham al den rige Herlighed, han saae, vilde han omstyrte Korset, da knælede han for det, medens Dæmonernes vilde Sang og Bægerklang lød fra Slottet; gjennem Vinduerne saae man deres Drikkelag, Qvinden nærmede sig Antonius, men hans Tale virkede paa hende, som Sollyset virker paa den giftige Vært, Marelokken blev mindre; forundret lyttede Dybets Skabning, der havde Menneskets Tanke, Menneskets Følelse, til Ordene, og da han knælende omfavnede Korset, sank hun til Jorden, og Slottet, med Alt derinde, styrtede i Dybet, røde Flammer sloge op fra Afgrunden.

Kun disse to Acter af Balletten bleve givne. „Den hellige Mand," sagde Naomi leende, „virker ind paa det dæmoniske Barn, saa at selve hun vindes for Himlen; De skulde see Ballettens Slutning, hvor Antonius tilhører Himlen og fører endogsaa hende med til sin Lyksalighed. Afgrundens Aander i brændende Svovlskyer opfylde hele den nederste Deel af Scenen, hvide Skyer hæve sig, og Alt er opfyldt med Engle; i millionviis sees de knælende Grupper; først vorne Mennesker, hvidklædte, med store, hvide Vinger, derpaa Børn, og bag disse Grupper i det Uendelige, malede paa Bagteppet og belyste, saa man ikke finder Grændsen mellem Skin og Virkelighed, men seer ind i den uendelige Himmel, der, alt som Skyerne hæve sig, bliver større og større, og da falder pludselig Forhænget."

Man forlod Theatret, Klokken var over Tolv, og i Marquiens Huus var Selskab, der ventede paa Verten og Vertinden.

„De vil finde ved Soiréen Alexander Dumas og et Par af de unge Malere, som have faaet et Navn ved Decorationerne i la Tentation*)." Hun hilsede med Viften.

De kjørte til Marquiens Hotel. Prægtige Værelser modtoge dem. I det forreste var opstillet to nye Malerier, kjøbte af unge Kunstnere og her satte i fordeelagtig Lampebelysning; det Ene var en Scene af

*) Decorationerne i la Tentation ere malede af Ed. Bertin, Eugène Lamy, Camille Roqueplan, Feuchères og Paul Delaroche. Denne Ballet-Opera blev første Gang givet i Paris den 20 Junii 1832.

Victor Hugos Nôtre Dame. Man saae Qvosimodo bundet paa Skampælen, lidende af Torst og Smerte, og den slanke, yndige Esmaralda række Vanskabningen en Drik Vand. Det andet var en Fremstilling af Slutningsscenen i Casimir Delavignes nyeste Tragedier: Les enfans d'Edouard, den rystende Slutnings Scene, hvori begge Børn, paaklædte sidde opreiste i deres Seng og lytte; de vide, Morderne komme for at dræbe dem, men de vide ogsaa, at der arbeides paa deres Frelse; høre de Sangen god save the King lyde, da er Befrielsen nær, og Sangen klinger, man seer det i Smilet paa den yngre Broders Ansigt; men i samme Øieblik aabner Døren, sig og Morderne trænge ind og dræbe dem, medens endnu Befrielsens Sang toner. Det var Portraitter efter begge Kunstnerinderne Menjaud og Anais, der fremstille Eduards Børn.

En enkelt Gjest stod foran Malerierne; større var Selskabet derimod i den store Conversationssal, hvor Marquien og Naomi modtoge Gjesterne. En ung Officeer talte om Fortificationerne ved Antverpens Beleiring, en anden Gruppe om de sidste Forhandlinger i Pairkammeret. Ingen gjensidig Presentation fandt Sted, man gik og kom; det Hele havde mere Udseendet af en offentlig end en privat Salon.

En ung „Skjønaand" indlod sig i Conversation

med Holsteneren, og da han vidste, han var Dansk, talte han om Operaen „Gustav,“ som jo for Landsmandsskabets Skyld maatte interessere ham. Han talte om Bernadotte, der i de sidste Dage var bragt paa Scenen i Vaudevillen Le Cammerade de lit, den danske Konge, der havde været fransk General. Hvad Norden angik vare Kundskaberne noget apocalyptiske, da havde Frankrige endnu ikke udsendt en Marmier, der smukt og levende kunde fortælle om Islands Geyser og de skandinaviske Riger, med Fjelde, Skove og duftende Sletter, Sverrigs Magt i Politiken og Danmarks i Videnskaberne. I engelsk og italiensk Literatur var Franskmanden derimod hjemme; Naomis Extilbeder derimod stod her, vi ville ikke bruge den platte Talemaade om Ko og rød Port, men en smukkere, som Moses med et Blik paa det forjættede Land, det han aldrig betraadte. For endeligt at sige noget dybsindigt, sagde han: Göthe. Franskmandens Øine funklede ved Navnet af Germaniens Corneille, der havde skabt den philosophiske ideerige Digtning Faust.

Naomi stod tæt derved og smilede, idet hun forsikkrede, at hun ogsaa beundrede Faust: „Fragmentet,“ sagde hun, „forekommer mig som en forbausende Comet, just en Comet med Kjærne, men der kommer en slem Hale efter, „ist fortzusetzen,“ som der staaer. Iøvrigt troer jeg at man lægger meget mere i denne Digtning, end Digteren selv har tænkt sig. Naar Europa er færdig med at skrive sine Commentarer over den, faaer den vel Tid til at lægge Mærke til andre ligesaa gode Digtninger. Jeg troer en tydsk Forfatter har et Sted sagt det samme som jeg!" tilføiede hun.

„Göthe er død!" sagde Landsmanden. „De mortuis nil nisi bene!"

„En sand og stor Digter døer aldrig!" sagde Naomi „og derfor kan man godt tale ogsaa om hans Feil!" med et haanligt Smiil saae hun paa sin Extilbeder.

Man talte igjen om Danmark, om Skandinavien, og nok saa aandrigt udviklede Naomi, at just Norden var Romantikens Land; hun fortalte om Norges melancholske Fjelde, om de brusende Fosser, der kunde maale sig med Schweitserlandets, de eensomme Sennhytter og de mørke Granskove. Hun anskueliggjorde, hvor deiligt de danske Øer laae, som en blomstrende Lagune mellem Øster- og Nordsøen; fortalte om de gamle Sange, som tonede der endnu, Zigeunerfolket paa de jydske Heder og den eensomme Gravhøi paa de duftende Kløvermarker.

„Deres Skildring", sagde Franskmanden, „vilde,

udtrykt, som De giver den, være en Perle for vort **Revue du Nord.**"

Naomi smilede.

En decoreret Herre gav Conversationen en politisk Retning, og Naomi udtalte dristigt sine Anskuelser lige, fra Sumpstaden: Petersborg til Arabernes luftige Telte; kun for Tidsalderens Heros, Napoleon, bøiede sig hendes stolte Hjerte.

„De har seet den prægtige Vulkan i Afstand," sagde Hofmanden, der vurderede den verdensprøvede Louis Philippe og erklærede ham for den første af de Regenter, der høre til Menneskehedens nye Tidsalder. „Havde Deres Naade været mellem de af Frankrigs Mødre, der ved Napoleon saae deres Sønner bortrevne fra Hjemmet, seet hvor de, kneblede ved Tommelfingrene, dreves som Qvæg gjennem Landet; de vilde ikke have velsignet hans Navn. Forfængelig og kold var han; ikke blot i sit Ydre ligner han Nero!"

„Den Gud, vi alle tilbede," sagde Naomi, „synes ogsaa at frembyde i sin Verdensregjering Skyggesider, men mon disse virkelig findes? Napoleon var Cheruben med Ild og Sværd, han afskar den nye Tidsalder fra den ældre. Naar Plovjernet gaaer gjennem Marken, da overskæres Blomsternes Rødder, Græsset oprykkes og den uskyldige Orm sønderlemmes, men det er en Nødvendighed, og siden bølger just Velsignelsens Korn over Dødsfuren! Millioner have vundet!"

Conversationen gik ind i Øieblikkets Politik, og Naomi udtrykkede sig mere og mere interessant. Spillebordene kaldte, Kort bleve præsenterede. Naomi spillede med Lidenskab og var den personificerede Veltalenhed; Calembourgs bleve skabte, Ordspil vexlede; Marquisen var hyldet og fortjente at være det. Vid og Livslykke udtalte sig i hendes mørke Øine.

Klokken var tre om Natten, da Lysene bleve slukkede i Hotellet. Naomi sad paa sit Værelse i Natdragt, med den runde Arm under Kinden; hendes lange Haar flød ned over Skuldrene, hendes Kinder brændte; som den Febertørstige nedslugte hun et Glas Vand.

„Hvor mit Blod brænder!" sagde hun til Kammerpigen, „jeg er træt og kan dog ikke sove, men gaa Du kun til Dit Værelse!"

Og hun var ene; hendes Bryst hævede sig, dybt drog hun sit Aandedrag.

„Hvor jeg er ulykkelig! og hvorfor skal jeg lide? hvorfor evigt svæve i denne indbildte Qval, som voxer med hvert Aar!" og hun tænkte paa Dæmonernes Skabning i **La Tentation**, hiint Væsen, de gave Liv og menneskelige Følelser, og det forekom hende, at hun selv var beslægtet med det. „Ja, Dæmoner har kaldt mig frem til dette Liv! O, at alt Forbigangent sank hen i Tilintetgjørelse, som vi selv skulde det i Døden. Det er Sygdom, ei andet! hver Landsmand er mig et Torturredskab, og min Bøddel er her! — gid hans Liig laae paa Bunden af Seine. Ladislaus," udaandede hun og taug pludseligt. „Jeg vil ei pine mig selv! jeg vil nyde Duften af dette falske Liv." Hun fæstede sit Øie paa Marquiens Portrait, som hang paa Væggen. „Han smiler," tænkte hun. „Ja ogsaa jeg vil det! mine Ungdomssynder ere ikke større end hans, og endnu —! maaskee han i dette Øieblik kysser en blond Lok, som et ubetydeligt Hovede bærer. Grassot har sagt mig det! — O at jeg ikke elskede ham!" Hun bøiede Hovedet, sad længe taus, aandede dybt; Lampen brændte svagere. Hun blundede.

Daglyset skinnede gjennem Gardinerne, da hun vaagnede op af sin urolige Blunden; nu kastede hun sig paa Sengen, og Drømmebillederne rullede hen over den Sovende.

VIII.

Elle seigna tout ce sang du coeur qu'on appelle des larmes.
Nouvelles impressions de voyage par Alexandre Dumas.

Kjender Du Tivoli? Ikke den maleriske By, Du fra Roms Campagne seer paa Bjergene, nei, Haven i Parises Forstad, ud til hvilken Placaterne, disse døvstumme Sirener, søge at lokke Dig. Fiacre, Kuku og Omnibus føre Dig for nogle faa Sous til Indgangen, og for Dine tre Francs faaer Du over Dig derude et Niagara af Lystighed. Musards Orchester giver Dig Gallopader af Gustave og af la Tentation Valtse af Strauß og Qvadriller af le philtre, Robert og Pré aux clercs. For samme Udgift staae der to Theatre Dig aabne, paa det mindre seer Du physiske Experimenter og paa det større en heel Vaudeville; Kanerne flyve ned af Rutschbanerne, flere tusinde Lamper brænde mellem de grønne Grene, og efter Raabet: feu d'artifice! følger Du Strømmen af Mennesker ind paa den mørke Tilskuerplads, hvor snart trefarvede Raketter gjøre Nat til Dag.

Derud i den klingende Malstrøm ville vi!

Seer Du de nydelige Damer? Vistnok af den høie Adel, af Blodet? Ja Blodet! det varme Blod giver dem denne rige Dragt, til deres Kaste hørte Lais og Aspasia, verdensberømte Qvindenavne. De trefarvede Lamper kastede et falsk Regnbueskjær mellem de mørke Grene, Musiken klang noget borte fra, det var Dæmonernes Sang i **la Tentation**, og Støvets Døttre med Blodets Sønner hvirvlede sig i Dands.

Det er et egent Skue, man her nyder ved at træde afsides i det tætte Krat og derfra betragte den brogede Belysning, de hvirvlende Skikkelser og Kanerne paa Rutschbanerne høit fra Træernes Toppe; man maa tænke paa Brockens natlige Sabbath.

Mon han tænker derpaa, han, som sidder mellem Buskene tæt ved den mørke Skueplads, hvor Fyrværkeriet skal afbrændes. Han har netop fastbundet den sidste Raket. Han sidder i Græsset, og de magre, smalle Hænder skjælve, Ansigtet er guulblegt, de blaae Ringe under de kulsorte Øine, de slappede Træk vise, at Sjælen som en Flaggermuus kun spøger i Ruinen af et Legeme.

Han, som vort Øie nu gjerne vilde vende sig fra, har engang bragt Skjønhedens Døttre til at rødme; disse indsvundne Former vare engang en Model for en Heros; dette onde Udtryk i Øiet var Stolthedens Blik. Han, der havde bragt den store Mængde til at juble, laa her syg, foragtet, glemt — binde Raketten paa det dreiende Hjul var en vigtig Bestilling. Pariaens Søn, Ladislaus!

Naar Livsnydelse har udspændt Dine Nerver, da klinge de med rystende Melodier; disse vare det, der sang for ham en gammel Vise, som kommende Slægter maae gjentage:

„Min Tanke søger ikke ud i Rummet, den vender tilbage til sit Legeme, som ligger dorsk og smertefuldt; den føler den vaade, klamme Taage hæfte sig ved Vingen, saa den synker i Døsighed; den føler den forfriskende Vind, men denne har en Dødskulde; de svækkede Nervetraade bæve, mine Been vakle, mit Hoved svimler, det er som Vinden blæste ind i Hjernen og der susede i et tomt Sneglehuus. Jeg føler kun Lyst til Søvnen, og den famler med mit slappede Legeme. Den varme Solstraale udbrænder mig. Vandrer engang min Tanke ud, da er den som en Syg paa Krykker; Engene kunne smile, Solen varme, han tænker dog i samme Nu paa sine Krykker!“

Det var en glimrende, en lystig Aften i Tivoli. Den Rige gav sine Louisdorer, den Fattige sine Sous, og Ungdommen et Par af sin Sundheds friske Rosenblade, for en Gang at synge som Ravnen Ladislaus sang i den eensomme Hæk.

Du, som gjæstede Europas store Stæder og i Paris søgte et Centrum for alle hines Eiendommeligheder, Du vil ofte have mødt Naomi. De offentlige Retsforhandlinger ere Dig en Erstatning for Spaniens Tyrefægtninger, som have samme Trængsel, samme Vrimmel af rigtklædte Damer, der vil Du ofte have seet hende, som en af de ivrigste Tilhørerinder. Ved Bicetre, naar de dømte Forbrydere lænkede sammen førtes til Galleierne, vilde Du mellem de smukke Eqvipager, som holdt for, at Herskaberne kunde see dette rystende Skue, gjenkjende Marquisens. I den eensomme Nat, naar kun den røde Lygte med Indskrift: „Ici on loge à la nuit,“ brændte foran Vinduet, tog den dagskye Chiffonnier ragede i Skarndynger, indtog Naomi en Plads ved det rudrede Bord, hvor Guldet klinger, og Lidenskaber aande gjennem Blikket.

Udenfor Paris lod Louis Philippe anlægge Forter til at befæste Staden, men Pariserne sagde, at disse bleve til kun for at beskyde dem selv. Borgerkongens Modpartier begyndte at hæve deres Stemmer. Julifesten nærmede sig; dristige Carricaturbilleder og betydningsfuld Henpegen paa Festdagene bleve udhængte, den kloge Regent forholdt sig rolig derved og lod Gemytterne faae Luft i slige Brandvabler. Man havde ventet ved denne Fest at see den ægyptiske Pyramide reist paa Ludvig den Femtendes Plads, men den var endnu ei indtruffet; en Efterligning i Træ blev derfor opstillet; Alt arrangeredes til at gjøre de verdensberømte tre Dage saa festlige som muligt; Glandspunktet blev Afsløreisen af Napoleonsstatuen paa Vendômesøilen. Stilladserne saae man alt ophængte, og Haandværksfolkene viste stor Travlhed; ved Nattetid blev

Statuen heiset op; et blaat Slør, med Sølvbier bedækkede den til Festens Dieblik.

Naomi var imellem de Mange, der forudsaae at paa disse tilstundede tre Dage vilde et politisk Uveir bryde løs, og hun længtes derefter. Kun i Revolutionsdagene, da ikke Frihedsphantomet, men Frihedsgudinden selv anførte det ædle franske Folk, havde hun følt sig rolig; dristigt affyrede hun fra Vinduet sin Pistol paa de kongelige Gardister. Hendes Sjæleuro trængte til Bevægelsen uden om sig.

De tre Dage nærmede sig og bragte Glæde til enkelte af de faldne Heltes Døttre: et prægtigt Brudeudstyr. Alt ved Solopgang lød som Ouverture til Festen, Kanonskudene fra **Hôtel de Ville** og fra Invalidernes Hotel. De trefarvede Bannere vaiede paa **pont neuf** og flagede fra alle Kirketaarne. **Hôtel de Ville** samt **pont d'Arcôle** stode smykkede med Trophæer og Guirlander.

Søvnløs lyttede Naomi til Skudene, lidende som hiin Nat i Prateren, hiin Nat i Rom og ak som saa mange Nætter i det livsfvulmende Paris. Store Summer, forud optagne af hendes Indtægter, vare bortspilte. Ladislaus var her, og en Landsmand, der vidste om hendes Slægt.

Paa Bastilpladsen, ved **Fontaine des Innocens** og foran Louvre vare Sørgealtre opreiste, smykkede med Flor, og Faner, Immortelkrandse og berømte Navne; Sørgemusik lød, og ved hvert Qvarteerslag faldt et Kanonskud. En sælsom Stilhed hvilede over det ellers larmende Paris. Fod for Fod kjørte Vognene som til en Sørgeprocession, langtsomt skrede Fodgængerne hen over Sørgepladsen og kastede deres Bouquet paa Gravene.

Naomi kjørte i aaben Vogn, Fodgjængerne bleve trykkede ind mod de dreiende Hjul, enkelte holdt sig derfor fast ved selve Vognen; Naomi følte en Haand berøre hendes, et lille Papir blev stukket til hende. Ansigterne rundt om vare hende ubekjendte.

Om Aftenen, medens de lange sorte Flor vaiede fra Husene, hvor faldne Heltes Slægt og Venner boede, og de blaae Blus brændte over Gravene, læste Naomi Brevet, det var fra Ladislaus. Han havde søgt hende i hendes Hotel, men var bleven afviist, han forlangte paa det indstændigste en Samtale med hende og mindede ondskabsfuldt om lykkelige Minuter.

„Hvor mange var det, der sidste Aar fandtes myrdede i Paris og i Forstæderne?“ spurgte Naomi sin Kammerjomfru.

„Tre og, tyve troer jeg! myrdede og kastede i Seinen! det er grueligt!“

„Pariserne have sydligt Blod!“ sagde Naomi. „Er Alt roligt?“

„Alt! men jeg gruer for Festdagen imorgen!"

„Jeg ogsaa!" svarede Naomi tankefuld, og Tanken var hos Ladislaus.

I „Tusind og een Dag," beskrives et Træ af Palmearten; den rige Skat, som skal vindes, gjemmes i Træets Krone; Enhver kan klattre derop; de brede Blade bøie sig opad smidige som Siv, men seer Du tilbage, vil Du atter ned, da er hvert Blad en uhyre Kniv, skarp og fast, og de trænge ind i dine Lemmer, er Du ikke reen og uskyldig; dette Billede foresvævede Naomi.

„Hver lille Synd var et grønt, duftende Blad, som bøiede sig for min Haand!" sukkede hun; „nu er det Bødlens Knive, nu da jeg skuer tilbage. — O, jeg er syg, som den gamle Grevinde i Danmark, indbildt syg, og det er den pinligste Syge!"

Det var Festens anden Dag. Den halvmilelange Boulevard var Paradeplads for Nationalgarden; langs med de grønne Alleer stode de pyntelige Rækker, og bagved i Husene vare alle Vinduer og Balkoner, som Boulevarden selv, opfyldt med Mennesker; kaade Drenge hang paa Træernes Grene, andre balancerede paa Springvandenes Steengelænder. Overalt var en Trængsel, som var man i een af Parises meest besøgte Passages.

Louis Philippe, omringet af sine Sønner og

Generaler, viste sig; han rakte Haand og gav Hilsen til sine Borgere; et „vive le roi!" gjenlød; det blandedes med Raabet: „à bas les forts!"

Det blaae Teppe med Solvbierne bedækkede endnu Napoleons-Statuen paa den høie Vendome-søile; Vinduer og Tage vare opfyldte med Mennesker. Kongen og Rigets første Mænd stode med blottede Hoveder foran Støtten; Tegnet lød, og Sløret faldt. „Vive la memoire de Napoleon!" var Beundringens Eruption.

„Ou roulent les canons, ou les légions passent! — —
Le peuple est un mer aussi!" *).

Naomis Øie sank ned paa den bølgende Mængde, og under Vinduet, mellem de opstillede Tønder, hvilke Udleierne solgte som kostelige Pladse, stod Ladislaus, den udtærede, syge Ladislaus; hans Øie var hæftet paa hende, han smilte som Dæmonen i Balletten smilede, bredte sin Haand ud, pegede med Fingerspidsen i dens Flade, ligesom om han skrev.

Naomi traadte fra Vinduet. Revuen vilde tage flere Timer op, Pragtmomentet var jo forbi; hun tog Marquiens Arm, og de forlode Huset, men kun gjennem Bagbygningen var det muligt at slippe ud; de gik denne Vei. Paa Gangen gik en gammel

*) „Ode à la colonne," par Victor Hugo.

Kone dem forbi, hun stak Marquien en Billet i Haanden, og han skjulte den. Naomi saae det.

Om Aftenen var en stor, almindelig Concert i Touillerihaven, femhundrede Musikanter, trehundrede Trommeslagere; paa Seinen var en Kamp mellem illuminerede Skibe; Kirketaarne og Kupler stode med Ildcontourer i den blaae Luft. Et prægtigt Fyrværkeri afbrændtes.

„Larmende som disse Toner, henblussende som disse kunstige Lys er Livet!“ tænkte Naomi. „Hvorfor da pine sig selv! min Mand er større Synder end jeg! — Om Brevet skal han give mig Besked. Et Minut af min Qval vil jeg, han skal prøve!“

Udenfor var Alt kun Jubel, brusende Toner og blændende Blussen. Naomi stod i Hjemmet, saae henover Seine til Invaliderkirkens Kuppel, der straalede som St. Peders den hellige Paaskeaften. Hun aandede dybt.

„Jeg viser Dig ikke Billetten!“ gjentog hun for sig selv, „den kunde forstyrre Din egen Rolighed! det var hans Ord, da jeg spurgte om Brevets Indhold! han var forlegen saae jeg! Blondinens smukke Skrift turde Marquisen ikke læse! Alle Mænd ere som han, nu vil jeg ogsaa engang ligne alle Qvinder!“

Kammerpigen bragte den festlige Baldragt; næste Aften var jo Banquet og Bal i Hôtel de ville, hvor alle Stænder, fra Fiskerkonen til Landets Dronning, vare tilstede.

„Smuk vil jeg være imorgen!" sagde Naomi, „anvend Din hele Kunst! mine rigeste Smykker, alle mine Perler maa Du see at anbringe! — Det blonde Hoved kommer vel ogsaa til denne Fest!" tænkte hun, „simpel, yndig og uskyldig, som der staaer i Romanerne!"

Det var den tredie og sidste Festdag; Naomi og Marquien kjørte til „Champ d'elysées," der i sin hele Udstrækning til „port étoile"*) var opfyldt med Mennesker. Inde i selve Staden Paris var midt paa Dagen frit Skuespil paa alle Byens Theatre; Champs Élysées frembød Musik, Gynger og Kunster, Alt frit. Under aaben Himmel var her to Kunstberidertheatre med deres Circus; skifteviis gave de hver deres Forestillinger. Mange Aar var det siden Naomi havde seet nogen Beridertroup; heller ikke disse vilde hun see; men Marquien ønskede det, han roste saa meget en smuk Beriderske, som neppe var serten Aar! Naomi følte sig piinligt stemt, hun lo, og drillende tydede hun hen paa den hemmelige Billet igaar, idet hun yttrede: „Ægtefolk bør Intet have skjult for hinanden, selv om det er en lille Synd!"

Marquien saae stivt paa hende; hun smilede og

*) Denne var dengang endnu ikke ganske fuldført.

fandt, at han blev forlegen, nu havde hendes Veltalenhed sit forønskede Thema. Rundtom var Alt Festlighed og Glæde; fire Orchestre spillede; Almuesfolk klattrede forgjæves op af den glatte Slaraffenstang*). En Tournering paa Seinen tiltrak sig Mængdens Opmærksomhed: Baade manoeuvrerede for hinanden; forud i hver stod en blaat- eller rødklædt Sømand med en lang Landse, paa hvis Spidse var en Flade, med denne stødte han sin Modstander overbord; den, som faldt i Vandet maatte svømme til Bredden, hvor Tilskuerne jublede for Seierherren.

Naomis Blik fløi urolig omkring mellem Mængden, hun havde ikke Tanke for hele dette Skuespil; Marquien derimod interesserede det ret, hans Øie fulgte hver Vending, Baadene gjorde.

„Saa rolig med Synd i Hjertet!“ tænkte Naomi, og søgte rundtom efter en blond eller maaskee en sort Lok, men ingen saae hun.

Ved Middagsbordet drak Naomi Blondinernes Skaal og lo dertil.

Nu ventede Toilettet. Paradisfuglfjeren vaiede i den glimrende Turban, Ædelstenene funklede paa det svulmende Bryst; hun saae sig med et stolt Smiil i Speilet.

---

*) Mât de cocagne.

Der blev banket paa Døren. Kammerpigen modtog et Brev til hendes Naade, det var fra Hr. Marquien. Kun to Linier stode deri, kun Naomis egne Ord denne Formiddag: Ægtefolk bør Intet skjule for hinanden, selv om det er en lille Synd! Indesluttet laa en Billet, netop den samme, hun saae Marquien skjule; den var fra Ladislaus. Alt stod deri, fra det første Kys til Pidskeslaget; ondskabsfuld hævede han ethvert Mysterium. „Det er af Hevn," skrev han selv, „hun har viist mig bort fra sin Dør; hun er lykkelig, jeg elendig, som man kalder det! ved Himlens Sacrament, hvert Ord er Sandhed!"

Naomis Læber bleve hvide. „Alt maa nu briste!" tænkte hun.

„Vognen holder i Porten!" blev der meldt, „Hr. Marquien venter!"

Hun var nær ved at synke om. Atlasket raslede, Diamanterne funklede; — Marquien førte hende til Vognen; to Herrer, Venner af Huset, fulgte med; Conversationen var almindelig, Hr. Marquien tog levende Deel i den.

Gaderne gjenløde af Jubel; alle Taarne og Kupler vare, som Aftenen forud, illuminerede. Vognen holdt ved Hôtel de ville, og man steg ud. Trapperne vare smykkede med brogede Tepper og duftende Blomster. Begge Dandsesalene i anden Etage forbandtes over

Gaarden ved en hængende Have, som var smykket med Orangetræer og brogede Lygter; i Midten sprudlede et Springvand med eau de cologne. I den største Sal, hvor den kongelige Throne var opreist, hævede sig paa begge Sider Terrasser med Tabouretter, den ene Række høiere oppe end den anden; her sade Damerne, festligt klædte, alle Stænder, Borgerkonen, saavelsom Pairens Frue, et broget Skue var det, et Blomsterbed af Montaner! Musiken brusede fra det rigtbesatte Orchester; paa Gulvet selv var den største Trængsel og rundtom glimrede Lorgnetterne for at beskue de Skjønne. Vel kunde Naomi ikke længer regnes til Ungdommen, alligevel eiede hun en Skjønhedsfylde, der, i Forening med den smagfulde Pynt, bragte Unge og Gamle til at beskue og hylde hende, og hun smilede lykkelig, blændende i sin Pragt, som den sprællende Sommerfugl paa Naalen.

De brede Fløidøre aabnedes. Kongen, Dronningen og deres Børn traadte ind; i den tætte Vrimmel var det dem kun muligt En efter Anden at nærme sig Thronen. Musiken spillede en Gallopade af Operaen Gustav, just den, under hvilken Sverrigs Konge bliver skudt. Det var vistnok tilfældigt, at netop denne blev spillet; man saae Virkningen deraf i Dronningens ængstelige Blik; hendes lidende Træk udtalte den evige Angst, hvori hun levede for Mand og Børn. Mange af de nærmeste Tilskuere begreb, hvad hun led, hun, smykket med Ædelstene og den vaiende Fjer af Paradisfuglen; omtrent den samme Pynt bar Naomi, den smilende, livsglade Skjønne, som man kaldte hende, og Enhver ønskede den ædle Dronning lykkelig som denne.

Klokken var To om Natten, da man kaldte til Aftensbordet; Marquien og Naomi kjørte bort. Endnu var der levende paa Gaden; Illuminationen vedvarede.

„Du har sendt mig et Brev!“ sagde hun, „hvert Ord deri er Sandhed; hvad er nu Din Bestemmelse?“

„At læse det for Dig, hver Gang Du træder imellem mig og mine Glæder, hvilke enhver Ægtemand i Paris kjender. Kysser jeg en blond Lok, saa tænk paa Brevet! iøvrigt skal jeg sørge for, at der ingen Scandale skeer! — Næste Sommer besøge vi Norden! jeg vil see det duftende Grønne, Du og Dine Landsmænd saatidt have talt til mig om! Det kan blive en interessant Tour for os begge, tænker jeg, men tag Brevet med, tag Brevet med, det kunde muligt gjøres behov!“

IX.

„O, dies Leben ist eine ewige Entsagung — Und wofür? Nicht vielleicht für eine Täuschung? Eine Dornenkrone für einen Glauben, der vielleicht falsch berechnet ist? Wenn nun Alles, was Ihr dachtet, Ihr blassen Männer, die grausame Laune eines Traumes wäre? — O vergiebt mir diesen grausamen Zweifel!

Gutzkow's: Oeffentliche Charactere.

Storken sidder paa Bondens Tag;
Han seer over Mark og Enge.
Det bliver saa deilig en Foraarsdag;
Nu kommer den favre Tid, jeg vented saa længe.

B. S. Ingemann.

I Danmark paa Grevens Gods sad den gamle Grevinde med Medicinflasker og Pulvere, endnu ligesaa nær ved at døe, som for tolv Aar siden. „Hun er fei!“ sagde Folkene, „ikke engang Apotheket kan faae Livet af hende!“ — Landsbykirken havde erholdt nyt Spiir, og Skolen var reist fra ny; de blændende hvide Gardiner indenfor de klare Glasruder toge sig godt ud. To Smaadrenge legede udenfor Døren; de tørre Pinde, de havde stukket ned i Jorden, vare for dem en heel, blomstrende Have. I Døren sad en Kone paa nogle og tredive Aar, Sytøiet laa paa Skjødet, med kjærligt Blik nikkede hun til Smaadrengene hvergang de spurgte om Noget, og tyssende hævede hun Haanden, thi Fader læste Avisen høit for hende. Det var Luzie og hendes Mand.

„Det er jo Søndag imorgen?" spurgte den yngste Dreng, der med sine levende brune Øine og smukke Ansigtsform just bidrog til at vise den ældre Broders Mangel paa Skjønhed.

„Imorgen er det Søndag, saa kommer Spillemanden med Hvedebrød eller Billeder, han var her ikke forrige Søndag!"

„Ja imorgen kommer Christian," sagde Manden og lagde Avisen hen, „han kunde gjerne komme hver Søndag, høre Præsten her og ikke gaae i Forsamling. Hr. Patermann talte forleden til mig derom. Øvrigheden forbyder slige hellige Sammenkomster. Det er hos Peer Hansen de samles, og imellem læser Christian op af Bibelen for dem. Det er et Uvæsen! Man siger, at de skal have i en Potte en Hundehvalp, som de kysse, for at vise deres Ydmyghed!"

„Det er Ondskab!" sagde Luzie. „Christian kommer der, og da veed jeg, der kan ikke skee saadan Taabelighed. Gid vi Alle vare saa gode Christne som han! Jeg har talt med ham derom, og han skriftede for mig og sagde, at han havde sin bedste Opbyggelse i Bibelen og i at samles med fromme Mennesker. Var der en Judas mellem de tolv Disciple, skulde der da ikke i et lille christent Samfund være flere af hans Slags, der kunde give Grund til ond Omtale?

Det er bedre at troe for meget, end for lidet! den, som Verden ret gaaer imod, kan let udskeie, og lykkeligst er det kun at skeie til Bibel og Guds Ord!"

„Hvad Modgang har Christian havt?" sagde Manden. „Han var jo et fattigt Barn, Din Morbroder har været som en Fader imod! At han havde det lidt knebent i Kjøbenhavn, det have mange Mennesker havt det, og at han tog Moderen over til sig, det var ubetænksomt af dem begge To! Din Mo'rbro'r har fortalt mig, hvorledes han traf dem i Nød og Fattigdom; men nu er jo det forbi! han fik dem herover, og ved ethvert Gilde maa jo Christian spille; den, som ret forstaaer noget i Verden, kan det aldrig gaae galt! Paa hver Herregaard skal han styre Musiken, ved hvert Bryllup vil de have ham! Han har faaet sit gode Udkomme!"

„Men, det er ikke saameget hvordan vi have det om os, men hvordan vi have det inden i os, det kommer an paa i denne Verden!" sagde Luzie! — „Han satte Verdens Lykke i at faae et Navn, at tumle sig ret i Verden, men han havde Ingen der kunde føre ham frem, og det maa der vist til! en Spillemand paa Landet, det er ikke det, han tragtede efter. Men jeg troer, der er kommet Rolighed i Sindet. Da Verdens Haab svigtede, greb han til det himmelske."

„Ja men med samme blinde Forestillinger!" sagde Manden. „Han skulde gifte sig, det kunde han have godt af; en Pebersvend, er en sørgelig Person; en god Kone som Du, Luzie, gjorde et gladere Menneske af ham, thi rigtig lykkelig er han dog vist ikke, i det mindste kommer der imellem en Stemning over ham, som ikke er god for Nogen! Eengang havde jeg noget imod ham, fordi jeg troede, han gjorde af Dig! Peter Wik saae det gjerne! Han vilde nok havt, at I To skulde have faaet hinanden."

„Christians Tanke har i den Ting altid været langtfra mig," sagde Lucie, „som Dreng holdt han alt af den lille Naomi, og til den voxne Frøken stod hele hans Hu. Men de vare i ingen Maade for hinanden! smuk var hun, og det var det, som bedaarede ham. Jeg fortalte ham det Rygte, som gik, og som nok var vist og sandt, at hun løb ud af Landet med en Kunstberider. Det gjorde et saa grueligt Indtryk paa ham, at jeg fra den Tid har aldrig nævnet hendes Navn for ham, han har heller aldrig siden talt om hende; men han tænker paa hende, det er jeg overtydet om!"

„Men nu siger man jo om hende," sagde Manden, „at hun er en fornem Frue i Frankrige. Jeg har hørt det paa Herregaarden selv; de sige, at hun næste Sommer kommer her i Besøg. Saa har det gamle

Rygte dog været falsk, eller maaskee, Berideren tilhørte en af disse emigrerede Familier, som i Revolutionen vandrede ud og nu igjen er kommet til Glands og Herlighed; det kan saamæn gjerne være, saaledes kommer der da Mening og Forbindelse i begge Rygterne!" —

Det var Søndag. Christian kom, Spillemanden, som de kaldte ham, og han kyssede Børnene, især den yngste, den smukkeste, med de mørkebrune Øine; det Ydre er det, som griber os, det følte han selv; „ja havde jeg været smuk som Du," tænkte han, „da havde Alt været anderledes! selv den Ædleste, den Bedste hylder den Smukke. O, hvilken Gudsgave, hvilken Kilde til at føle sig tilfreds ligger der ikke i Skjønheden! For den er Verden et Kjærlighedens Eden. Enhver møder Skjønheden med Smiil paa Læben, man flokker sig om den. Ansigtet her indtager, han maa være fortræffelig! det Ansigt kan ei bedrage! her er Aand, her er Sjæl! O, Skjønhed er paa Jorden en lykkeligere Gave end Genie og Aandskraft!" og han kyssede den Smukkeste af Luzies Børn; det fik det kjønneste Billede og det største Stykke Kage, han bragte med.

„Skal Du ikke hilse os fra din Stork!" spurgte den mindste af Drengene.

„Jo mange Gange," svarede han. „Nu er den

frist og stærk og kan vist flyve omkap med de andre! derfor er jeg bange, den flyver fra mig, naar de reise. Storken og Svalen ere gode Dyr, derfor tør de flyve til de varme Lande, naar Viben og Spurvene fryse. Har jeg fortalt Dig Historien om Stork og Svale. Det var paa Langfredag, vor Herre hang paa Korset, da kom der tre Fugle flyvende hen over ham; Viben skreeg: „piin ham, piin ham!" derfor skriger den det endnu; men den anden Fugl raabte: „sval ham, sval ham!" og saaledes fik den Navn af Svale. Storken raabte: „styrk ham, styrk ham!" derfor er der Lykke og Velsignelse ved de Fugle, derfor ere de fredede, og ingen gode Mennesker volde dem Fortræd!" Mens han fortalte, dvælede Tanken selv ved Storken, der forunderligt omflagrede hans Erindringer: Storken paa Jødens Tag, Storken paa Engen, der lokkede ham ud i Verden, og nu Storken, den eneste levende Skabning, han hjemme i sin Eensomhed havde om sig. Sidste Aar da Storkene reiste bort, hørte han en Aften en egen Lyd inde i Skorstenen, det var en Stork, som faldt ned og havde i Faldet knækket Benet; han forbandt det saa godt han kunde, pleiede den, og i Vinterens Løb bleve de bekjendte, gode Venner, saa at nu, da de andre Storke vendte tilbage, forlod den ham ikke, men hoppede fra Marken ind gjennem den aabne Dør og søgte hver Aften til

Tørvehuset, hvor den havde sin Rede. Luzies Børn klyngede sig til Christian og sprang med ham paa Engen, hvor han af Sivene gjorde dem Grenadeerhuer; een Hue, sagde han, skulde Moder have; den bøiede han den høie Spids paa og fyldte den med smukke Markblomster; det var et Overflødighedshorn nok saa deiligt, derfor hang Luzie det over Speilet.

Middagsbordet var dækket, Dugen var skinnende hvid, og i Dag kom der noget Aparte, vidste Børnene; hver anden Søndag, naar Spillemanden besøgte dem, havde Moder altid noget, som de ellers ikke fik. Han kunde gjerne komme hver Søndag, meente de, det var jo kun to Mile, han havde at gaae.

Han var Barn med Børnene og hørte, som et taalmodigt Barn, paa Skokemesterens Drillerier, hvori laa en Braad af Sandhed.

„Du bliver en rig Mand!" sagde han, „Du maa kunne lægge op! det er ikke godt, at Mennesket er ene; tag Dig en Kone, hvem skal ellers have det, Du lægger paa Kistebunden? Dog ikke Forsamlingen, som vil føre os Catholicisme i Landet?" Og nu var Manden i sit Element, at ivre mod Paven og denne Religionssects Geistlighed.

„Catholicismen har udrettet meget Godt!" sagde Christian! „Den Sæd har nu givet sin Afgrøde, bragt os Næring og Styrke; i en barbarisk Tid vaagede den alene over Videnskaber og Kunst, den fødte den smukke Tanke om et stort Menneskeselskab, den hævdede det Aandelige imod den raae Kraft!"

„Men nu er den udartet!" sagde Skolemesteren, „den er bleven Aandens og Frihedens Undertrykker!"

„Jeg troer," svarede Christian, „at vi hellere bør betragte det som et Drivhuus, der i Middelalderens Vinterveir var en Velsignelse! I Klostrene skjød Videnskaberne frodig op og vare sikkre mod den raae Kraft, som huserede udenfor; de udviklede sig for en kommende Sommertid. Og det er den, vi nu leve i: Aanden og Friheden har nu varmt Solskin ude; Alt grønnes og trives nu her langt anderledes end i det katholske Drivhuus; Varmen der, føle vi, er kunstig, der er lummert, og det Grønne er sygeligt grønt; vi have det bedre udenfor; her er Alt gaaet frem, inde er det derimod som før, ja der ere endogsaa færre ædle Træer, da disse have faaet deres Plads ude i Solskinnet."

„Skjænds I nu igjen!" sagde Luzie halvspøgende.

„Han holder med de Catholske!" sagde Manden. „Der er intet Udkomme med ham."

„Jeg vil kun have Kjærlighedskaaben bredt over alle Troessecter!" sagde Christian. „Jeg skal engang bringe Jer en katholsk Sang, som jeg har faaet af en Italiener, den synges ved Paasken af

Bønderne fra Bjergene. Der er sand Christendom i den, som i vore gamle Psalmer."

Solen var nede, og Børnene tilsengs før Christian begav sig paa Vandring til sit eensomme Hjem, to Mile derfra. Det var een af de smukke Maaneskins-Aftener, Maleren griber og fængsler paa Lærredet og Digteren indaander, og hans Sange blive da skjønnere og mere gribende. Ogsaa paa Christian indvirkede denne Aftenens Skjønhedsduft; det var et af de Øieblikke, hvori han endnu følte ligesom en stor aandelig Skat nedsunket i sig, og at han kun maatte vente paa den gunstige Midnatstime for at hæve den, men pludselig slukkedes Alt igjen og kun Haabet blev, at i anden, Aandernes Verden Timen vilde komme. Den halve Vei til Hjemmet havde han endnu ikke gaaet, og han var igjen ikke længer stille, glad, som den smukke Natur havde villet det. Lykkelig maatte han jo dog være! intet Hjerte havde med uddeelt Kjærlighed klynget sig til ham, og derpaa troløst revet sig bort. Man holdt af ham, sorgfri kunde han see den Dag imorgen! — Han var ikke en Skabning, draget frem ved en mægtig Mand, og som nu af Taknemmelighed maatte taale denne Skuen ned paa sig, Stakkelen, der kun var hvad han var ved dennes Almagt. Han saae jo heller ikke daglig den, han elskede, kysses af en anden, drømme om en anden, medens hun dog mod ham var mild og god! Han skulde ikke smile dertil for at skjule sin Liden. Hans Liv havde slet ingen store, rystende Ulykker; Præsten vilde sige ved hans Grav: „stille og lykkeligt henglede hans Dage! ingen Uveirssky gik tung og glimrende hen over hans Hoved!“ nei, det var jevnt graat, altid graat, man kunde stirre derpaa, saa man indbildte sig, at det var blaa Himmel.

Der var Ingen i Hjemmet, som kunde byde ham velkommen! eensomt var der, eensomt havde han det, som alle Andre skulle faae det i deres Grave. Han tændte sit Lys, puslede om derinde, skjød de indvendige Træskodder op for Ruderne og lukkede nu Kammeret op til Storken; den sov. Nu aabnede han den store, blaamalede Kiste; i Læddiken laae to tunge Poser; han rystede dem sagte ud paa Bordet, talte de blanke Sølvstykker, lagde dem i Tutter og smilede, som han havde smilet til Luzies Børn.

„Saa mange har jeg allerede!“ tænkte han. „Hvilken Skat! den er til hende! ja, i sin største Nød vil hun engang komme tilbage; de Andre ville ikke kjende hende, men jeg skal være hende en Broder! hun skal ikke lide mere!“ og han smilede igjen, thi han tænkte paa Naomi.

Ungdommens lette Sind havde revet hende ud i Verden; det kunde aldrig ende godt. Engang kom hun vist, fattig og syg med en omvandrende Troup hertil.

Han havde drømt det, og det var hans faste Tro. Hvorofte var han ikke gaaet til Kroen, eller til den nærmeste Landsby, naar han hørte, der var en omvandrende Gøglertroup; han søgte Naomi; det var for hende han samlede det blanke Sølv.

Bibelen, Violinen og Storken vare hans tre Venner. Dyret hoppede fra Haven ind i Stuen, fløi igjen til Skovkrattet hiinsides Engen, men vendte altid tilbage.

„Mon Du skulde overvintre hos mig!" sagde Christian, „ikke flyve med Din Slægt til de varme Lande! — O flyve! hvo der kunde flyve som Du! jeg havde ogsaa engang tænkt paa at komme langveis bort, men jeg er blevet her, jeg kommer aldrig ud! — — Du faaer maaskee hende at see! — Du flyver maaskee over min Faders Grav!" og han tog et rødt Baand, skrev derpaa: „Hilsen fra Danmark!" bandt det om Storkens Been og sagde: „flyv nu kun med de Andre, men kom igjen til Foraaret! — Tretten Aar er det nu siden, jeg saae hende. Hun har vist forandret sig meget! i mine Tanker staaer hun saa ung og smuk, med det stolte Blik! — O, havde jeg været smuk, som Berideren var det!" og hans Tanker fløi saa langt ud i Verden.

Hvor tidt see vi ikke Børn, Dreng saavelsom Pige, i deres Barnealder næsten at være hæslige, nogle Aar gaae hen, Træk og Former udvikle sig, og vi see Skjønhed, hvor vi før ingen fandt, og vi maae elske dem for denne. Saaledes efter Døden, i det nye Liv, vil den, som her ved sit Udvortes stødte os bort, vinde os, blive elsket af os, idet hine haarde Former just have udviklet sig til Skjønhedstræk. Vor Menneskelarve er jo dog kun en Klædning; den pjaltede Tigger kan være smuk som Adelsmanden, naar Armodens Dragt falder bort. Det var Christians stille Drømme. — —

Man var i September, Pragttiden for den danske Natur; da drømte han om Naomi en sælsom Drøm, den stod saa klart for ham, idet han pludseligt vaagnede, men i Morgenstunden var Erindringen aldeles slukket, kun det stod ham tydeligt, at hun havde hældet sit Hoved op til hans Bryst og sagt: „Jeg døer, begrav mig i Din lille Blomsterhave.“

Drømmen bragte ham i en underlig Stemning; han læste en Psalme og søgte Trøstens Ord i Bibelen.

Da han ud paa Eftermiddagen gik igjennem Landsbyen, hørte han foran sig Lyden af en Trompet, en lystig Raaben og Bønderdrengenes Skrigen. Bag Gjerdet om een af Smaahaverne stode nogle gamle Koner og saae ned af Veien.

„Hvad er det?“ spurgte han.

„Comedianter. som ville gjøre Kunster i Kroen.“

Og nu saae han en Mand i Bajatsdragt, men fattig og smudsig; han red paa en ussel Hest og havde foran sig en lille Pige med smukke mørke Øine, hun holdt en Tambourin i Haanden. Manden raabte op, at den prægtigste Comedie med bevægelige Dukker blev i Eftermiddag presenteret i Kroen, hvor desuden flere høist forunderlige Kunster, som dog alle gik naturligt til, vilde blive givne. Manden var i Ansigtet overmalet med Hvidt og gjorde skrækkelige Grimasser; den lille Pige saae sygelig ud; hun slog paa Tambourinen hver Gang Faderen blæste i Trompeten.

Christian tænkte paa sin Drøm, tænkte paa Naomi: om det var hendes Mand, hendes Barn? Han gik til Kroen.

Ude i Gaarden stod Gøglerens Vogn med sit Skuur over, ovenpaa det laa en gammel Dyne og soledes. Inde i Sidelængen var det fattige Theater opreist, Dukkerne hang og laae imellem hverandre, i laset, smudsig Pragt. En fed, mørkladen Kone med bart Haar, der var sort og graat, sad med en lille Dreng paa Skjødet; Tøiet hang løst og uordentligt paa hende, hun gav Barnet at spise; en Kone, lidt yngre end hun, syede en Papirsstjerne paa Brystet af en stor Trædukke. Christian talte med dem; hans Stemme skjælvede, men han saae, at Ingen af disse var Naomi.

Hvor tidt var han ikke saaledes blevet skuffet, og dog følte han sig glad derved. Synet af disse Mennesker, Erindringen om hans Drøm bevægede ham dybt.

Da han kom hjem, savnede han Storken. „Den kommer vel!" tænkte han og lod derfor Døren til Tørrehuset staae aaben. „Hvo veed, maaskee er den alt over salten Sø med de Andre! Løvet gulner stærkt!"

Han sov uroligt den hele Nat; ved Solens Opgang var han i Klæderne og ude i sin lille Have, hvor jo i Drømme Naomi havde sagt, han skulde begrave hende; pludseligt hørte han en sælsom Lyd ude paa Engen, og han saae Storkene i hundredviis hvirvle mellem hinanden. De prøvede Kræfter, som Bonden siger. Han saae, at Enkelte bleve overvældede af de Andre og huggede ihjel med de stærke Næb. Under en Knebren steg den store Hob høit op i Luften og forsvandt.

Han gik ud paa Engen; der laae syv døde Storke, deres afrevne Fjer fløi endnu henover Græsset.

„Naturen gav Eder ikke Kræfter, og derfor maatte I døe, stakkels Dyr! I turde ikke følge med til de varme Lande!" sagde han og bøiede sig ned; der laae En med et rødt Baand om Benet; han tog den i sine Arme, den var endnu varm; Blodet plettede de hvide

Fjer, den lange Hals hang død ned; det var hans Stork; han trykkede den til sit Bryst.

„Saaledes bliver min Drøm opfyldt! Dig og, ikke hende, holder jeg som død i mine Arme! Du skal faae Din Grav under Blomsterne i Haven!“ og han kyssede den døde Fugl, tog en hvid og en sort Fjer af Vingen, satte dem over Speilet, gravede en Grav, beklædte den med grønne Blade og lagde Storken deri. Rosentræet stod med guulgrønne Hyben over Fuglens Grav.

„Nu er jeg igjen alene! Du kommer ikke til mig med Vaaren! død! Alt skal døe! Alt skulle vi miste! — Hvorfor gribe vi ikke Minutet! hvorfor ville vi ikke være lykkelige? Jeg vil ret inddrikke dette Aars sidste Solskin, jeg vil glæde mig ved den klare Frostvinter og ved det kommende Foraar!“

— — Men Vinteren bragte kun Slud, Tøsnee og graae Dage; Skoven stod med drivvaade Stammer; de sorte Grene syntes i Taagen at være indspundne i Edderkoppens Spind; ja, hele Naturen var i en Puppe, som først efter Maaneders Forløb vilde briste for Solstraalerne.

Christian skrantede, dog hver anden Søndag var han en sikker og velkommen Gjest hos Luzie, men kun hver anden Søndag, derfor overraskede det hende at see ham en Hverdag, og han saae blegere ud end sædvanligt.

„Det er godt med mig!" sagde han, „men jeg havde ikke stort at bestille, og jeg længtes meget efter Børnene, derfor kommer jeg!"

Han havde ellers hørt en Nyhed, men denne kom han først senere frem med. Gartneren paa Herregaarden havde fortalt ham, at i Foraaret ventede man her Fremmede: en fornem fransk Herre med sin Frue, og at just hun var Naomi; i mange Aar havde hun været gift med ham og var saa rig og fornem. Taarerne stod Christian i Øinene. „Nei, jeg er dog ikke rask!" sagde han, „enhver Ting bevæger mig strax!"

Luzie trykkede hans Haand.

Hvor eensomt var der ikke nu i Hjemmet! hvor ofte havde han ikke talt sin Skat ved Tanken om Naomi, nu kom aldrig Læddiken op, aldrig Sølvet frem.

Vinteren var saa lang, saa graa — men det var en god Vinter for de Fattige, sagde man, det frøs ikke stærk, men Slud var det, graat, altid graat! det var et Efteraar, der gik langt ind i Foraaret.

Det var midt i Mai, den første smukke Solskinsdag, Luzies Børn stode bedrøvede ved Sengen, hvor Christian laa syg, deres Moder pleiede ham.

„Tak for al Din Kjærlighed, Luzie!" sagde han, „her er dog godt i denne Verden, og Menneskene ere gode! — jeg husker godt, hvad Du for mange Aar siden sagde til mig: Guds almindelige Gaver til os Mennesker ere saa store, at det er en Synd at ønske sig mere! — Den, som staaer høit, staaer just i den skarpe Vind, ikke vi dernedenfor. Husker Du ikke den smukke Psalme: „Roserne voxe i Dale, der faae vi vor Jesum i Tale!“ Den udmærkede Mand staaer i Straaler, men Straalerne fortære ham! vi kunde misunde ham, at han fik større Modtagelighed for Alt omkring sig, men derved føler han ogsaa mere end vi det Forstyrrende. Han giver med sin varme Sjæl, hvad vi Andre modtage med en koldere, han indbyder os til Gjæst ved det Maaltid, han anretter, og vi komme, som de onde Fugle, jeg har læst om, Harpyerne, vi komme for at besudle!“ ubevidst dadlede han nu en heel Menneskehed, som han nogle Minutter forud havde kaldet god og kjærlig.

„Vor Tanke er forfængelig, vor Gjerning er ingen!“ sagde han. „Hvad vi kalde stort og udødeligt staaer engang for en anden Slægt kun som Kulindskrifter paa Væggen i Fængslerne; Nysgjerrige besøge dem og beskue det! — Giv Børnene, naar jeg er død, min Bibel! i den er Nøglen til en Skat, som ikke Møl og Rust kan fortære! — Jeg faaer Naomi at see før jeg døer,“ sagde han med et forklaret Blik, „ja, jeg faaer hende at see, det føler jeg!“

„Tal ikke om at døe!“ sagde Luzie, „Du døer ikke nu; vi skulle leve mange Aar med hinanden!“

— — Svalen var vendt tilbage; Storken sad i sin Rede; den Danske følte sig stolt af sine grønne Skove; da foldede Luzie den Dødes Hænder, lukkede hans Øine og viste Børnene for sidste Gang den kjære Christian, og de Smaa græd.

„Han har det godt!“ sagde Luzie, „godt, som han aldrig ret havde det her!“

Laaget blev slaaet til, og Bønderne bare den simple Kiste ud af Huset; Luzie med sin Mand og Børnene fulgte. Veien var smal hen til Kirkegaarden; der kom en Herskabsvogn med fire Heste for jagende henimod dem. Det var Gjæster til Herregaarden, det var den franske Marquis og hendes Naade Naomi.

Bønderne gik ned i Grøften med Liigkisten, for at det fornemme Herskab kunde komme frem, de blottede deres Hoveder, og den naadige Frue, Naomi, med det stolte Blik, det indtagende Smiil, stak Hovedet ud og hilsede. Det var en fattig Mand, de begravede. Kun en Spillemand!

Ende.

Anmærkning.

En tydsk Oversættelse af denne Roman er under Arbeide.

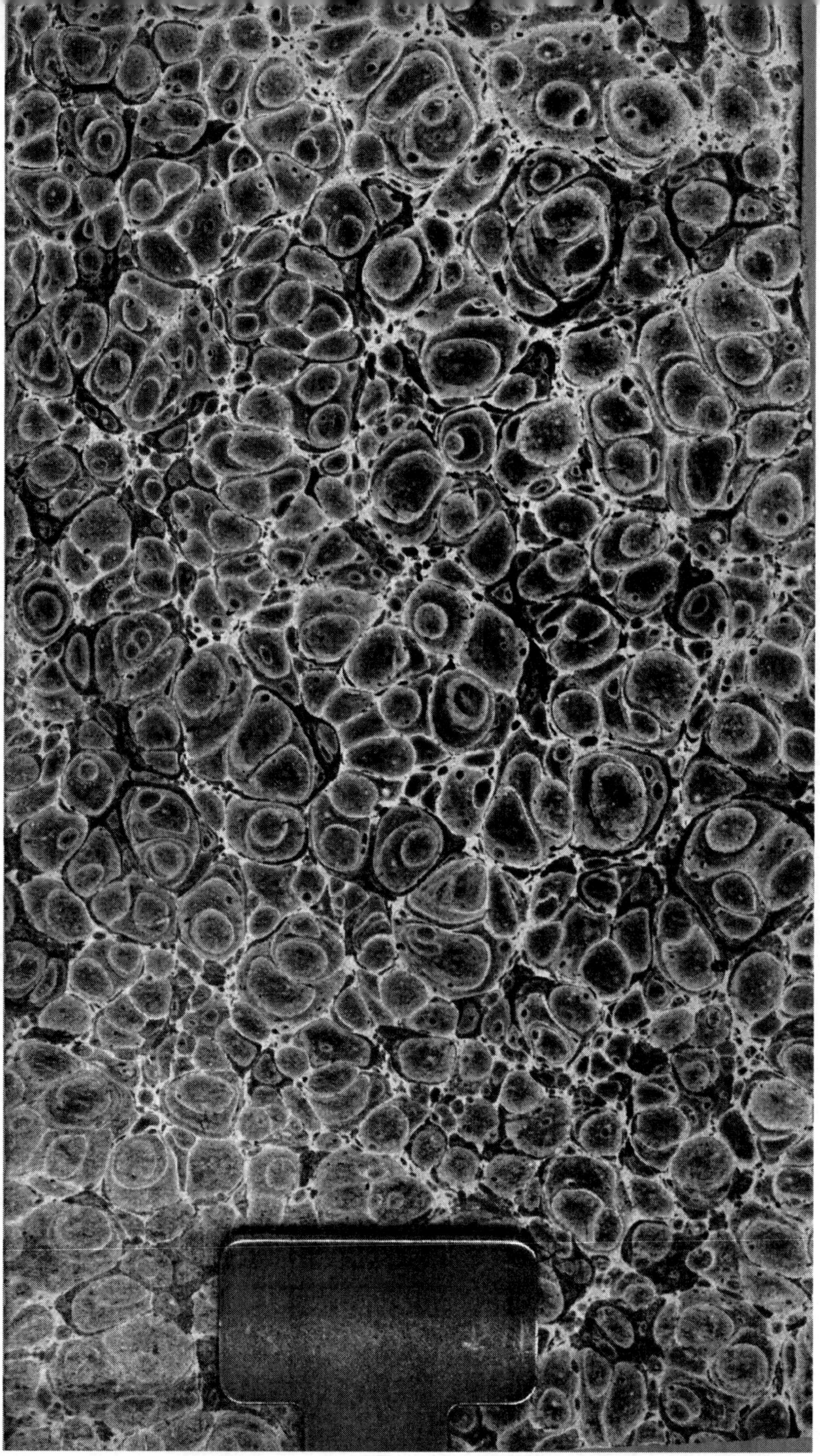

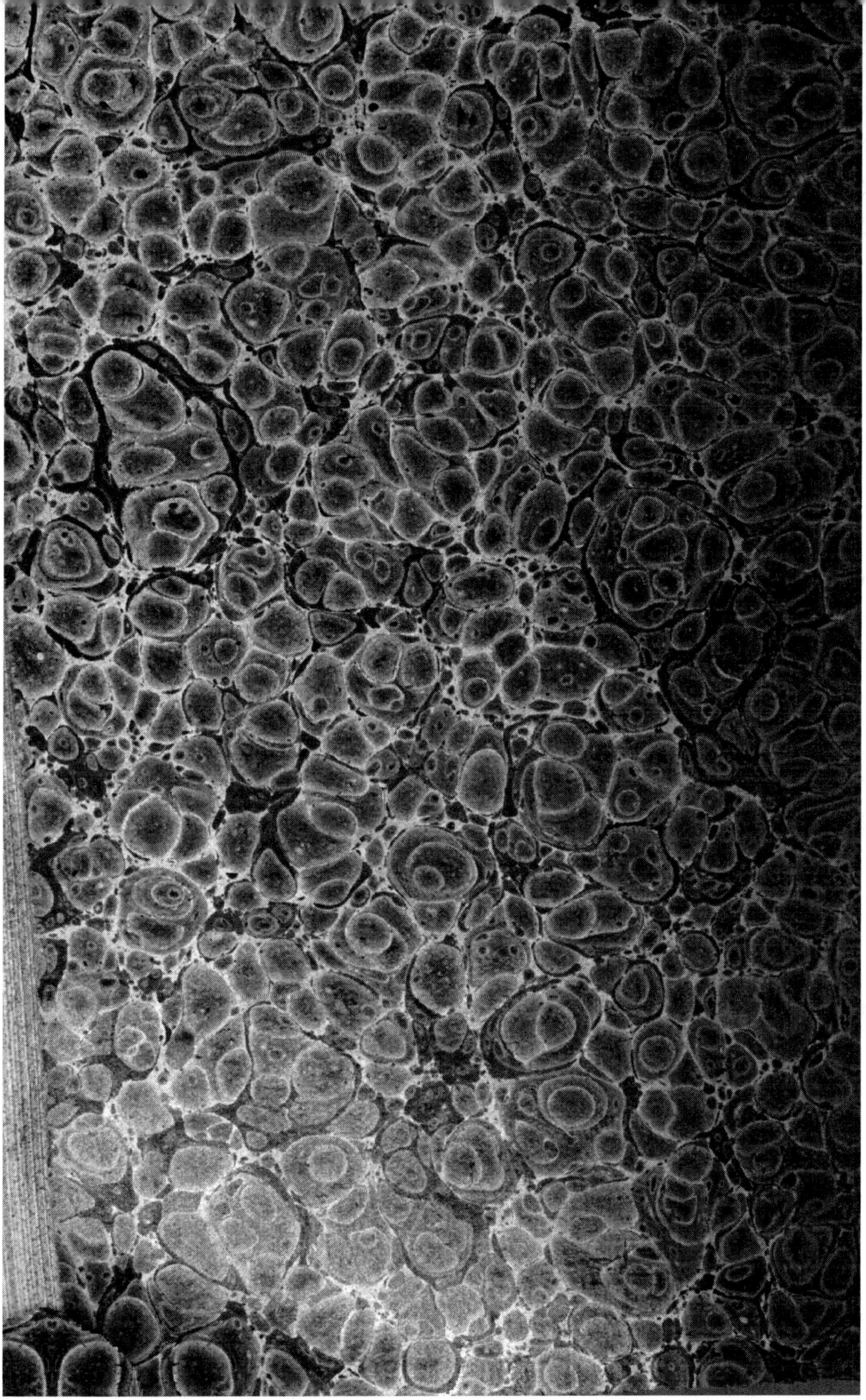

Lightning Source UK Ltd.
Milton Keynes UK
UKOW02f2047221013

219579UK00009B/708/P